CONFLUENCES Méditerranée

REVUE TRIMESTRIELLE

109

Été

2019

EDITIONS L'HARMATTAN

CONFLUENCES Méditerranée est une revue trimestrielle dont l'ambition est d'aborder les grandes questions politiques et culturelles qui concernent les peuples et les sociétés du bassin méditerranéen. Sans aucun parti pris idéologique, elle privilégie avant tout le débat entre les acteurs, les témoins et les décideurs, aussi différents soient-ils.

Les membres du comité de rédaction ont choisi cette orientation parce qu'ils sont convaincus que le dialogue est une philosophie de l'action politique. Ni l'ampleur des divergences, ni la gravité des oppositions ne doivent empêcher que soient patiemment recherchées les possibilités de confluences.

Cet attachement au dialogue et à la confrontation des idées vient de la conviction que seul le dialogue peut permettre de construire durablement de nouvelles formes de configurations politiques, à la fois équilibrées et fécondes.

La création de cette revue à vocation internationale apparaît comme une contribution à l'ouverture d'un indispensable espace de confrontations des analyses et des opinions sur les problèmes qui façonneront l'avenir de cette région.

www.confluences-mediterranee.com

Dans ce site, consultez tous les numéros de la revue depuis sa création en 1991.

Normes pour les envois de manuscrits

Les textes soumis à la rédaction doivent lui être adressés par mail à l'adresse suivante contact@confluences-mediterranee.com. Ils doivent comporter un titre, un chapeau de présentation de l'article et des sous-titres. Les notes doivent figurer en fin d'article et doivent suivre une numérotation continue pour la totalité de l'article. Les références bibliographiques doivent respecter les conventions de la norme ISO 690-2 (février 1998). Les articles ne doivent pas dépasser 25 000 signes et ils doivent être fournis avec un résumé en français de 10 lignes maximum, ainsi que 4-5 mots clés.

Nous demandons que les nom et prénom des auteurs des articles proposés soient accompagnés de leur titre, de leur adresse institutionnelle et de leurs coordonnées (destinées à la seule rédaction).

Les articles et toute correspondance éditoriale sont à adresser à la rédaction de la revue.

Confluences Méditerranée – 50, rue Descartes – 75005 Paris

CONFLUENCES
Méditerranée

50 rue Descartes – 75005 Paris
Site internet : www.confluences-mediterranee.com

ISSN : 1148-2664 / ISBN : 978-2-343-18168-4

109
ÉTÉ
2019

La Chine : nouvel acteur méditerranéen

Sommaire

Dossier

Dirigé par Saïd Belguidoum
et Farida Souiah

Variations

Notes de lecture

En couverture :

Le Premier ministre chinois Li Keqiang regardant une carte du port du Pirée, où le géant maritime chinois Cosco contrôle deux des trois terminaux à conteneurs, en juin 2014. © Sipa Press

La Chine : nouvel acteur méditerranéen

Saïd Belguidoum et Farida Souiah

Saïd Belguidoum, Aix-Marseille Univ., CNRS, IREMAM.
Farida Souiah, Aix-Marseille Univ., CNRS, LAMES, LabexMed.

Les nouvelles routes de la soie en Méditerranée

Initié à l'automne 2013 par le Président chinois Xi Jinping, le mégaprojet OBOR («One belt, One road»), *devenu la BRI* (Belt and Road Initiative) *avec pour objectif la promotion des relations transcontinentales à une ampleur inédite, suscite bien des attentions et des spéculations. S'il est impressionnant par sa dimension, les dynamiques qu'il implique ne sont pourtant pas forcément nouvelles. La renaissance des routes de la soie était déjà avancée comme hypothèse quelques années auparavant par des économistes1. Elle se traduisait par de multiples initiatives, souvent discrètes, mais efficaces, développées en grande partie par des acteurs du bas, et ce depuis l'adhésion de la Chine à l'OMC en 2001. Avec l'annonce de la BRI, la présence de la Chine dans le monde prend un nouvel essor. Ce qui était une hypothèse se confirme : les routes de la soie renaissent.*

Tout laisse à croire qu'en voulant institutionnaliser son déploiement à travers le monde et en Méditerranée, la Chine ne cherche pas seulement à renforcer son dispositif commercial, mais à donner une nouvelle dimension à sa présence. L'expression *«nouvelle(s) route(s) de la soie»* désigne aujourd'hui un déploiement à partir de la Chine d'un ensemble multiforme d'initiatives économiques, commerciales, géopolitiques et diplomatiques et de circulations migratoires. Ces nouvelles routes suscitent fantasmes et inquiétudes, notamment lorsqu'elles se déploient en Méditerranée. La politique chinoise est alors souvent analysée à l'aune de l'émergence d'un nouvel acteur, inhabituel dans la région, faisant preuve d'activisme. Les grands chantiers ainsi que les rachats de ports, de foncier, de vignobles, d'entreprises font couler beaucoup d'encre et soulèvent de nombreuses interrogations.

La Méditerranée est un des centres mondiaux où s'effectue la reconfiguration des échanges internationaux issus de la globalisation de l'économie. Il n'est donc pas étonnant que là, comme ailleurs, les nouvelles routes de la soie se déploient. Certes la présence chinoise en Méditerranée était antérieure à l'initiative de 2013. Elle est d'ailleurs devenue visible, depuis l'adhésion du pays à l'OMC en 2001, avec le boom du *Made in China* et l'exportation massive de produits bon marché. Mais à ces flux commerciaux se sont rajoutés progressivement des investissements de plus en plus nombreux, des rachats d'infrastructures et de nouvelles formes de circulation migratoires : celles des hommes d'affaires, mais aussi de la main-d'œuvre que les entreprises de construction chinoises suscitent lorsqu'elles mènent des grands chantiers dans différents pays de la région. Ce sont aussi les flux de touristes, de plus en plus nombreux, qui visitent les pays desservis par les nouvelles routes de la soie en Méditerranée.

Les articles réunis dans ce dossier étudient à différentes échelles les modalités différenciées de la présence chinoise sur les deux rives de Méditerranée. Il s'agit d'identifier et de comprendre tant les initiatives qui s'inscrivent dans le cadre d'une mondialisation par le bas (ou la mondialisation discrète), que celles qui viennent du haut et les velléités d'institutionnalisation des routes de la soie. D'un côté le projet BRI, qui repose essentiellement sur la puissance de l'appareil d'État chinois, de l'autre, les itinéraires commerciaux et les places marchandes constituées par les acteurs « du bas », entrepreneurs transnationaux circulant entre les différentes places discrètes de ce type de commerce qui se sont particulièrement développées depuis deux décennies. Il s'agit non seulement d'articuler les dynamiques commerciales et territoriales à diverses échelles, mais aussi de saisir les répercussions économiques, géographiques ou sociales potentielles de ces nouvelles routes de la soie.

En guise d'introduction, explorons quelques-uns des traits saillants que les articles qui constituent ce dossier permettent de dessiner, à commencer par les liens entre mondialisation par le haut et mondialisation par le bas.

Mondialisation discrète et mondialisation par le haut : les formes de la présence chinoise

Depuis la fin des années 1990, dans le sillage de la globalisation de l'économie, s'est mis en place un commerce transnational, discret, mais efficace faisant apparaitre de nouvelles formes de l'entrepreneuriat marchand. Ce commerce transnational est lié à l'essor d'un marché de consommation des pays du Sud que les firmes multinationales ont délaissé[2]. La Chine est rapidement devenue la source principale de ces entrepreneurs marchands venant du monde entier et donc aussi des différents pays méditerranéens. Alejandro Portes, l'inventeur de la notion de mondialisation par le bas *(«globalization from below»*[3]), et Alain Tarrius ont été parmi les premiers à mettre en évidence les spécificités de l'économie transnationale. Tarrius décrit et analyse à la fin des années 1990 *«la genèse, en Méditerranée occidentale, de véritables réseaux d'entrepreneurs (...) qui atteste bel et bien de l'existence d'une autre mondialisation : une mondialisation discrète, qui s'accomplit par le bas»*[4].

C'est en décrivant ce type d'économie que l'expression de route de la soie a été employée par la recherche pour désigner l'émergence de réseaux associés au commerce transnational dont les ramifications relient différentes places marchandes dans le monde. Ces travaux, qui s'intéressent en particulier aux connexions entre le monde arabe et la Chine, mettent en lumière le rôle des entrepreneurs-migrants dans la construction de cette nouvelle route de la soie dont la vitalité ne dépend ni des gouvernements ni des entreprises, mais des individus. Dans ce numéro, la contribution de Saïd Belguidoum et Olivier Pliez, ainsi que celle de Jean-Pierre Taing donnent à voir en priorité cette mondialisation discrète.

L'article de Saïd Belguidoum et Olivier Pliez remonte les routes de la soie, mises en œuvre par les commerçants algériens depuis près de 40 ans, jusqu'à Yiwu. Cette mondialisation repose dans la mise en connexion d'espaces urbains liés entre eux par des flux de commerçants et de marchandises. Avec la mise en œuvre de la BRI on peut se questionner sur la manière dont s'établiront ou pas des liens entre les stratégies institutionnelles et celles des acteurs déjà inscrits dans les réseaux transnationaux. Le risque est que les initiatives émanant du haut entravent, plus qu'elles n'aident, ce qui est déjà construit et qui fonctionne, souvent aux marges de l'action des États. Les routes de la soie institutionnelles qu'incarnent des projets comme la BRI pourraient absorber cette économie et par là même la faire disparaitre, se privant ainsi de l'une des forces essentielles de la mondialisation par le bas : la labilité et la grande souplesse des réseaux qui l'animent.

Jean Pierre Taing nous propose, à partir du cas marocain, une lecture de la mondialisation des flux migratoires chinois qui accompagne l'ascension économique de la Chine sur la scène internationale. Il s'intéresse à deux types de circulation, celle des touristes et celle des commerçants apportant un éclairage sur d'autres aspects des routes de la soie : la manière dont elles sont façonnées et façonnent à leur tour les nouveaux espaces de mobilité des Chinois.

L'essor du tourisme chinois n'est pas limité au Maroc. Visible depuis plusieurs années en France et en Europe, le phénomène le devient également dans les pays du pourtour sud de la Méditerranée, notamment au Maroc comme cela fut mentionné, mais également, en Tunisie et en Égypte, pays qui étaient jusqu'alors des destinations pour les touristes occidentaux qui les ont partiellement délaissées à la suite des *«printemps arabes»*. Les circulations ne sont pas uniquement le fait des touristes ou des entrepreneurs marchands, elles concernent également les techniciens et ingénieurs dans le cadre d'accord de coopération et les travailleurs du BTP qui s'expatrient le temps d'un chantier dans un pays étranger. C'est l'une des dimensions qu'évoque Yahia Zoubir, dans son article consacré aux relations entre la Chine et le Maghreb, et plus particulièrement en Algérie. Ces circulations s'inscrivent dans la mise en œuvre des routes et sont encouragées par la Chine qui n'hésite plus à signer des accords en faveur de la libre circulation de ses ressortissants. L'essor du tourisme chinois le long des nouvelles routes de la soie n'est donc pas une coïncidence.

Ainsi, mondialisation par le haut et mondialisation par le bas peuvent se conjuguer, se renforcer et parfois même se confondent comme le démontre avec beaucoup de justesse et de profondeur l'article d'Emile Tran. S'intéressant à Marseille, cette contribution repose sur deux études de cas: le projet du MIF 68 (Marseille International Fashion Center), vaste zone de vente de gros et semi-gros regroupant plusieurs centaines d'importateurs, emblématique de la mondialisation par le bas, mais relayée et appuyée par le haut; et le projet d'implantation de l'usine de pneus Quechen, fruit de la mondialisation par le haut alors même qu'il est le fait d'une entreprise privée. Cette contribution donne également à voir une véritable diplomatie économique qui s'exerce à renfort de visites de haut niveau et de cérémonies tant à l'échelle locale qu'à l'échelle nationale.

Les routes de la soie : des réseaux de places

Les articles réunis dans ce dossier ne se limitent pas seulement à une étude des acteurs (individus, entreprises, États, collectivités territoriales, etc.) des nouvelles routes de la soie, ils permettent également d'explorer les lieux et les tracés de ces routes en Méditerranée. La BRI est en premier lieu une question d'infrastructures ferroviaires, routières et, plus encore, maritimes. Aussi, plusieurs de nos auteurs nous guident dans les ports de la Méditerranée : à Marseille avec Émilie Tran, dans Le Pirée, avec Christophe Chiclet, et dans plusieurs ports à l'échelle du bassin méditerranéen avec Paul Tourret. Les ports finissent toujours par être mentionnés, même dans les articles où ils ne figurent pas parmi les objets centraux de l'analyse. Dans ces ports, ce ne sont pas toujours les mêmes acteurs ni les mêmes modalités d'action qui caractérisent la présence chinoise : projet de construction, d'extension ou de rénovation, investissements, gestion ou acquisition partielle de terminaux, voire rachat de ports. Quoi qu'il en soit, il ne fait aucun doute qu'ils sont des lieux clé de la présence chinoise dans la région.

Ces considérations sur la place des infrastructures notamment portuaires dans les nouvelles routes de la soie nous conduisent à interroger la nature même de ces routes. L'article de Paul Tourret, consacré à la dimension maritime des routes de la soie est sans doute celui qui développe de la façon la plus extensive et explicite cette réflexion. Paul Tourret affirme ainsi que les routes ne doivent pas être appréhendées comme de simples tracés, mais comme des réseaux de places et de plateformes. Ces dernières ont d'autant plus de valeur pour la Chine qu'elles sont des portes d'entrée vers différents pays de la Méditerranée et au-delà. Cet argument entre en résonnance avec des éléments développés dans plusieurs des articles de ce dossier, notamment ceux qui visent à rendre compte des relations entre la Chine et un pays ou une région spécifique. L'Espagne est présentée comme une porte d'entrée vers l'Europe, l'Amérique latine, mais aussi de l'Afrique par Esteban Mario et Ugo Armanini ; les pays du Maghreb, comme des portes d'entrée vers le «monde arabe», l'Afrique et l'Europe par Yahia Zoubir, etc. On peut trouver des analyses similaires dans les articles consacrés à l'Égypte ou aux Balkans. À cette échelle d'analyse, la tentation est forte d'affirmer la singularité et la position privilégiée de chaque pays. Pris dans leur ensemble, ces articles montrent qu'il y a une stratégie globale et que la Chine multiplie les plateformes en

Méditerranée : Pékin ne semble pas vouloir se limiter à une seule porte d'entrée ni à une seule route, ce qui lui confère une certaine capacité d'adaptation en cas d'instabilité politique. Si les marchandises et les personnes peuvent facilement être redirigées vers d'autres routes et d'autres plateformes, il n'est pas aisé de faire de même avec les capitaux investis, les prêts accordés et les infrastructures acquises.

Stratégie globale et approche bilatérale

À bien des égards, on pourrait penser que la stratégie chinoise est pensée et opérationnalisée à l'échelle globale ou au moins régionale. La multiplication des forums de collaboration – Forum de coopération sino-africaine (depuis 2000), Forum de coopération sino-arabe (depuis 2004) ou encore le « 16+1 » qui réunit seize pays d'Europe centrale et orientale et la Chine (depuis 2012) – ainsi que les initiatives telles que la BRI (2013) confortent cette idée.

Il y a indéniablement une stratégie globale qui s'inscrit dans la continuité de l'ouverture et de la libéralisation économique de la Chine avec l'arrivée au pouvoir de Deng Xiaoping en 1978 ; et de la politique *Going Out* initié en 1999 qui visait à encourager les investissements chinois à l'étranger, comme l'écrit Émilie Tran. Les éléments analysés dans notre développement sur la place des infrastructures dans les nouvelles routes de la soie confortent cette conclusion. Pourtant, les auteurs qui contribuent à ce numéro le disent, chacun à sa manière, la Chine n'a pas de politique régionale homogène en Méditerranée. L'article de Jean-Marc Chaumet, où il analyse les nouvelles routes de la soie à l'aune des défis agricoles auxquels la Chine est confrontée, offre sans doute l'une des plus claires illustrations de cet argument. L'auteur montre que les pays du pourtour méditerranéen sont ciblés en fonction de leur potentiel agricole et de leur situation économique afin de permettre à la Chine d'atteindre ses multiples objectifs en termes de politique agricole. Certes comme cela a été mentionné, des forums régionaux existent et ont leur utilité relative, mais c'est à partir d'accords bilatéraux que se concrétisent les routes de la soie dans l'ensemble des espaces que les auteurs de ce numéro étudient : le Maghreb, l'Égypte, Israël, la Palestine, les Balkans et l'Espagne. Ce choix du bilatéralisme n'est pas sans conséquence.

Plusieurs contributions à ce dossier mettent en lumière l'asymétrie des relations entre la Chine et le pays ou la région étudiée. Dans leur article consacré à l'Espagne, Esteban Mario et Ugo Armanini montrent le caractère parfois ambivalent de la politique espagnole qui tout en développant considérablement ses relations économiques et commerciales cherche à rééquilibrer ses échanges en s'appuyant sur l'Europe et la nécessité de respecter un cadre multilatéral. Ainsi, les deux pays ont récemment promu un approfondissement de leurs relations, mais l'Espagne a refusé d'adhérer à l'initiative des nouvelles routes de la soie. Cette asymétrie est plus considérable dans le cas des relations de la Chine avec les Balkans, avec l'Égypte ou avec les pays du Maghreb.

Une alternative aux puissances occidentales ?

Pourquoi développer et formaliser des relations économiques et politiques avec la Chine alors qu'elles sont caractérisées par une telle asymétrie ? Les contributions réunies dans ce numéro apportent des éléments de réponse à cette question. La politique étrangère de la Chine post-Mao n'est pas marquée du sceau de l'idéologie. Les autorités chinoises mettent en avant des principes tels que la neutralité, la non-ingérence et les relations *« gagnant-gagnant »* qui séduisent de nombreux pays du bassin Méditerranéen et plus particulièrement, mais pas uniquement, ceux de la rive Sud.

Plusieurs articles mettent en lumière l'attractivité de l'offre chinoise, comparée aux propositions des puissances occidentales. Elle n'est certes pas entièrement dénuée de conditionnalité politique, comme l'illustre le caractère non-négociable du principe de *« la Chine unique »*[5], mais elle semble permettre de s'abstraire de ce qui est perçu comme un dogmatisme politique et économique des puissances occidentales. L'offre de ces dernières apparaît comme d'autant moins convaincante, qu'elle repose sur un équilibre précaire entre *realpolitik* et valeurs prônées comme l'arguent Elena Aoun et Thierry Kellner dans leur article consacré l'extension et l'approfondissement des domaines de coopération entre Le Caire et Pékin à l'ère *«Xi-al-Sissi»*. Les analyses développées par Yahia Zoubir sur la Chine au Maghreb font écho et confortent ces conclusions. Avec les cas du Maghreb et de l'Égypte, les auteurs mettent également en lumière la résilience de la Chine lors des crises politiques notamment grâce au principe de neutralité. Soulignons tout de même qu'accroître sa coopération avec la Chine n'est pas synonyme d'un amoindrissement de la coopération avec les pays occidentaux, mais un effort afin de contribuer à l'émergence d'un ordre international multipolaire.

Les principes de non-ingérence et de neutralité séduisent aussi sur la rive Nord de la Méditerranée. Dans son article consacré à la Chine dans les Balkans, Christophe Chiclet montre que les Chinois sont d'autant mieux accueillis que l'Union européenne et la Russie ont déçu une région notamment affectée par la crise financière de 2008 et les contreparties imposées à la Grèce par la Troïka (FMI, BCE, et Commission européenne).

La manière dont la Chine met en œuvre le principe *«gagnant-gagnant»* est également manifeste dans plusieurs contributions. Par exemple, lorsque Jean-Marc Chaumet analyse la politique agricole chinoise en Méditerranée, il démontre que le commerce et la coopération se conjuguent, et ce particulièrement dans les pays de la rive Sud et Est. La Chine aide et investit pour permettre à ces pays d'accroître leurs productions agricoles, pour des raisons tant économiques (faire baisser les prix sur les marchés internationaux) que politiques (améliorer son image et entretenir ses relations avec les États, notamment lorsqu'il y a des échanges dans le domaine de l'énergie). Lorsque Paul Tourret, sur les dimensions maritimes des nouvelles routes de la soie, indique que celles-ci sont l'occasion pour des pays qui en étaient jusqu'alors privés de se doter d'infrastructures portuaires et ferroviaires modernes.

Il faut souligner de nouveau que ce que la Chine a à offrir séduit également dans la rive Nord. La lutte des places et de ports afin d'accueillir les investisseurs et les flux de marchandises, mais aussi les équipements en témoignent. Dans l'article d'Emile Tran, les moyens déployés par Marseille pour accueillir le projet Quechen sont à ce titre éloquents, mobilisant jusqu'au plus haut niveau de l'État français. Ainsi, la rencontre des intérêts est sans doute le premier argument d'attractivité de la Chine.

Pourtant, le *« gagnant-gagnant »* a ses limites. D'une part, les grands travaux d'infrastructures ont un coût et certains pays s'engagent dans un processus d'endettement. L'Algérie est un exemple éloquent où les grands travaux ont considérablement grevé les réserves financières de ce pays (surcout de l'autoroute Est-Ouest, la grande mosquée d'Alger…). D'autre part, la question de l'asymétrie des échanges, déjà évoquée, et le déficit des balances commerciales des pays de la Méditerranée vis-à-vis de la Chine qui en découle n'est toujours pas compensé.

De l'économie à la géopolitique

Bien que les succès remportés par la Chine en Méditerranée soient liés à sa capacité à faire des offres qui mettent en avant le principe *«gagnant-gagnant»*, sa présence suscite tout de même de la méfiance, et est parfois analysée comme une forme de néo-colonialisme ou comme un chemin pavé vers l'émergence de la Chine comme superpuissance.

La principale source de la puissance de la Chine repose sur ses capacités économiques. Lorsqu'il est mentionné, le *soft-power* de la Chine est toujours qualifié de limité par les auteurs qui ont contribué à ce numéro. La capacité de la Chine à traduire son pouvoir économique en *hard-power* diplomatique et stratégique est également remise en question dans les contributions de ce numéro. Dans sa réflexion sur la stratégie maritime de la Chine, Paul Tourret concède qu'il existe une diplomatie de l'infrastructure et que la Chine *«construit des proximités stratégiques, des amitiés ou de la 'clientèle', au point où il est possible d'affirmer qu'une diplomatie de l'infrastructure est à l'œuvre»*. Pourtant cela reste, selon l'auteur, d'une utilité limitée pour construire un *hard-power.*

Le rôle de la Chine sur la scène géopolitique internationale demeure également limité. Dans un article consacré au conflit israélo-palestinien, Guy Burton argue que la position de la Chine est marquée par l'inertie et la capacité à se départir de la grille de lecture initié par les accords d'Oslo. La Chine semble réticente à traduire son influence économique grandissante avec les deux parties du conflit (bien que les relations avec Israël soient bien plus importantes) en influence politique pour aider dans la résolution du conflit.

Certains des articles nous invitent à questionner cette politique de neutralité de la Chine qui jusqu'à présent a servi ses intérêts mais qui à terme peut devenir difficile à pratiquer. Cela concerne aussi bien les conflits régionaux (Israël -Palestine, et Sahara occidental) que son attitude vis-à-vis des régimes en place. Il est légitime de se demander si cette *« neutralité »* ne va pas finir par *« heurter les sentiments des sociétés civiles maghrébines* » comme l'écrit Yahia Zoubir.

Bien que les auteurs qui ont contribué à ce numéro adoptent des échelles d'analyse variées (du local au régional) et s'emparent de thématiques et d'espace divers, leurs études entrent en résonance les unes avec les autres. Des traits saillants qui permettent de mieux appréhender la présence chinoise en Méditerranée émergent : les liens entre mondialisation par le haut et mondialisation par le bas, le rôle des places et des routes (tant maritimes que terrestres), la centralité des relations bilatérales pour mettre en œuvre une initiative pourtant globale, ou encore les lignes de démarcation, pas toujours claires, entre ce qui relève de l'économique et ce qui relève de la géopolitique. Au-delà de ces traits saillants, la lecture de ces articles offre une immersion dans des enjeux fondamentaux (l'agriculture, la mondialisation, les équilibres internationaux) et jouissent de la richesse et de la diversité des études de cas développés.

Notes

1. Harry G Broadman, *AfricasSilk Road: China and Indias New Economic Frontier*, Washington DC, World Bank, 2007, 391 p; Ben Simpfendorfer, *The New Silk Road. How a Rising Arab World is Turning Away from the West and Rediscovering China*, Basingstoke, Palgrave Macmillan, 2009, 202 p.
2. Armelle Choplin et Olivier Pliez, *La mondialisation des pauvres*, Paris, Seuil, 2018, 128 p.
3. Alejandro Portes, « La mondialisation par le bas, l'émergence des communautés transnationales », *Actes de la recherche en sciences sociales*, n° 129, 1999, pp. 15-25.
4. Alain Tarrius, *La mondialisation par le bas. Les nouveaux nomades de l'économie souterraine*, Balland, 202, 169 p.
5. Selon ce principe, il n'y qu'une seule Chine dont font partis Hong Kong, Macao, Taïwan, le Tibet et le Xinjiang.

Paul Tourret

Docteur en géographie, directeur de l'Institut Supérieur d'Economie Maritime (ISEMAR).

Les nouvelles routes de la soie en Méditerranée, construction d'un mythe contemporain ou réalité préoccupante ?

Depuis 2013, la Chine développe une politique relativement vaste de nouvelles routes de la soie qui inclue notamment des constructions d'infrastructures et des prises de position portuaires. Les nouvelles routes de la soie suscitent de nombreuses interrogations. C'est pourquoi, il est nécessaire de comprendre de quelles réalités, ces nouvelles routes sont le nom, et quelles sont les représentations et les mythes qui les entourent. Malgré sa distance, la Méditerranée est aussi concernée par ces nouvelles routes de la soie car elle est l'une des rives du grand marché européen et permet d'accéder aux pays de la rive Sud. Des positions portuaires ne font pas une stratégie géopolitique, mais la politique ambitieuse de Pékin peut se faire avec des outils économiques que sont les géants maritimes chinois.

Since 2013, China is developing a the very large strategy under the name Belt and Road Initiative (BRI) or New Silk Road. It includes the constuction of infrastructures and port positions. This initiative generates questions and discussions. Therefor it is necesserary understand what are the representations, the realities and the myths surrounding the New Silk Road. The Mediterranean sea is also concerned despite its distance because it is at the same time one of the shores of Europan Market and the point of access to most countries of the South shore. Port positions do not make a geopolitical strategy, but the ambitious policy of Beijing can be done with economic tools that are the the Chinese maritime giants.

Les nouvelles routes de la soie (NRS) se trouvent au cœur de la globalisation. En effet, aucun espace entre Atlantique et Pacifique ne leur échappe car plus que le Japon avant elle, la Chine étend ainsi son influence au-delà de ses espaces proches. Qu'elles soient déchiffrées comme une ambitieuse politique d'expansion politico-économique ou comme une internationalisation des intérêts des entreprises chinoises, les NRS se traduisent dans les faits au fil des mois par des contrats, des prises de position, des investissements et des constructions ici et là.

La plupart des pays des trois continents du Vieux monde sont désormais concernés par cette politique chinoise dont il faut comprendre pourquoi et comment elle est mise en œuvre. Notre analyse, centrée sur la Méditerranée, tentera d'apporter un éclairage sur la stratégie chinoise interrogeant la portée de ces nouvelles routes de la soie. Sont-elles de simples points et traits sur des cartes ou désignent-elles une vaste politique stratégique de conquête marchande *via* en partie les ports de la Méditerranée ? Une collection de ports et autres infrastructures constitue-t-elle un projet politique ? Il faut se demander ce que sont les NRS comme objet géoéconomiques et géopolitique avant d'interroger leur traduction au sein de l'espace méditerranéen.

L'affirmation d'une nouvelle puissance hors des cadres historiques

Depuis un demi-millénaire, le regard sur le monde est dominé par une vision occidentale, en raison tour à tour des grandes découvertes, de la maîtrise coloniale et du commerce international. Certes les ambitions militaristes du Japon, l'affirmation après 1945 des États-Unis et l'épisode soviétique ont montré que des mouvements planétaires pouvaient être externes à l'Europe occidentale. Cependant, l'Amérique peut être qualifiée d'une autre forme d'Occident comme la Russie d'une autre forme d'Europe, et même le Japon d'une forme distincte de la modernité occidentale.

L'affirmation chinoise est bien différente, car si celle-ci puise dans des fondements occidentaux (socialisme, modernité), elle a des singularités (culture multiséculaire, sentiments nationaux, rapports aux voisins). On ajoutera à ces spécificités le gouvernement autoritaire du Parti Communiste Chinois en politique, et l'hyper développement, vecteur de la prospérité du pays, en économie. Voici une des grandes originalités de la politique internationale de notre époque ; un pays non occidental doté d'un régime ni libéral ni démocratique développe un projet, à l'échelle du monde, qui dépasse le simple accès aux matières premières et aux débouchés commerciaux. Cette politique ne semble pas guidée par la diffusion d'une idéologie. Pékin se contente de revendiquer des principes alternatifs comme la non-ingérence entre États.

Du point de vue international, la Chine évolue dans un contexte devenu multipolaire. En économie, le trinôme entre la Communauté économique européenne (CEE), les États-Unis et le Japon a fait place à une variété de pôles économiques à la faveur des émergences économiques et du poids des géants des matières premières. La Chine est l'émergent par excellence avec une formidable croissance économique depuis le début des années 2000. Nonobstant la fiabilité des statistiques de Pékin, l'économie chinoise s'est hissée au second rang mondial. Elle dispose de sa propre dynamique géoéconomique avec ses exportations, mais aussi ses importations en faisant attention à élargir sa palette de fournisseurs en énergies, comme en minerais et produits agricoles. Elle met en place une diplomatie habile du partenariat acheteur/vendeur.

La Chine étend son économie comme l'Europe, les États-Unis et le Japon l'avaient fait avant elle. En intégrant le commerce international libéralisé (adhésion à l'OMC en 2001), la Chine est devenue fournisseuse et cliente d'un système économique global dans lequel les investissements et les échanges sont facilités. Le *made in China* des produits manufacturés est un phénomène global, et les acteurs chinois de l'industrie, de la construction et du transport sont présents à l'échelle mondiale. La diffusion mondiale des produits chinois qui sont, rappelons-le, commercialisés en premier lieu par des distributeurs locaux, notamment des géants de la distribution européens et américains, est source d'inquiétudes. Ainsi, le président américain, Donald Trump, a choisi d'entamer une guerre commerciale avec la Chine. Il est difficile, au printemps 2019, d'en prédire l'issue, mais il semblerait que les facilités de l'expansion commerciale chinoise soient remises en cause plus profondément que par quelques barrières douanières anti dumping érigées ici ou là. Néanmoins, le plus probable est que le monde continuera de vivre avec l'exportation massive de produits chinois en nourrissant au passage l'industrie du transport maritime conteneurisé.

En politique, la fin de la guerre froide a laissé place à une complexité géopolitique parsemée de conflits latents entre grands blocs, de petites tensions de voisinage et d'inqualifiables guerres civiles. La diplomatie chinoise concerne son espace proche, les périphéries asiatiques et bien au-delà. Les actions de politique internationale de Pékin sont musclées. On peut citer outre la question de Taiwan, l'appropriation des îlots contestés de mer de Chine méridionale (la « ligne des neuf traits »)[1], les proximités stratégiques avec les voisins de l'Inde (le « collier de perles »)[2] ou encore la prise de conscience de la sensibilité des routes d'approvisionnement (« dilemme de Malacca »)[3]. Autant de politiques qui ne créent pas de bon voisinage et laissent les États-Unis sur le qui-vive. Parallèlement à cette dimension de politique étrangère chinoise que l'on peut qualifier de martiale, il existe une dimension, plus pacifique, qui comprend notamment les NRS. Ces dernières soulèvent bien des interrogations liées aux lectures géopolitique et géostratégique qui en sont faites.

Au cœur des NRS, la stratégie maritime

Que sont donc les *« nouvelles routes de la soie »* (NRS), d'abord baptisées par un vocable plus vague de *Belt and Road Initiative* ? C'est en premier lieu une formule énoncée au Kazakhstan par le Président Xi Jin Ping en 2013 dans une perspective transcontinentale et qui est devenue une politique d'État bien plus vaste. La première conférence internationale à Pékin sur les NRS s'est tenue en 2017 à Pékin avec un texte officiel sur la place de la mer dans le concept intitulé « *Vision pour la coopération maritime dans le cadre de l'initiative ceinture et route* ».

Les politiques maritimes chinoises au Pakistan (port de Gwandar) et en Birmanie (oléoduc et gazoduc vers le Yunnan) étaient liées à des intérêts géopolitiques[4]. Les nouvelles actions chinoises le sont moins à l'exemple des projets portuaires à Djibouti et au Kenya, ou du renforcement des liens terrestres avec le Kazakhstan et la Russie ce qui donne du corps à la réactivation des liens transcontinentaux. C'est l'ensemble de ces actions, et bien d'autres, qui forment les NRS ; une sorte de label sur les partenariats et engagement chinois en Asie, en Afrique et en Europe.

Selon la lecture qui en est faite, les NRS suscitent plus ou moins de méfiance. Si la lecture est géoéconomique, elles sont perçues telle une stratégie commerciale et maritime. Une lecture géopolitique confère aux NRS d'autres dimensions plus anxiogènes pour les pays méfiants envers la Chine.

Le cœur des NRS, malgré leur nom, est plutôt maritime correspondant au grand élan commercial chinois[5]. Il faut d'abord considérer la stratégie chinoise des NRS dans une perspective maritime et portuaire. Cette dernière est marquée par une dynamique affirmée et construite. Lors du 18e Congrès du PCC en 2012, Le rapport officiel du Président Hu Jintao a cité clairement les mots de *«grande ambition maritime»*[6].

Cette ambition s'est concrétisée ces dernières années à Pékin par la consolidation des deux grands conglomérats en simplifiant l'arborescence des entreprises publiques. Selon le cabinet Clarkson, Cosco et China Merchants, respectivement numéro un et numéro neuf mondial, sont devenus des conglomérats chargés de donner à la Chine sa force maritime. Ils disposent ainsi de carnets de commandes massifs de navires avec l'ambition de mieux valoriser économiquement les échanges maritimes avec le monde. Comme les stratégies de développement ne sont pas que navales, ces deux méga entreprises font aussi des investissements dans des terminaux portuaires; il s'agit autant d'achats que de prises de participation dans les capitaux de sociétés de manutention sur de nouveaux terminaux de nouveaux ports.

Les NRS sont un concept assez large qui englobe tout ce qui touche au transport international. Les liens anciens du maritime entre Extrême-Orient ne sont pas concernés en tant que tels. Les NRS sont le label de la nouveauté. Ainsi, la Chine ne manque pas de s'intéresser aux passages maritimes du Nord-Est, que ce soit les ressources russes en matières premières ou les échanges avec l'Europe mais l'utilité reste sujet à caution[7]. L'affaire n'est pas que maritime et les NRS ne portent pas mieux leur nom que dans le lien transcontinental ferroviaire que la Chine, les nations d'Asie centrale et d'Europe de l'Est souhaitent accentuer. Déjà un demi-million de conteneurs pleins s'échangent dans les deux sens entre l'Europe et la Chine. Une solution alternative aux flux maritimes qui eux concernent néanmoins douze à quatorze millions de conteneurs.

Pour les infrastructures portuaires qui se développent, ce sont souvent les sociétés de construction du conglomérat public China Communications Construction Company (CCCC) qui sont à l'œuvre. Ses deux filiales majeures bâtissent toutes sortes d'infrastructures en Asie et en Afrique : autoroutes, ponts, gares et voies ferrées. Ainsi, les NRS ne sont plus un processus de la Chine vers l'Europe. On peut y voir une grande occasion d'une meilleure connectivité à l'échelle du monde avec des infrastructures portuaires et ferroviaires modernes notamment pour des pays qui en sont privés depuis des décennies.

Un des meilleurs exemples est constitué par les nouveaux terminaux du port de Djibouti et la ligne avec Addis-Abeba en Éthiopie. L'Afrique est une terre d'expansion pour les entreprises chinoises avec pour les pays de l'Est du continent une inscription claire dans la dynamique et la cartographie des NRS.

Les NRS : un maillage de plateformes d'échange

Comment comprendre l'approche chinoise des NRS ? La première réponse pourrait se trouver dans un proverbe chinois : *« si vous voulez devenir riche, construisez une route »*. La question centrale est une affaire d'infrastructures. On bute alors sur un problème conceptuel du point de vue européen qui empêche de considérer correctement les NRS. Bercés par les grands explorateurs et les mythiques liners transocéaniques, les Européens lisent dans *« routes »* un *« mouvement »*. De fait, les mouvements existent depuis bientôt 20 ans avec l'exportation massive des produits chinois, mais les NRS ne sont pas un autre nom de ce phénomène. Ce ne sont pas plus les lignes maritimes de Cosco ni même les trains transcontinentaux.

Il faut partir du principe que les Chinois voient dans la NRS non pas des caravanes qui se déplacent, mais le commerce dans chaque caravansérail. La route c'est le maillage des caravansérails, de plates-formes d'échanges. Les NRS sont donc une affaire d'infrastructures à construire, à opérer pour faire des affaires. Les pays d'accueil doivent affronter la rigueur des organismes internationaux de financement et sont donc satisfaits de trouver en la Chine un acteur plus *« souple »* pour moderniser vite leurs pays même au prix de l'endettement, du suréquipement et des faibles retombées locales.

Géographiquement, ce que fait la Chine dépasse de plus en plus l'Asie et l'océan Indien. Pékin peut présenter les NRS comme un

« don » au monde pour développer l'économie et faciliter les échanges dans une vision très Montesquieu *(« L'effet naturel du commerce est de porter à la paix, De l'esprit des Lois »).* La politique chinoise serait maintenant une *« contribution pour le bien de l'humanité ».*

L'analyse de la deuxième édition du forum des NRS en avril 2019 à Pékin indique un adoucissement du discours chinois qui s'adresse à *« public international »* élargi jusqu'au Secrétaire général des Nations Unies. Le nombre d'engagements contractuels comptabilisés des intérêts chinois seraient moindres même si déjà une soixantaine de pays sont concernés. La tendance[8] serait à des projets plus qualitatifs et associant d'autres sources de financement. La mutualisation des prêts avec d'autres acteurs produira des projets de constructions moins *« impulsifs ».*

Européens, Américains et Japonais pratiquent tous une diplomatie du développement même si les temps sont moins aux orientations politiques de guerre froide et à *« verrouiller économiquement »* les régimes amis. Pékin ne veut pas être impérialiste et promeut l'idée d'un principe gagnant-gagnant avec ses partenaires même lorsque les travailleurs, l'acier et le ciment viennent de Chine.

Les NRS sont devenues un nom commun accolé à toutes les politiques de partenariat économique de Pékin à l'échelle du monde. Lorsque Chinois, comme Occidentaux, réalisent des cartes l'inquiétude naît. Ce qui devrait être sur les représentations géographiques uniquement des axes de flux et des infrastructures existantes ou à construire est perçu tels des *« tentacules »* d'une super puissance chinoise à l'échelle des sous-régions d'Asie, de l'Europe et d'Afrique. La géopolitique est une affaire de représentation comme le disait le géographe Yves Lacoste.

Finalement que le *Made in China* soit presque partout est moins inquiétant que les investissements, financements et constructions dans quelques points du monde. Pourtant, c'est le *Made in China* qui crée l'excédent commercial qui rend la Chine propriétaire de bons du trésor américain, finance les NRS et le développement militaire. Ce sont les consommateurs du monde qui font la puissance chinoise par les terminaux à conteneurs.

La culture de la géopolitique en Europe est sans doute une lunette déformante. Cependant, il est indéniable que la Chine développe des infrastructures dans des pays avec lesquels elle construit des proximités stratégiques, des amitiés ou de la « clientèle », au point où il est possible d'affirmer qu'une diplomatie de l'infrastructure est à l'œuvre. Néanmoins, les actions de Cosco et China Merchants sont d'abord et avant tout des stratégies maritimes en Méditerranée comme ailleurs.

Un terminal à conteneurs est plus utile à la diffusion commerciale qu'à un *hard power* diplomatico-stratégique.

La Chine en Méditerranée, lecture portuaire

Les grandes entreprises maritimes chinoises et la conquête des ports

La Méditerranée est, a priori, hors de la zone de rayonnement directe de la Chine. Ce qui intéresse la Chine en Méditerranée, comme ailleurs, ce sont les potentiels économiques. Du Portugal à la Roumanie, il s'agit de l'accès au marché européen, d'une vraie terre d'émergence qu'est la Turquie, de zones en développement (Maghreb, Égypte) et d'autres à reconstruire (Syrie, Libye). Tout cela est une lecture géo-économique.

À une autre échelle, il faut s'intéresser à ce que font concrètement les entreprises maritimes chinoises sur les rives de la Méditerranée. D'une manière générale, les groupes maritimes n'avaient pas au départ de propension à posséder des terminaux dans le monde. Cependant dans les années 2000 tous les grands armateurs ont décidé de détenir des terminaux dédiés pour l'efficience de leurs systèmes de lignes maritimes tout autour du monde[9]. Cosco l'a fait, comme ses concurrents[10].

Le premier terminal hors de Chine de Cosco fut un engagement en 2003 à Singapour, le grand hub de transbordement à la charnière des océans Indien et Pacifique. Deux ans plus tard, la filiale de manutention du groupe chinois récupéra 40 % du terminal Maersk de Port-Saïd en Égypte, soit une plateforme à l'Est de la Méditerrané. En 2007, China Shipping, l'autre armateur conteneurisé, (fusionné depuis avec Cosco) prit 20 % du terminal de Damiette toujours en Égypte.

En 2009, Cosco réussissait à prendre le contrôle des activités conteneurs du Pirée vendu par son autorité portuaire. Le géant chinois pouvant y développer son véritable hub en Méditerranée avant qu'en 2011 la situation catastrophique de l'économie grecque et l'intervention européenne se traduisent par des ventes d'actifs publics. En 2016, l'État grec a revendu 51 % de ses parts dans le port du Pirée (OLP) à Cosco.

Devenu depuis propriété unique du géant chinois, le Pirée rejoint le cercle étroit des ports européens privatisés jusqu'alors uniquement britanniques (Felixstowe, Southampton, Liverpool…). Seulement celui-là appartient au conglomérat public chinois et, depuis 2013, aucune carte sur les NRS ne se prive de le mettre en avant. Situé au Sud-Est européen, il apparaît comme une porte d'entrée. Les terminaux du Pirée servent avant tout à redistribuer dans les ports régionaux, mais ce fonctionnement technique de la conteneurisation est moins abordé par les journalistes et les analystes qui restent trop souvent cantonnés à une lecture géopolitique négligeant de s'intéresser au fonctionnement et au développement de ces grandes entreprises maritimes.

Cosco accumule les prises de position[11]. En devenant successivement coactionnaire du terminal construit par Maersk à Vado - Savone (2016), du manutentionnaire espagnol Noatum à Valence et Bilbao (2017) et de Kumport - Ambarli en Turquie avec China Merchant (2015). Plus anourau Nord, le géant chinois a renforcé aussi sa position dans le terminal belge de Zeebrugge (2018) et dans le Golfe avec un terminal à Abu Dhabi (2019). Le second conglomérat, China Merchant est par ailleurs le coactionnaire de l'entité manutention de Terminal Link avec CMA CGM présente notamment à Marseille, Malte et au nouveau port de Tanger Med.

Le dernier acteur chinois en voie d'internationalisation est Shanghai International Port Group (SIGP) détenu par la province de Shanghai et partiellement China Merchants. Le manutentionnaire de Shanghai doit moderniser et opérer le port d'Haïfa (2021). La question est néanmoins soulevée par la présence chinoise dans un port qui abrite aussi régulièrement des navires de l'*US Navy* (marine de guerre américaine).

L'entreprise publique de Shanghai est aussi citée dans le vaste projet portuaire algérien en eau profonde d'El Hamdania à l'Ouest d'Alger, mais sans qu'une avancée ne soit manifeste depuis plusieurs mois. L'objectif de l'Algérie est de posséder enfin le port de délestage de celui d'Alger, un rôle que le mal conçu port de Djen Djen (près de Djijel à l'est d'Alger) n'a jamais réussi à remplir. L'ambition serait aussi d'offrir à l'un des grands opérateurs, un port de transbordement relativement bien placé en Méditerranée occidentale. Par ailleurs, la présence chinoise se fait dans des contrats plus directs avec des travaux pour le gaz à Skikda et des perspectives pour les phosphates de l'Est du pays. En Tunisie, on évoque les Chinois notamment pour le port de Zarzis.

Sur la Rive Nord, peut être que le prochain développement de Rijeka en Croatie sera chinois, mais c'est du côté italien qu'il faut regarder. Le gouvernement de Rome a officialisé son entrée dans les NRS, en mars 2019, et a affirmé son ouverture vis-à-vis d'investissements chinois dans ses ports et connexions ferroviaires en Ligurie ou en Adriatique, même si cette position est loin de faire l'unanimité dans la péninsule. Le Portugal adopte une position similaire notamment pour son nouveau port à conteneurs de Sines, au Sud du pays, qui projette une nouvelle phase de développement. En France, l'autorité portuaire de Marseille est, comme ses voisines, attentive à ce que font les Chinois. Elle a ainsi signé avec l'entreprise industrielle Quechen Silicon Chemical pour l'implantation d'une usine à Fos, montrant ainsi qu'il est difficile de faire avec les Chinois sans la Chine. C'est l'équation chinoise posée au monde.

Encore une fois, le mélange du politique et de l'économique lorsqu'il s'agit des NRS complexifie une juste compréhension des choses. À l'évidence, les entreprises chinoises sont intéressées par le potentiel de développement du Bassin méditerranéen et toutes les opportunités sont bonnes à prendre. Elles ont besoin de débouchés et de positions portuaires.

De la marchandise à l'usine, nouvelles perspectives chinoises

Les produits manufacturés chinois ont déjà modifié les routes du commerce depuis les ports de Chine jusqu'aux réseaux de distribution organisés ou informels de tous les continents. Dans les pays développés, cela veut dire des délocalisations et des changements de consommation. La production chinoise de biens de consommation et d'équipement avec des prix abordables a contribué, à sa façon, au développement des pays du Sud.

Donald Trump a décidé de changer les choses et une forme de guerre économique avec la Chine a débuté. Le pouvoir conservateur américain veut contrarier le colossal déséquilibre transpacifique, car ses électeurs le demandent, et ce alors même qu'ils profitent depuis 20 ans de prix cassés dans la distribution. Les États-Unis vont-ils remettre en cause un système que leurs grandes entreprises ont fait naître ? Peuvent-ils sortir de l'intrication des économies entre elles ?

Dans les pays du Sud, aux exportations européennes se sont substitués les produits chinois, les intermédiaires européens ou proche-orientaux sont moins utiles. Les acheteurs sont à quelques heures d'avion des fournisseurs chinois et la conteneurisation livre n'importe où dans le monde. Les apports de la production chinoise sont devenus, qu'on en pense du mal ou du bien, un des ferments du développement même si les questions se posent sur le long terme en préservant la triste dualité matières premières contre consommation (infrastructures, biens de consommation).

Le commerce international chinois est une chose qui pourrait prendre une nouvelle forme avec un autre slogan venu de Pékin : *«Made in China 2025»*[12]. Il signifie une montée en gamme des productions du pays. En effet, l'industrialisation chinoise s'est faite d'abord via la délocalisation industrielle de groupes européens, américains et japonais. Peu à peu, c'est une partie croissante des produits manufacturés de notre monde qui est fabriquée en Chine avec des entreprises chinoises fournissant les distributeurs du monde. Ainsi, au textile s'ajoute une diversité de produits en tout genre (*small commodities*), mais aussi des productions d'électroménager et d'électronique.

Néanmoins, la Chine souhaite gagner des parts de marché dans des industries plus stratégiques, autant pour doter le pays que pour exporter dans le monde. L'ambition de *«Made in China 2025»* c'est surtout de remonter la chaîne de valeur avec des technologies purement chinoises. Cela concerne les industries mécaniques (maritime, ferroviaire, agricole, automobile), la chimie, les équipements électriques et électroniques ou l'aérospatial. Tout cela menace les savoir-faire des industries des pays avancés de tous les continents. La résistance politique sera plus élevée. Dans l'électronique l'argument de la sécurité est d'ores et déjà mis en avant par les États-Unis

Quant aux produits à moindre valeur ajoutée, ils seront toujours construits en Chine, mais aussi dans d'autres pays, par des multinationales chinoises comme c'est déjà le cas en Malaisie et en Éthiopie. À ce titre, des pays méditerranéens pourraient être des terres d'expansion de l'industrie chinoise. Peut-être un jour des usines à capitaux chinois seront présentes au Maghreb ou au Proche-Orient. Dès lors, les NRS deviennent un outil infrastructurel au service de toutes les activités à l'international, distribution et implantation industrielle. C'est le but même de la nouvelle stratégie chinoise, favoriser le développement de son internationalisation : transport, logistique, industrie et marchandise. La Chine dilatera-t-elle son industrie à l'échelle du monde ? Cela reste encore une hypothèse.

Au final, la Méditerranée semble encore un peu éloignée de la sphère de rayonnement chinoise. Certes, les grands groupes maritimes chinois suivent les développements portuaires ; dans une perspective opérationnelle pour Cosco, financière pour China Merchants et exploratoire pour SIGP. L'intérêt est de participer à ce grand marché qu'est l'entrée du Sud de l'Europe et à la dynamique de plusieurs économies comme la Turquie et Israël.

Vis-à-vis de l'Algérie ou de la Tunisie, l'inscription dans les NRS relève plus de cette nouvelle étiquette mise sur les œuvres globales de BTP. En Algérie, un opéra, une mosquée, un barrage, des logements, une autoroute sont construits par des Chinois avec une tentation de faire vite pour des raisons politiques et sociales. De fait, la Chine peut construire tout ce qu'un pays en voie de développement peut vouloir, dont des infrastructures portuaires.

Conclusion

Finalement, la Chine en Méditerranée ne fait pas différemment de ce qui s'est fait depuis deux cents ans. Au Nord, le développement économique élevé et les besoins de transport justifient des infrastructures en permanence étendues et modernisées. Les engagements chinois parmi d'autres seront les bienvenus de Gibraltar au Bosphore. Au Sud, les Chinois prennent le relais de ce que la colonisation puis la post colonisation ont fait avec des résultats mitigés. L'effort de modernisation est légitime et les populations aspirent à des progrès économiques. Les ports ne peuvent rester des freins à l'économie. Le Maroc à Tanger Med mais aussi à Casablanca l'a fait et avant que la Chine n'apparaisse. L'Algérie mais aussi la Tunisie doivent encore améliorer le «passage portuaire». Il serait dommage que seule la Chine s'y intéresse.

Les NRS sont des outils au service d'ambition légitime, bataille portuaire européenne au Nord, modernisation des infrastructures au Sud. Par leur parfum géopolitique, elles ont une odeur spécifique. Pour la première fois dans l'histoire, une nation asiatique pousse ses pions bien au-delà de ses habitudes historiques. À l'âge de la globalisation, il n'est pas étonnant que chacun puisse penser global même s'il est incontournable pour les Occidentaux de se trouver victime d'un «Grand jeu». Pour les pays arabes et la Turquie, c'est une alternative intéressante.

Dans le monde global, la Méditerranée est une de ces mers intérieures où se mélangent et parfois se confrontent des systèmes et des cultures différents. La Chine est présente comme les Occidentaux le sont dans l'océan Indien et dans une moindre mesure en Mer de Chine orientale. Ce monde ressemble de plus en plus à celui de la fin du XIXe siècle avec une multipolarité exacerbée. À l'expansion coloniale s'est substituée la globalisation, avec moins de victimes et plus d'acteurs dynamiques. Dans ce monde-là, «les mers de partage» sont littéralement des preuves de coexistence et des occasions de collaborations fructueuses.

Notes

1. Institut de Relations Internationales et Stratégiques, « Les défis sécuritaire en mer de Chine méridionales », *Asia Focus*, 47, octobre 2017, 41 p.
2. Laurent Amelot, « Le dilemme de Malacca », in*Les Seigneurs de la Mer*, *Outre-Terre*, n° 25-26, 2010, pp. 241 à 271.
3. Paul Tourret, « 20 ans de mutations des routes maritimes », *Note de Synthèse de l'ISEMAR*, n° 190, mai 2017, 4 p.
4. Laurent Amelot, « Le dilemme de Malacca », *Op. cit.*
5. Paul Tourret, « Chine / Europe : Economie, échanges et industrie maritime », *Note de Synthèse de l'ISEMAR* n° 200, mai 2018, 4 p.
6. Discours de Hu Jintao au dix-huitième congrès national du Parti communiste chinois, 8 novembre 2012. Traduction en anglais disponible sur :
http://www.china-embassy.org/eng/zt/18th_CPC_National_Congress_Eng/t992917.htm
7. Nicolas Sindres et Paul Tourret, « Chine, Japon, Corée, Quels ambitions pour l'Arctique », *Note de Synthèse de l'ISEMAR*, n° 182, mai 2018, 4 p.
8. Jean-Raphaël Chaponnière, « Nouvelles routes de la soie : ralentissement ou second souffle ? », *Asialyst*, 30/04/2019. https://asialyst.com/fr/2019/04/30/nouvelles-routes-de-la-soie-vers-second-souffle/
9. Antoine Frémont, *Conteneurisation et mondialisation. Les logiques des armements de lignes régulières*, Thèse de HDR en géographie, Université Panthéon-Sorbonne Paris I, 2005, 268 p.
10. Paul Tourret, *« Le transport maritime chinois, puissance et limites ? »,Note de Synthèse de l'ISEMAR*, n° 160, décembre 2013, 4 p.
11. Paul Tourret, « La Méditerranée, nouveaux enjeux, nouveaux défis », *Note de Synthèse de l'ISEMAR*, n° 211, juin 2019, 4 p.
12. Sébastien Goulard, « Les nouvelles stratégies commerciales de la Chine », *Note de Synthèse de l'ISEMAR*, n° 195, décembre 2017, 4 p.

Émilie Tran

Assistant Professor, Coordinatrice du programme d'études européennes | Section française.
Department of Government and International Studies.
Hong Kong Baptist University.
Hong-Kong, Chine.

Marseille : bientôt un comptoir chinois ?

2018 aura marqué un nouvel épisode dans le déploiement de la politique chinoise des routes Maritimes de la soie, à la conquête des ports de la Méditerranée. En effet, au tout début de l'année, Marseille était appelée à devenir le deuxième plus grand centre sino-européen du textile grâce au projet porté par un grossiste chinois président du Marseille International Fashion Center 68, ou MIF68. À l'automne 2018, le groupe chinois Quechen Silicon Chemical signait un accord avec le port de Marseille-Fos pour y construire une usine de pneus plus écologiques et destinée à être son porte-drapeau sur le marché européen. La toute récente implantation d'intérêts économiques chinois dans la cité phocéenne montre comment la mondialisation, qu'elle vienne d'en haut ou d'en bas, bouleverse le cadre de l'action des États engagés dans la diplomatie économique.

2018 opened a new era as the Belt and Road Initiative unfolded to conquer the ports of the Mediterranean Sea. Early that year, Marseilles was set to become the second largest Sino-European textile trading center in Europe, with the opening of the Marseille International

Fashion Center 68 or MIF68, initiated by a Chinese wholesaler. In fall 2018, the Chinese company Quechen Silicon Chemical confirmed in an agreement with the port of Marseilles-Fos, the construction of its European flagship factory. As Chinese economic interests take roots in Marseilles, one can see how globalization, whether coming from above or below, actually affect the actions of the states that are engaged in economic diplomacy.

Le 18 février 2018, c'est vêtu de maillots floqués de leur nom en chinois-mandarin que les joueurs de l'Olympique de Marseille (OM) affrontèrent au stade Vélodrome les Girondins de Bordeaux. Au lendemain des festivités du Nouvel an chinois, l'OM célébrait ainsi le lancement de son compte officiel sur le réseau social Weibo, l'équivalent chinois de Facebook. Au-delà de cet événement footballistique, 2018 restera une année mémorable dans les relations entre Marseille et la Chine. En effet, l'ambassadeur de Chine en France qui avait assisté à ce match, inaugurait le lendemain l'ouverture dudeuxième plus grand centre sino-européen du textile, le Marseille International Fashion Center ou MIF68. En octobre, l'industriel chinois, Quechen Silicon Chemical, numéro 3 mondial dans la production de silice, confirmait la lettre d'intention signée en marge de la visite à Pékin du Président Emmanuel Macron huit mois plus tôt, en s'engageant à construire au port de Marseille-Fossa toute première usine destinée à être son porte-drapeau sur le marché européen, avec un investissement à hauteur de 105 millions d'euros.

La Chine serait-elle ainsi en train de prendre sa revanche plus de 150 ans après sa défaite face aux puissances européennes ? Lorsqu'en 1684, l'Empire du Milieu s'ouvre au commerce extérieur direct avec l'Europe, c'est uniquement dans le port de Canton dans le sud du pays que les Européens sont autorisés à s'installer pour commercer avec la Chine[1]. À cet égard Canton fut non seulement un comptoir commercial pour les Occidentaux avides de soie, porcelaine et thé, mais aussi l'avant-poste de leur impérialisme. Cherchant à rééquilibrer la balance commerciale et conquérir le marché chinois et ses millions de consommateurs, ils trouvèrent, au XIXe siècle, dans l'opium leur monnaie d'échange, qu'ils imposèrent par les armes aux Chinois dans les guerres dites de l'opium.

L'inauguration du MIF68 et le futur site Quechen confèrent à Marseille des allures de comptoir chinois. D'ailleurs, le 31 mai 2018, le port de Marseille Fos organisait une matinée de débats sur le thème *« Marseille et son port sur les nouvelles routes de la soie »*, cette politique de Pékin qui, entre autres ambitions, place la Méditerranée au centre d'une stratégie de flux maritimes entre l'Europe, l'Asie et l'Afrique. L'évènement s'est déroulé sous le haut patronage et en présence de hauts dignitaires, diplomates et dirigeants d'entreprises français et chinois[2]. Or, comme l'ont montré S. Belguidoum et O. Pliez, la Méditerranée est d'ores et déjà devenue un espace-clé du commerce transnational entre la Chine et les territoires autour de ce bassin[3]. D'ailleurs, les gouvernements des pays du Maghreb comme d'Europe du Sud s'interrogent sur cette présence émergente chinoise à leur porte[4].

Présentés comme deux méga projets des nouvelles routes de la soie – initiative que la France, à travers son gouvernement et ses entreprises, accueille au demeurant de manière plutôt favorable[5] –, le MIF68 et Quechen illustrent des dynamiquespour le moins contrastées de la mondialisation : l'une est orchestrée par une entreprise familiale devenue un leader mondial dans son domaine et l'autre résulte d'activités économiques que Armelle Choplin et Olivier Pliez qualifient de « plus discrètes »[6] et qui, pour Alain Tarrius, « émergent "par le bas" »[7].

De la politique du *going out* aux nouvelles routes de la soie

Après la mort de Mao Zedong, la Chine sort de son isolement à la fin des années 1970. Le nouveau dirigeant Deng Xiaoping ouvre le pays aux investissements directs étrangers afin de développer l'économie chinoise. Vingt ans plus tard, en 1999, Pékin prend des mesures pour inciter les grandes entreprises chinoises à investir à l'étranger (*Going Out Policy* ou *Going Global Stategy*)[8]. Cette stratégie répond à deux objectifs : réinjecter dans l'économie réelle les réserves en devises étrangères que la Chine a accumulées grâce à la politique de réforme et d'ouverture, tout en donnant les moyens aux entreprises chinoises d'acquérir une dimension internationale.

Ainsi, les investissements chinois à l'étranger décollent dès le début des années 2000 puis accélèrent sensiblement à partir de 2004[9]. Pendant la décennie qui va suivre le *going out* consiste pour ces grandes entreprises d'État à acquérir des ressources naturelles, alors que les exportations chinoises ne se distinguent ni en qualité ni en volume. C'est alors que le Président Xi Jiping et son Premier ministre Li Keqiang lancent en 2013 une nouvelle phase du *going out*, où les investissements de la Chine à l'étranger se doivent d'être à la fois plus stratégiques, compétitifs et efficaces, afin de créer des têtes de pont de l'industrie chinoise[10]. Dès lors cette politique va se déployer sous le vocable des nouvelles routes de la soie.

La France, pays de prédilection des investissements chinois en Europe

Pour la première fois, en 2015, les Chinois ont plus investi dans le monde que les étrangers en Chine. En Europe, la France fait partie des pays qui totalisent le plus d'investissements étrangers[11] dont chinois : de 2000 à 2018, les investissements chinois en métropole ont totalisé au moins 14,3 milliards d'euros[12].

De l'hôtellerie aux transports, des vignobles à l'agroalimentaire et au luxe, tous les secteurs sont visés. Les milliardaires chinois qui se sont mis à apprécier les vins français, sont devenus acquéreurs à partir de 2008 de plus en plus de vignobles français. À Bordeaux, plus de 160 châteaux et domaines sur 7000, représentant 3 % des surfaces viticoles, sont passés aux mains de 75 investisseurs chinois[13]. En 2011, GDF Suez cède 30 % de sa branche d'exploration-production au fonds souverain chinois CIC pour 2,3 milliards d'euros ; en 2015 les deux sociétés renforcent leur partenariat par la signature d'un autre protocole d'accord qui prévoit des collaborations dans des projets énergétiques de grande ampleur et les nouvelles technologies[14]. En 2014, c'est PSA Peugeot-Citroën qui ouvre son capital au géant automobile chinois Dongfeng Motors[15]. En 2015, Louvre Hotels Group – connu sous ses enseignes Campanile, Kyriad ou Première Classe – est devenue une filiale du groupe Jin Jiang, propriété de la municipalité de Shanghai, et le numéro un de l'hôtellerie et du voyage en Chine et en Asie. Cette même année, le Club Med devient la propriété du conglomérat chinois Fosun International. En décembre 2018, Fosun, qui figure en 416e position au classement des plus grandes entreprises mondiales selon Forbes Global 2000, a également conclu un partenariat avec la Compagnie des Alpes, leader mondial de l'exploitation de domaines skiables, et pourrait ainsi entrer à son capital. Quelques mois auparavant, Fosun devenait l'actionnaire majoritaire de Lanvin, la plus ancienne maison de couture française, confrontée alors à de sévères difficultés financières. Ces acquisitions sont autant d'illustrations de la mondialisation par le haut à travers l'internationalisation des entreprises chinoises étatiques et privées. En avril 2016 le premier train de marchandises effectue le trajet Wuhan-Lyon en15 jours, après avoir traversé sept pays et 11 500 km, matérialisant sur le sol français le volet terrestre des nouvelles routes de la soie, alorsque le MIF68 et Quechen vont en incarner son volet maritime.

Les investissements chinois en Provence

C'est dans ce contexte d'internationalisation des entreprises chinoises à la recherche d'opportunités de développement à l'étranger qu'au tout début de la décennie 2010, la région Provence-Alpes Côte d'Azur fait l'objet d'une première vague d'investissements chinois. Parmi les tout premiers investisseurs, le groupe chinois Weichai Power, spécialisé dans le design, la fabrication et la vente de moteurs diesel en Chine, qui racheta en janvier 2009 la société des Moteurs Baudouin, fondée à Marseille en 1918, et qui était alors en difficulté. Weichai en fit sa base européenne après avoir doté le constructeur d'un centre de recherche et de développement. Relocalisée à Cassis, Moteurs Baudouin Weichai est aujourd'hui détenue en totalité par le motoriste chinois et développe depuis une gamme de moteurs principalement destinés à des applications maritimes.

Créée en 2011 par un entrepreneur français à Marseille, en partenariat avec les capitaux de son sous-traitant, la société chinoise Tinno, Wiko est une compagnie de production de smartphones franco-chinoise qui emploie 250 personnes dans la cité phocéenne. Après avoir détenu 95 % de l'entreprise, Tinno rachète les 5 % restants aux fondateurs marseillais en février 2018. Wiko a bénéficié d'une fenêtre d'opportunité pour croître au tout début des années 2010, profitant du boom des forfaits mobiles sans engagement. Mais le positionnement *lowcost* avec un design *made in France* de Wiko sur le marché français des téléphones mobiles n'a pas résisté à l'offensive des concurrents tels que Huawei, Xiaomi, One Plus, Vivo et Oppo, qui sont bien devant en termes de ventes, ce qui a forcé Wiko à annoncer en mars 2019 un plan derupture conventionnelle collective, sur la base du volontariat.

Fondée à Pékin en 1994, Watch data Technologies est un fabricant de semi-conducteurs, reconnu dans le monde de la sécurisation des données, des transactions, et du sans-contact. Présente dans la banque, les télécoms et les transports, Watch data implante en 2011 à Aix-en-Provence sa représentation commerciale pour l'Europe et une partie de l'Afrique. Le groupe étatique Pétro China, la deuxième plus grosse compagnie pétrolière de Chine, a signé en 2011 un accord-cadre avec le Britannique Ineos qui exploitait deux raffineries, dont celle de Lavéra, la plus importante de France, située aux portes de Marseille. Cet investissement a donné naissance à une co-entreprise et a permis de pérenniser la plateforme pétrochimique. En 2013, un partenariat stratégique est signé entre la troisième plus grande compagnie maritime de transport de conteneurs au monde, CMA CGM basée à Marseille, et l'opérateur portuaire chinois China Merchants Holdings International. Cette opération d'envergure entend exploiter et développer des terminaux à conteneurs dans le monde entier et intensifier leurs relations commerciales.

L'agence de presse Xinhua recensait à la fin 2018 une quinzaine de sociétés et projets à capitaux chinois ayant choisi la Métropole Aix-Marseille Provence[16]. Ainsi, lorsque le MIF68 et Quechen arrivent dans la cité phocéenne, ils sont en terrain connu.

MIF68 : un nouveau comptoir mondial pour les grossistes

Surplombant la Méditerranée et la rade de Marseille, l'International Fashion Center, ou MIF68 est situé en périphérie dans 16e arrondissement entre le centre commercial Grand Littoral et les lettres blanches géantes qui dessinent le nom de «Marseille» au sommet des quartiers nord, à la façon des lettres «Hollywood». À Marseille, nombre de grossistes sont implantés dans le centre-ville. Or la circulation dans les vieilles rues très étroites se trouve bloquée dès que les camions de livraison s'arrêtent. La position géographique du MIF68, à la fois tout près du futur port de conteneurs et proche des grands axes autoroutiers, permet ainsi d'éviter la circulation dense du centre-ville tout en étant à quinze minutes de voiture de l'aéroport international Marseille Provence, de la gare Saint-Charles et du port maritime de Marseille-Fos, ce qui facilite grandement l'accès aux professionnels, commerçants indépendants et sociétés qui viennent de toutes parts découvrir et acquérir des productions importées d'Asie ou d'Italie.

Le MIF68 est un centre de commerce de gros et semi-gros spécialisé avant tout dans la confection, mais pas uniquement : prêt-à-porter homme, femme et enfant, accessoires, chaussures, bijoux, maroquinerie, lingerie, cosmétiques, linge de maison, mais aussi des décorations de fête, de l'électronique, des luminaires, des écrans LED, etc. Dans une seconde phase de développement, des fabricants et plates-formes de commerce électronique spécialisés dans le commerce entre la Chine et l'Europe devraient venir s'y adjoindre. Des grossistes du centre-ville de Marseille, d'Aubervilliers en région parisienne, d'Espagne et de Prato en Italie sont ainsi regroupés dans un seul endroit.

Situé sur une ancienne carrière d'argile laissée en friche depuis plusieurs années, le MIF68 a été édifié en tout juste un an. En raison de la nature instable du sol, il aurait fallu creuser des fondations jusqu'à 60 mètres de profondeur. Or, afin d'assurer la viabilité financière du projet, un architecte marseillais a opté pour une construction légère et modulaire en recourant aux containers, faisant ainsi écho à l'histoire de Marseille et son activité portuaire. Ce sont donc 600 containers de 40 pieds qui furent fabriqués en Chine, puis livrés par bateau, et agencés sur le site par une entreprise de manutention portuaire de Fos sur Mer. De fait à ce jour c'est le plus grand ensemble de ce type au monde. Chacun des magasins de grossistes est composé de six containers juxtaposés sur deux étages, en bas pour le showroom et en haut pour le stockage. Répartis sur deux allées principales baptisées « Marseille » et « Shanghai », les 95 showrooms occupent une surface totale de 16 500 m². Le centre accueillera à terme 200 boutiques. Le MIF68 est ainsi le second plus grand centre du textile en France derrière le Centre International France-Asie (CIFA) situé à Aubervilliers, au nord-est de Paris, lequel regroupe quelque 1500 grossistes chinois sur une surface de 40 000 mètres carrés.

Acheminés depuis la province du Zhejiang, dans l'est de la Chine, les produits sont déchargés à Marseille pour être ensuite présentés au MIF68 : les clients nord-africains viennent quant à eux à Marseille pour sélectionner les marchandises qu'ils souhaitent importer et les expédient directement chez eux par bateau ou par avion. Près d'un tiers du chiffre d'affaires généré par cette activité provient des exportations vers le sud de la Méditerranée. De plus, les entreprises françaises désireuses d'exporter des produits *« Made in France »* y trouvent aussi une porte d'entrée vers le marché chinois. Le MIF68 permet ainsi de faciliter le commerce entre la Chine, le sud de l'Europe et l'Afrique du Nord. À cet égard, la construction du MIF68 cadre tout à fait avec les objectifs du gouvernement chinois qui visent à créer un réseau d'infrastructures et d'échanges commerciaux reliant l'Asie à l'Europe et à l'Afrique via les anciennes voies commerciales de la route de la soie. C'est donc un projet économique majeur pas seulement à l'échelle de

Marseille, mais aussi pour le monde, ce qui explique que lors de son inauguration le 19 février 2018, pas moins de 500 invités français et étrangers étaient présents, dont un grand nombre de personnalités : le maire de Marseille et président de la métropole, Jean-Claude Gaudin, la présidente du département, Martine Vassal, celui de la région, Renaud Muselier, ainsi que l'ambassadeur de Chine en France, Jun Zhai et son consul à Marseille, Zhu Liying, mais aussi la directrice du Fonds Monétaire International, Christine Lagarde, placée aux côtés de son conjoint, Xavier Giocanti, lui-même le promoteur du terrain sur lequel fut construit MIF68.

Si les gouvernements français et chinois étaient côte à côte pour se féliciter de cette réalisation, pour autant, les opérations immobilières qui ont fait naître le MIF68 à Marseille et le CIFA à Aubervilliers sont financées et gérées par des grossistes chinois qui ont cherché à se délocaliser afin d'échapper à l'exiguïté du centre-ville. À Paris ils étaient concentrés dans le 3e arrondissement, appelé le «Sentier chinois»[17]. À Marseille, ils étaient regroupés dans le quartier de Belsunce. Ce dernier était devenu dans les années 1970 le centre d'un comptoir commercial entre la France et le Maghreb où la circulation des marchandises était orchestrée par – pour reprendre le terme – «une colonie» de commerçants algériens, marocains et tunisiens, suivant des réseaux et une économie atypique des échanges internationaux[18]. À Paris comme à Marseille, les entrepreneurs chinois se sont donc associés à des partenaires français établis dans les affaires de longue date et qui avaient une opportunité foncière intéressante à leur présenter. À Aubervilliers, lorsque Safef, une entreprise métallurgique, ferma ses portes au début des années 2000, 4 hectares de terrain furent ainsi laissés en friche et c'est Michel Rosenberg, l'industriel à la tête de Safef, qui porta l'idée du CIFA, lequelsera finalement inauguré en 2006. À Marseille, le projet fut initié par Chen Dingguo, un entrepreneur chinois, arrivé en France dans les années 1980 et qui avait décidé au tout début des années 2000 de déplacer son activité de grossiste du Sentier à Belsunce. À l'époque, vivait déjà à Marseille une petite communauté chinoise qui se structurait à son rythme[19]. M. Chen est aujourd'hui le président du MIF68. Ayant rencontré les mêmes problèmes dans le centre-ville de Marseille qu'à Paris, et afin de trouver un terrain adéquatpour y développer un centre commercial à l'image de celui d'Aubervilliers[20], Chen Dingguo s'est appuyé sur Xavier Giocanti et Gurvan Lemée, opérant dans la première zone franche de Marseille depuis sa création en 1997 et fondateurs en 2005 du groupe Résiliance, promoteur et investisseur dans l'immobilier.

Si l'ouverture du MIF68 résulte d'une mondialisation par le bas, en revanche l'implantation de Quechen à Marseille-Fos est le fait d'une mondialisation dirigée d'en haut.

Quechen : porte-drapeau de l'industrie chimique chinoise à la conquête du marché européen

Fondé en 2003 à Wuxi, dans la province de Jiangsu, Quechen Silicon Chemical Co. Ltd est un groupe familial qui, en l'espace d'une douzaine d'années, est devenu le premier producteur chinois et le numéro 3 mondial de la production de silice à haute dispersion, ou HDS. La silice HDS est destinée à entrer dans la composition de pneus verts haut de gamme, les rendant à la fois plus résistants et plus économes en consommation de carburant. En 2015, alors qu'il n'avait encore jamais investi en Europe et ne connaissait quasiment que le port de Rotterdam par lequel transitaient ses marchandises, le groupe annonça sa volonté de s'implanter sur le Vieux Continent pour se rapprocher de ses clients pneumaticiens européens, Michelin, Continental et Pirelli; pas moins de 28 parcs industriels à travers toute l'Europe, se retrouvèrent en compétition. Monsieur Que Weidong, fondateur et PDG de Quechen expliquait sa décision comme suit : *Nous exportons actuellement 40000 à 45000 tonnes de produits vers l'Europe à partir de nos usines en Chine. Grâce à cette implantation, ce volume peut augmenter considérablement puisque nous serons au plus près de nos clients et plus compétitifs, n'ayant plus à franchir les diverses barrières commerciales du marché européen.*[21]

Fort de 10 ans d'expérience à Shanghai, Bruno Lefébure, avocat au barreau de Marseille apprend que Quechen cherche un site en Europe. Aussitôt, en décembre 2015, la plus grande métropole de France est saisie du dossier. Aix-Marseille-Provence (AMP) qui s'étend en effet sur plus de 3000 km^2, réunissant 92 communes et comptant 1,86 millions d'habitants, peut s'appuyersur Provence Promotion, une agence de développement économique de la Métropole, dont la mission consiste à repérer des investisseurs potentiels exogènes au territoire et de déployer toutes les ressources nécessaires à leur implantation et à leur rayonnement en Provence. Un certain nombre d'investisseurs chinois avaient déjà manifesté un vif intérêt pour le port de Marseille Fos qui ne manque pas d'atouts : premier port français à l'envergure internationale, le port se distingue par sa connectivité, sa localisation stratégique, une importante réserve foncière disponible et ses infrastructures. Le développement des liaisons ferroviaires entre Marseille Fos et l'Europe du Nord-Ouest est aussi une priorité importante, dans la mesure où ces dessertes peuvent permettre de réduire de 5 ou 6 jours le temps de transit de biens en provenance d'Asie ou de toute autre origine/destination située à l'est du canal de Suez avec l'Europe de l'Ouest et du Nord. Marseille est aussi devenu un hub d'échanges numériques du fait des nombreux câbles sous-marins qui y sont d'ores et déjà concentrés et qui font la liaison avec notamment le continent asiatique.

En janvier 2016, Benjamin Denis, le vice-président en charge de l'internationalisation de Quechen, - et qui est Français -, fait une première visite de repérage de quatre plateformes : Fos, Berre, Lavéra et La Mède. Afin de faciliter les modalités d'installation en France, l'agence Provence Promotion va alors s'associer avec le Grand Port Maritime de Marseille (GPMM) et l'industriel français Kem One, pour fédérer l'ensemble des partenaires locaux et institutionnels afin de structurer la candidature française autour d'une offre *«plug &play»*.

Deux mois plus tard, le PDG de Quechen se rend en personne à Fos et Lavéra. Il revient en France en juin pour rencontrer la présidente du GPMM et le maire de Fos. Business France - une structure en charge du développement international des entreprises françaises, des investissements internationaux en France et de la promotion économique de la France -, organise la visite de Que Weidong à Marseille et à Paris et les rencontres avec les conseillers industries de l'Élysée et de Bercy. À cette occasion la préfecture, la Région et la Métropole AMP s'engagent à octroyer des aides à Quechen pour faciliter son implantation. À l'été la Métropole, Total et Provence Promotion lancent le cofinancement de l'étude de Fos, le site retenu par Quechen. En octobre, à l'occasion de sa mission export et tourisme en Chine, Jean-Claude Gaudin, Président de la Région, visite le siège de Quechen entamant ainsi le premier round de négociations avec la Métropole, les directions générales du GPMM, de Kem One et Provence Promotion.

Le 17 octobre 2016, Quechen rend public ses trois favoris : Rotterdam aux Pays-Bas, Krefeld dans la Ruhr en Allemagne, et Fos-sur-Mer près de Marseille. Cependant, dès novembre, Quechen fait savoir que sa préférence va à Rotterdam. Allaient ainsi commencer deux années de rivalité virulente entre le plus grand port d'Europe et le plus grand port de France. L'âpre compétition contre les concurrents finalistes et notamment avec le favori va mobiliser tous les rouages de la diplomatie française, du sommet de l'État jusqu'à l'union sans précédent des acteurs locaux, qui vont s'évertuer à rassurer les inquiétudes portant notamment sur le climat social en France et les aides au financement.

Business France fait inviter Que Weidong à l'Élysée, avec l'ensemble des acteurs : la Métropole, la Région, Kem One, GPMM, Business France et Provence Promotion. En décembre, le directeur financier de Quechen est reçu par le président de la Chambre de commerce et d'industrie Marseille-Provence (CCIMP) qui a aussi invité des entreprises chinoises implantées sur le territoire pour partager leur expérience en France.

Le président de la CCIMP et de Provence Promotion, ainsi que la présidente du GPMM et le conseiller économique de l'ambassade de France à Pékin sont à leur tour reçus au siège de Quechen, pour le troisième round de négociations avec à l'appui une lettre du secrétaire d'État à l'Industrie confirmant les diverses aides de l'État français. Trois mois plus tard, en avril 2017, le GPMM et Kem One envoient une proposition de protocole d'accord à Quechen, conjointement signée par les présidents de la Métropole AMP et de la Région, ainsi que le préfet. Quechen envoie un conseiller à Marseille pour refaire une comparaison entre Rotterdam et Fos. En juillet 2017, pour les célébrations du 30e anniversaire du jumelage entre la cité phocéenne et Shanghai, le Président de la Métropole AMP invite l'industriel chinois à Marseille. S'ensuit deux mois plus tard, en septembre 2017 la signature d'un protocole d'accord par Quechen, GPMM, Kem One et Provence Promotion pour l'ouverture d'une période de négociations exclusive. Entre novembre et décembre 2017, les dirigeants et avocats de Quechen font trois visites pour procéder aux dernières étapes des vérifications et aboutir à une lettre d'intention, pour valider l'offre technique ainsi queles aides octroyées. Ladite lettre est signée le 9 janvier 2018 à Pékin, à l'occasion de la visite du Président Macron en Chine, sous le patronage de hauts dirigeants français et chinois, augurant ainsi l'entrée en négociation exclusive pour l'accueil de l'usine du géant chinois à Marseille-Fos. Outre la présence de Jean-Yves Le Drian, ministre de l'Europe et des Affaires étrangères, Bruno Le Maire, ministre de l'Économie et des Finances, Zhong Shan, ministre du Commerce et Wang Chao, vice-ministre des Affaires étrangères, le communiqué de presse de cet événement fait état d'un certain nombre d'acteurs publics et privés français qui soutiennent de concert cette démarche : le Grand Port Maritime de Marseille (GPMM), l'industriel français Kem One et l'agence de développement économique

Provence Promotion, mais aussi l'État, représenté à la fois par le Préfet de la région Provence-Alpes Côte d'Azur (PACA) et Business France, ainsi que des acteurs de l'administration territoriale, à savoir la Métropole Aix-Marseille-Provence, la Région PACA, et la Chambre de Commerce et de l'Industrie Marseille Provence[22].

Quelques mois plus tard, le 18 octobre, Quechen signe avec le GPMM une promesse de bail sur la zone industrialo-portuaire PIICTO (Plateforme industrielle d'innovation du Caban Tonkin) pour la construction d'une usine d'une capacité de 90 000 tonnes, comprenant la direction des ventes pour le marché européen ainsi qu'un centre de recherche comptant une dizaine de chercheurs. L'implantation devrait se concrétiser sur un terrain de 8 hectares avec un quai privatif pour le transport maritime et une possibilité d'extension de 4 ha. Cette seconde signature lance la phase des procédures administratives, financières et douanières visant à l'obtention des autorisations diverses, puis du permis de construire pour une mise en service de l'unité de production prévue en 2021. Même si le montant de l'investissement annoncé par Quechen a été largement revu à la baisse, passant de 200 millions en 2016 à 105 millions d'euros en 2018, ce projet constitue *« le plus gros investissement industriel chinois pour une nouvelle usine en France »*[23]. Puisque le terrain visé est éligible à la prime d'aménagement du territoire, laquelle consiste en une aide directe à l'investissement dans les zones prioritaires de développement, Quechen va bénéficier d'aides diverses de l'État français et des collectivités territoriales - la Région et le Conseil départemental - ainsi que de Total Développement Régional, qui se sont mobilisés pour accompagner ensemble cette implantation, quiune fois mise en service à l'horizon 2021, devrait permettre la création directe de 130 emplois.

Conclusion

En retraçant la genèse du MIF68 et celle de Quechen et les étapes qui ont mené à leur concrétisation, on a ainsi illustré deux processus de mondialisationspour le moins contrastées. Même si *in fine* le MIF68 fut étiqueté du label nouvelles routes de la soie, il demeured'abord et avant tout le projet d'un entrepreneur privé chinois, qui avait fui la pauvreté de sa province natale en Chine pour s'installer et travailler comme grossiste en France, exemple emblématique des réseaux de la mondialisation par le bas. À l'opposé, Quechen est le fruit de la mondialisation par le haut, dirigée par une entreprise privée dont le projet d'internationalisation répond aux injonctions du Parti-État chinois, et à qui la République française déroule le tapis rouge. Côté français, les protagonistes - Provence Promotion, le Port de Marseille Fos, l'association PIICTO, Business France, l'État, la Région SUD - Provence-Alpes-Côte d'Azur, la Métropole Aix-Marseille Provence, la Chambre de commerce et d'industrie Marseille Provence (CCIMP) et le groupe Total - ont fait alliance par-delà les différends qu'ils peuvent avoir par ailleurs et ont adopté, comme le résumait Jean-Luc Chauvin, le président de la CCIMP *« un comportement de taskforce »*[24] et ainsi remporter la victoire de Fos dans la compétition très sélective pour attirer l'industriel chinois. Cas d'école s'il en est de la diplomatie économique à l'œuvre, dont Laurent Fabius avait fait une priorité de son action de ministre des Affaires étrangères[25].

Mais il se pourrait bien que le contexte favorable qui a précédé et favorisé l'implantation du MIF68 et de Quechen soit en train de changer. Ainsi en 2018, les flux d'investissements chinois au sein de l'UE continuent de reculer, de 40 % par rapport à 2017 et de 50 % par rapport au pic de 2016. Ce repli reflète d'une part le durcissement de Pékin à l'égard de nouvelles acquisitions par des groupes chinois surendettés, et d'autre part la mise en place d'un cadre réglementaire plus strict en Europe[26]. Le 12 mars 2019, la Commission européenne publiait un communiqué dans lequel la Chine était décrite comme un *« concurrent économique dans la poursuite du leadership technologique »* et un *« rival systémique qui promet des modèles alternatifs de gouvernance »*[27]. Ce communiqué intervient au lendemain d'un véritable coup de théâtre. En effet la Cour administrative d'appel de Paris a décidé d'annuler la procédure de vente des 49,99 % du capital de l'aéroport de Toulouse-Blagnac détenus par l'État, au consortium chinois Casil Europe qui s'était porté acquéreur en 2015 pour 308 millions.

Notes

1. Paul A. Van Dyke, « The Canton Trade, 1700-1842 », Oxford Research Encyclopedia of Asian History, 24 mai 2017.
2. Port de Marseille Fos, Communiqué de presse « Marseille et son port sur les nouvelles routes de la soie (*Belt and Road Initiative*), 31 mai 2018.
3. Saïd Belguidoum et Olivier Pliez, « *Made in China*. Commerce transnational et espaces urbains autour de la Méditerranée », *Les Cahiers d'EMAM* [En ligne], 26, 2015.
4. Alice Eckman, « La Chine en Méditerranée : une présence émergente », *Notes de l'IFRI*, Institut Français des Relations Internationales, février 2018, 22 p.
5. Alice Eckman (dir.), Françoise Nicolas, Céline Pajon, John Seaman, Isabelle Saint-Mézard, Sophie Boisseau du Rocher, Tatianan Kastouéva-Jean, *La France face aux*

nouvelles routes de la soie chinoises, Études de l'IFRI, Centre Asie, octobre 2018, 145 p.
6. Armelle Choplin et Olivier Pliez, « Des mondialisations plus discrètes. Vers une nouvelle géographie des échanges mondiaux », *La Vie des idées*, 4 octobre 2016. http://www.laviedesidees.fr/Des-mondialisations-plus-discretes.html
7. Alain Tarrius, *La mondialisation par le bas : les nouveaux nomades de l'économie souterraine*, Paris, Balland, 2002, 220 p.
8. Yushan Li, « China's go out policy- A review on China's promotion policy for outward foreign direct investment from a historical perspective », 2018, Working Paper n. 244, Centre for Economic and Regional Studies HAS Institute of World Economics.
9. Lemoine Françoise, « Les investissements internationaux de la Chine : stratégie ou pragmatisme ? », *Revue d'économie financière*, 102, 2011, pp. 133-150.
10. Yushan Li, *op. cit.*
11. Ernst & Young, Retour Gagnant ? Baromètre EY de l'attractivité France 2019,
12. Thilo Hanemann, Mikko Huotari et Agatha Kratz,*Chinese FDI in Europe: 2018 trends and impact of new screening policies.* A report by Rhodium Group (RHG) and the Mercator Institute for China Studies (MERICS), 6 mars 2019.
13. Dico du vin - Le dictionnaire du vin en ligne, « Le vin, la vigne, les hommes. Comment expliquer une telle puissance ? », 28 mai 2018,https://dico-du-vin.com/chine-2018-le-vin-la-vigne-les-hommes-pourquoi-une-telle-puissance/
14. ENGIE, Communiqué de presse « ENGIE et China Investment Corporation signent un protocole d'accord », 30 juin 2015.
15. PSA Group, communiqué de presse « Final Agreements Between PSA Peugeot Citroën, Dongfeng Motor Group, the French State, EPF and FFP », 26 mars 2014.
16. French.Xinhuanet.com, « Le plus grand port français espère attirer des investissements chinois », 4 novembre 2018http://french.xinhuanet.com/2018-11/04/c_137581116.htm
17. Maurizio Lazzareto, Antonio Negri, Giancarlo Santilli, « Immigration et succès économique : Les communautés du Sentier », in Immigrés et autres, *Les annales de la recherche urbaines*, 49, 1990, pp.68-76.
18. Alain Tarrius, « Naissance d'une colonie : un comptoir commercial à Marseille, in Marseille et ses étrangers », in Marseille et ses étrangers, *Revue Européennes des Migrations Internationales*, 11 (1), 1995, pp.21-52.
19. Barbara Braille, « Chinois de Marseille », in Marseille et ses étrangers, *Revue Européennes des Migrations Internationales*, 11 (1) 1995, pp. 151-124.
20. Ya-Han Chuang, « Aubervilliers sur Wenzhou, ou la transformation du Grand Paris par les entrepreneurs chinois », *Hommes & migrations*, 1320, 2018, pp. 51-58.
21. Cité dans Jean-Christophe Barla, « Quechen promet à la Provence le plus gros investissement d'usine chinoise en France », *L'Usine nouvelle*, 19 octobre 2018 www.usinenouvelle.com/article/quechen-promet-a-la-provence-le-plus-gros-investissement-d-usine-chinoise-en-france.N757784
22. Communiqué de presse « Marseille Fos attire la plus grande usine 100% chinoise en France », 9 janvier 2018https://piicto.fr/wp-content/uploads/2018/01/Communique%CC%81-de-presse-Quechen-9-janvier-franc%CC%A7ais-2018.pdf
23. Jean-Christophe Barla, *op.cit.*
24. Cité dans Lilian Renard, Jean-Luc Crozel et Brian Orsini, « Marseille et son port remportent la bataille de Chine », *La Provence*, 11 janvier 2018https://www.laprovence.com/article/edition-marseille/4786126/marseille-et-son-port-remportent-la-bataille-de-chine.html
25. Déclaration de Laurent Fabius, ministre des Affaires étrangères, sur la diplomatie économique, à Paris le 18 janvier 2013 http://discours.vie-publique.fr/notices/133000139.html.Voir aussi : Badel Laurence, « Chapitre 14. Diplomatie économique, diplomatie d'entreprise », dans : Thierry Balzacq éd., *Manuel de diplomatie.* Paris, Presses de Sciences Po, « Relations internationales », 2018, p. 243-261.
26. Thilo Hanemann, Mikko Huotari et Agatha Kratz, *op. cit.*
27. European Commission & HR/VP contribution to the European Council, *EU-China – A Strategic Outlook*, 12 mars 2019 https://ec.europa.eu/commission/sites/beta-political/files/communication-eu-china-a-strategic-outlook.pdf

Jean-Marc Chaumet

Agroéconomiste à l'Institut de l'Elevage, Paris.

Les routes de la soie agricoles : quelle place pour la Méditerranée ?

La Chine fait face à une dépendance alimentaire croissante qui l'a obligée à revoir sa politique agricole. Sa nouvelle stratégie repose sur l'arrêt de la logique productiviste, pour ménager l'environnement, sur une montée en gamme des productions et sur une sécurisation des importations agricoles, reconnues comme nécessaires. À travers l'initiative des nouvelles routes de la soie, la Chine cherche notamment à mettre en place le volet international de cette nouvelle politique. Si le pourtour méditerranéen n'est pas pris en considération tel un ensemble homogène par la diplomatie et acteurs économiques chinois, les pays sont ciblés en fonction de leur potentiel agricole et de leur situation économique. La Chine privilégie la présence commerciale et affiche encore un excédent agricole avec la majorité des pays bordant la Méditerranée, mais commence à développer une coopération agricole qui lui permet de renforcer ses liens politiques et son image tout en espérant réduire les tensions sur les marchés internationaux. À l'inverse, avec la France, l'Espagne et l'Italie, la Chine trouve une source d'approvisionnement et de savoir-faire qui comble une partie de ses manques. La deuxième économie mondiale ne néglige donc aucun pays dans cette région du monde et tente de tirer parti de chacune de leur caractéristique pour satisfaire ses objectifs agricoles.

China is facing a growing food dependency that has forced the country to review its agricultural policy. Its new strategy is based on stopping the productivity thinking to reduce the environment impact of its agriculture, on a qualitative step of agricultural production and on securing agricultural imports, deemed as necessary. Through the Belt and Road Initiative, China seeks to put in place the international aspect of this new policy. If the Mediterranean rim is not considered as a whole by Chinese diplomacy and economic actors, the countries are targeted according to their agricultural potential and their economic situation. China favors commercial presence and still has an agricultural surplus with the majority of countries bordering the Mediterranean, but is beginning to develop agricultural cooperation that allows it to strengthen its political ties and to improve its image while hoping to reduce tensions in international markets. Conversely, with France, Spain and Italy, China finds a source of supply and know-how that fill part of its need. The second world economy does not neglect any country in this region of the world and tries to take advantage of each of their characteristic to meet its agricultural objectives.

Nourrir 19 % de la population mondiale avec 9 % des terres est le défi auquel est confrontée la Chine depuis de nombreuses années. Pourtant la Chine est un grand pays agricole : premier producteur mondial de riz, de blé, de viande porcine, de viande ovine, de pomme de terre, de pomme et de fraise ; second producteur mondial de volaille, de maïs et de viande bovine. Alors que l'Empire du Milieu a pratiquement toujours compté sur ses propres forces pour nourrir sa population, il est devenu au XXIe siècle, et surtout depuis une quinzaine d'années, importateur net de produits agricoles et alimentaires, avec un déficit commercial de près de 60 milliards de dollars en 2018. Si les importations chinoises de soja (2/3 du commerce international) sont connues, la Chine est également devenue le premier importateur mondial de produits laitiers, de viande bovine et ovine.

Cinq grands facteurs expliquent l'envolée des importations. En premier lieu, la Chine manque de ressources naturelles. Ses surfaces agricoles représentent 0,09 ha de terre agricole par habitant, soit bien moins que la moyenne mondiale d'environ 0,24 ha/hab. En outre, le développement industriel et le développement agricole basé sur l'intensification ont mené à la pollution des terres et des eaux, réduisant encore les ressources disponibles. D'autre part, l'augmentation du coût de la main-d'œuvre et du prix des contrats foncier, la petite taille des exploitations (0,7 ha en moyenne) qui réduit la compétitivité ainsi que l'instauration de prix minimums sur certaines productions comme les céréales expliquent que les prix chinois sont souvent supérieurs à ceux pratiqués sur le marché mondial[1]. En outre, des problèmes sanitaires liés aux processus de production éclatent à intervalles réguliers en Chine et dopent les importations de certains produits étrangers, réputés plus sûrs, comme les poudres de lait infantiles. Plus largement, c'est un problème d'adaptation de la qualité des productions du pays aux demandes des consommateurs chinois qui stimule les importations. Ainsi, alors qu'elle est la première productrice mondiale de blé, la Chine est contrainte d'acheter du blé panifiable pour satisfaire la consommation de pain et viennoiseries en plein essor. Ceci renvoie d'ailleurs à la curiosité toujours plus grande des consommateurs chinois, surtout urbains, pour des produits nouveaux et sûrs d'un point de vue sanitaire. Si elle doit constater sa dépendance croissante, la Chine veut en même temps s'affirmer comme un pays exportateur de produits agricoles. Elle s'affiche comme le quatrième exportateur mondial, derrière l'Union européenne, les États-Unis et le Brésil, ses ventes ayant progressé de près de 20 % en valeur entre 2013 et 2018.

La problématique de la Chine est donc double : s'approvisionner en produits et chercher des débouchés pour une production agricole. Le pourtour méditerranéen peut-il avoir une place dans cette problématique? Et si oui, laquelle? Nous nous proposons ici d'exposer dans un premier temps la nouvelle stratégie alimentaire chinoise puis d'explorer les relations agricoles et alimentaires entre les pays de la Méditerranée et l'Empire du Milieu.

Une nouvelle stratégie agricole et alimentaire chinoise

Dans l'histoire chinoise, maîtriser son approvisionnement agricole était une source de richesse, de stabilité et une condition de sa puissance. Les produits agricoles, les grains en particuliers, remplissaient de nombreuses fonctions : ils permettaient la survie du peuple, étaient la source de la richesse nationale, étaient utilisés comme matériau pour la guerre et servaient à mesurer les conditions de vie d'un peuple ainsi que le niveau économique et politique d'un État[2]. Maîtriser son approvisionnement agricole était donc une condition de survie pour l'État. Cette idée liant la puissance de l'État à la santé de son agriculture a été rappelée en 2015 dans le plus important document d'orientation politique annuel : *«Pour que la Chine soit forte, son agriculture doit être forte»*. La dépendance alimentaire est ainsi synonyme pour ses dirigeants de vulnérabilité dans l'ascension politique et économique de la Chine. Pour autant l'autosuffisance ne peut plus être recherchée, car après l'avoir prônée, pour des raisons géopolitiques, les autorités chinoises se sont rendu compte de l'impasse, environnementale et commerciale, dans laquelle menait cette voie. L'intensification de l'agriculture et l'augmentation à outrance des volumes a conduit à une forte pollution des eaux et des sols au point qu'elle a mis en danger le futur de la production agricole et donc la sécurité alimentaire du pays. Parallèlement, le déficit commercial chinois n'a cessé de s'aggraver.

Une nouvelle stratégie a de la sorte été lancée en 2015 pour permettre de conserver la maîtrise de l'alimentation. Cette politique est qualifiée de «duale», c'est-à-dire qu'elle repose sur deux piliers : la production locale et les importations modérées[3].

Le premier pilier consiste à adapter l'offre nationale à la demande sur le long terme. A contrario de la seule question des quantités produites traitée par la politique agricole telle qu'appliquée au cours des dernières décennies, la nouvelle réforme met en priorité l'efficacité et la durabilité de la production agricole ainsi que sa qualité (techniques d'irrigation plus économes en eau, arrêt de la croissance de l'épandage d'engrais et de pesticides, meilleure valorisation des résidus de culture et des déjections animale...). Le deuxième pilier de cette nouvelle politique encourage les investissements hors de la Chine (terre, cheptel, entreprises), pour sécuriser les importations tout en limitant la dépendance vis-à-vis d'acteurs étrangers afin de rester maître de ses approvisionnements[4]. Cette nouvelle stratégie agricole chinoise s'inscrit totalement dans la logique d'un autre projet annoncé à la même époque par les autorités chinoises, celui des nouvelles routes de la soie.

Le projet des nouvelles routes de la soie, lancé en 2013 par le président chinois Xi Jinping, se situe dans la prolongation de la politique de *«sortie des capitaux»* (走出去) lancée dans les années 2000 et qui incitait les entreprises chinoises à investir à l'étranger, tous secteurs confondus. Cette initiative est devenue un concept phare dans la politique étrangère chinoise, visant à mieux connecter la Chine au reste du monde.

À peine lancées, les nouvelles routes de la soie ont rapidement pris une ampleur considérable. Presque toutes les régions du monde sont ainsi intégrées dans cette initiative, de l'Afrique à l'Océanie, en passant par le Moyen-Orient, l'Afrique du nord, l'Europe et l'Amérique du Sud : 124 pays et 29 organisations internationales auraient signé des accords de coopération avec la Chine dans le cadre de cette l'initiative *«la Ceinture et la Route»*[5].

Si ces routes ont un objectif géopolitique interne, à savoir le désenclavement et le développement économique des provinces de l'ouest du pays (Xinjiang, Tibet, Qinghai, Yunnan) dont certaines sont réputées irrédentes, l'enjeu est également économique. En particulier, l'Empire du Milieu aspire à acquérir des matières premières, énergétiques comme agricoles.

Dans le domaine agricole, l'initiative prend ainsi la forme de la mise en œuvre de la politique de *«deux marchés, deux ressources»* qui cherche à utiliser de la manière la plus efficace les ressources nationales comme étrangères et rejoint donc les deux piliers de la nouvelle stratégie alimentaire chinoise. Elle vise à améliorer la capacité de production nationale de certains aliments stratégiques (riz, blé) ou pour lesquels la Chine est déjà excédentaire (légumes, produits de la pêche et de la pisciculture), dans un but de sécurité alimentaire ou d'exportation. L'objectif du gouvernement, à travers une hausse des ventes à l'international, est d'augmenter les revenus des agriculteurs chinois et de réduire l'écart entre les villes et les campagnes. Cette initiative doit donc être également vue comme un instrument de développement de la Chine rurale et agricole. Mais cette politique de «deux marchés, deux ressources» a également pour but de contrôler la production, la transformation et la logistique d'autres produits, tels que le soja, le lait, les fruits, les viandes. Les achats/locations de terres, les investissements dans les entreprises de transformation, la construction de parcs agro-industriels et la mise en valeur de terres, appuyés par le projet des nouvelles routes de la soie, répondent pleinement à cette stratégie.

Les nouvelles routes de la soie ont aussi une visée diplomatique qui n'est pas sans incidences elle aussi sur le plan agricole. Xi Jinping a ainsi clairement annoncé que le but de la politique de *«sortie»* dans le domaine agricole était non seulement lié à la sécurité alimentaire nationale, mais devait également servir la stratégie diplomatique du pays[6]. Dans certains pays étrangers, les investissements chinois ont en particulier pour but d'augmenter les productions agricoles permettant de contribuer à la sécurité alimentaire locale et mondiale, mais aussi en retour à la sécurité alimentaire chinoise. Cet accroissement de la production permettrait en effet de limiter la pression sur les marchés internationaux, en termes de volumes et de prix, et donc le cas échéant de minimiser les prix des importations chinoises[7].

Les relations créées à travers le monde grâce aux nouvelles routes de la soie doivent donc permettre la mise en œuvre de la nouvelle stratégie agricole, en trouvant des débouchés pour les produits chinois et des sources d'approvisionnement pour satisfaire sa demande dynamique, qui doivent être contrôlées de manière croissante par les capitaux chinois.

Quelle place pour la Méditerranée dans la nouvelle stratégie agricole chinoise ?

En matière agricole, la Chine déploie une stratégie spécifique à chaque zone dans le monde, en fonction de sa situation agricole et commerciale. Elle cherche ainsi à tirer le meilleur parti des différentes régions agricoles. Des entreprises chinoises mettent en valeur des terres en Russie (céréales et soja), investissent dans le bassin du Mékong, tant au Laos qu'au Cambodge, (caoutchouc, la canne à sucre, manioc, maïs, sorgho…), importent du coton, des fruits, des produits d'élevage d'Asie centrale, etc.

Si la Méditerranée peut se définir comme un espace géopolitique à part entière, tant certaines problématiques sont partagées, la Chine ne développe pas pour autant une politique unique vis-à-vis d'elle. Les relations avec ces pays passent par des forums créés à l'initiative de Pékin[8], des mécanismes de coopération multilatérale, ou encore par des relations bilatérales, avec la France notamment. Mais aucune instance ne regroupe les pays du pourtour méditerranéen, qui sont répartis entre différents cercles d'échanges : ainsi certains pays se retrouvent au sein du FOFAC *(Forum on China-Africa Cooperation),* d'autres du CASCF *(China-Arab States Cooperation Forum)* et d'autres du CCEECF *(China and Central Eastern Europe Cooperation Forum).*

Pour appréhender la stratégie agricole chinoise dans le bassin méditerranéen, il est nécessaire de distinguer non pas la rive nord et la rive sud, mais les pays en fonction de leur potentiel agricole. La diversité des situations agricoles et alimentaires, mais également économiques des pays explique la variété des actions entreprises par les acteurs chinois. Il peut s'agir d'importer des produits de qualité, des aliments insuffisamment produits en Chine, d'exporter des denrées alimentaires, d'investir dans les pays ou de développer des coopérations.

Les pays de la rive sud et est de la Méditerranée[9] : commerce et coopération

L'agriculture, comme le stress hydrique et la demande énergétique, fait partie des défis à relever pour les PSEM qui ont aussi en commun, Turquie exceptée, d'être dépendants de l'extérieur pour leur approvisionnement alimentaire. Avec la Chine, la logique commerciale est respectée : ces pays sont considérés par les entreprises chinoises comme un débouché pour leurs produits agricoles. Il n'est dès lors pas étonnant que la Chine affiche un excédent commercial agricole avec eux, au point qu'elle se classe comme le 10e fournisseur de produits alimentaires de cette région. Même la Turquie, exportatrice nette de produits alimentaires, affiche un déficit vis-à-vis de la Chine. Les exportations chinoises vers cette zone ont doublé en valeur en 10 ans, au même rythme que ses exportations totales, mais elles plafonnent cependant à 2 % de ses exportations alimentaires[10]. Il s'agit surtout de thé, de tournesol, d'arachide, de produits de la pêche et de l'aquaculture (filets de poisson, mollusques…), mais également du riz. Même si elle est importatrice nette depuis quelques années, la Chine, première productrice de riz au monde, a fortement augmenté ses exportations en 2017 et 2018, essentiellement vers l'Egypte et la Turquie. En fait, ces quelques 350 000 tonnes exportées vers les PSEM peuvent s'interpréter comme une volonté de réduire les énormes stocks de riz en les soldant à bas prix. Elles peuvent également participer des efforts de la Chine pour établir des relations commerciales avec ces pays ou pour nourrir le personnel chinois et les travailleurs en poste dans ces endroits menant à bien des projets de construction et d'aide.

Les PSEM affichent dans leur ensemble une faible vocation exportatrice. Il n'y a rien d'étonnant à ce que leurs exportations ne représentent en valeur que 0,4 % des importations agricoles et agroalimentaires chinoises. C'est dans le domaine des fruits que les PSEM sont le plus tournés vers la Chine, au point qu'elle est depuis quelques années, importatrice nette de fruits de cette région. C'est le cas avec les oranges alors même que la Chine est le troisième producteur au monde. Compte tenu des dates de récolte et de la qualité de la production, la Chine est ainsi obligée de s'en remettre aux productions méditerranéennes. C'est l'Egypte qui profite le plus de ces besoins en Chine. Elle s'est ainsi hissée au rang de deuxième fournisseur de la Chine avec des volumes quadruplés entre 2013 et 2018. Le pays cherche également à accroître ses envois de raisins et de dattes vers le marché chinois. L'Egypte et le Maroc sont les premiers exportateurs de fraises congelées et Israël le deuxième fournisseur de jus d'orange congelé et de pamplemousse en Chine.

Le pays semble donc avoir trouvé dans les PSEM une source d'approvisionnement en fruits pour satisfaire une demande croissante et de plus en plus qualitative. Enfin, il est important de citer les exportations turques de laine, deuxième fournisseur de la Chine.

Pour autant, seul 1 % des exportations agricoles et alimentaires en valeur des PSEM prennent à ce jour la direction de la Chine. Il n'empêche les produits agricoles sont considérés de manière croissante comme un moyen de réduire le déséquilibre commercial global qu'ils entretiennent avec la Chine. Ainsi, le dernier rapport de Mckinsey & Company sur les relations entre le Maroc et la Chine recommande de profiter de la demande chinoise en produits agricoles, en déterminant les exportations agricoles marocaines adaptées au marché chinois et en mettant en place des mesures pratiques à adopter pour encourager les exportations agricoles marocaines vers la Chine[11].

Les PSEM ne sont également pas de grands récipiendaires des IDE chinois dans le secteur agricole. Dans les catalogues guidant les investissements à l'étranger des entreprises chinoises, seuls l'Egypte et Israël sont mentionnés. Un des rares exemples d'investissement d'envergure chinois dans la région est le rachat de Tnuva, première société laitière israélienne, par le groupe Bright. Cette initiative avait pour but d'acquérir de la technologie et de nouveaux produits, pour tenter de rattraper ses rivaux laitiers en Chine.

Les entreprises chinoises en sont donc encore à un stade de présence commerciale sur la rive sud et est de la Méditerranée, à l'opposé de leurs rivaux états-uniens et européens, comme Danone par exemple, qui s'implantent dans la région. Cette quasi absence des firmes chinoises peut s'expliquer par une inadéquation entre les objectifs recherchés et la situation des entreprises agroalimentaires de la zone, relativement peu développées au regard des attentes chinoises. L'industrie agro-alimentaire chinoise est en effet en quête de savoir-faire pour accroître la diversité de ses produits, ainsi que leur qualité, notamment sanitaire, mais également de capacités de production importantes.

Par contre, la Chine commence à déployer sa politique de coopération agricole, dans ces zones, aux contraintes naturelles fortes et au potentiel partiellement inexploité, pour des raisons économiques comme politiques. L'ambition est en effet triple : accroître la production agricole pour alléger la pression de ces pays sur le marché mondial, et ainsi contenir les prix pour faciliter les importations chinoises ; améliorer l'image de la Chine, souvent présentée comme néo-colonisatrice à travers les achats internationaux de terres ; renforcer les liens politiques avec les pays. De surcroît, ces initiatives peuvent servir les intérêts chinois, avec des pays comme l'Algérie ou l'Egypte qui fournissent également de l'énergie à la Chine.

L'aide et les investissements en agriculture sont appréciés et recherchés par de nombreux dirigeants de la région, qui voient les succès chinois dans le domaine de l'alimentaire, et pensent que leur pays peut apprendre de la Chine en matière agricole[12]. D'autant que l'aide chinoise se différencie de l'aide occidentale sur de nombreux points, à travers la « coopération Sud-Sud » que prône la Chine : relations d'égalité, avantages mutuels, inconditionnalité de l'aide attribuée et non-ingérence dans les affaires intérieures. Ajoutons quand même que la Chine négocie toujours ces accords en bilatéral, ce qui lui donne un pouvoir de négociation sans commune mesure eu égard au rapport de force, et qu'elle n'accorde une aide significative qu'aux pays reconnaissant « une seule Chine ».

Ainsi, la Chine et l'Algérie ont signé en 2017 deux accords dans les domaines de la protection des végétaux et de la santé animale, qui visent à renforcer la coopération bilatérale dans le domaine de la protection des végétaux et de quarantaine végétale et à mettre en place des mécanismes de coopération dans le domaine du contrôle des maladies transfrontalières. La même année, un autre accord a porté sur l'envoi d'une mission d'experts chinois en Algérie dans le cadre d'un projet relatif à l'amélioration des terres agricoles salines. La salinisation des terres agricoles dans les zones arides et semi-arides du pays serait en progression constante et toucherait près de 600 000 hectares et handicape fortement la production agricole. Or la Chine a acquis une expérience dans ce domaine eu égard au fait qu'elle fait elle aussi face à ce problème. Cependant certains avancent que ces accords ne sont qu'une première étape menant à la concession de terres à des investisseurs chinois pour stimuler la production nationale et mettre en valeur plusieurs millions d'hectares inexploités[13].

En Egypte, un accord entre les deux pays a permis le démarrage d'un projet de construction de 3000 serres de conception chinoise, permettant de convertir des hectares arides en zone de production agricole. Les fruits et légumes produits dans ces bâtiments seraient à 85 % destinés au marché égyptien. Dans le même pays, le ministère chinois de l'Agriculture dispense des formations à l'aquaculture pour développer la production locale.

Si la Chine est disposée à partager son expérience, elle est également à la recherche de technologies pour améliorer l'efficience de son agriculture. Avec Israël, la coopération agricole date des années 1980 et s'effectue dans les deux sens, la Chine étant très intéressée par les techniques économes en eau développées par la recherche israélienne. L'intérêt chinois pour les pratiques israéliennes a abouti en 2014 à la signature d'un mémorandum de coopération et, en 2018, à une conférence ministérielle sino-israélienne sur la coopération en matière d'innovation agricole. Israël fait donc figure d'exception dans le domaine de la coopération, tout en restant déficitaire d'un point de vue commercial agroalimentaire avec la Chine.

La relation agricole avec les PSEM se caractérise donc, dans sa grande majorité, par une faible présence capitalistique des entreprises chinoises du secteur, mais par un accroissement des liens commerciaux et de coopération technique. La Chine cherche à accroître les relations économiques mais également ses relations politiques, en se voulant contributrice à la lutte contre l'insécurité alimentaire.

Méditerranée du nord-est[14] : des relations agricoles limitées, mais en développement

Les pays de la rive nord-est se trouvent sur le trajet maritime de la route de la soie, qui après avoir traversé l'Océan Indien, arrive en Méditerranée par le canal de Suez. Ils sont donc connectés aux flux commerciaux avec la Chine. Certains appartiennent à l'Union Européenne (Croatie, Slovénie, Chypre, Malte et la Grèce) et bénéficient ainsi de la Politique Agricole Commune. Mais, tous sont importateurs nets de produits agricoles et déficitaires vis-à-vis de la Chine. Néanmoins l'intérêt de la Chine pour ces pays est limité, compte tenu du manque de ressources agricoles et énergétiques et de leur faible nombre d'habitants. Les exportations chinoises de produits agricoles se limitent en effet à 170 millions d'euros en 2018 tandis qu'elles tendent à demeurer stables.

Cependant six de ces pays (Albanie, Bosnie-Herzégovine, Croatie, Monténégro, Slovénie, Grèce) font maintenant partie du Forum créé par la Chine pour intensifier ses relations avec les pays d'Europe Centrale et orientale (le « 16 +1 » ou CEEC-China). Ceci illustre de nouveau que la Méditerranée en soi n'existe pas pour la Chine.

Un des objectifs des autorités chinoises est d'intensifier les échanges avec ces pays, notamment pour augmenter ses importations, dans le secteur agro-alimentaire[15]. En progression de 36 % depuis 2013, les exportations agroalimentaires des six pays méditerranéens vers la Chine sont certes encore très faibles, avec seulement 28 millions d'euros en 2018. Mais la Chine inscrit ces pays dans sa stratégie de diversifier au maximum ses approvisionnements afin de limiter sa dépendance à certains fournisseurs. C'est notamment pour cela que l'objectif de faciliter l'accès au marché des produits agricoles et alimentaires fait partie intégrante des négociations entre les 18 pays du CEEC, en accélérant la finalisation des procédures permettant de satisfaire aux exigences d'importation de produits agricoles en Chine. Récemment, des entreprises chinoises souhaitant investir dans les pays d'Europe centrale et orientale se sont intéressées aux normes et certificats de sécurité sanitaire des aliments, dans l'objectif d'exporter des produits agricoles bénéficiant de certificats de sécurité sanitaire de l'Union Européenne[16]. Bien que ces investissements soient encore concentrés en Bulgarie et Roumanie, loin de la Méditerranée, la porte est ouverte pour les pays de la rive nord-est.

Mais si le commerce agroalimentaire reste réduit, les relations agricoles prennent une autre forme à travers le Forum de coopération économique et agro-économique Chine-PECO, les réunions du Comité consultatif de l'Association pour la promotion de la coopération agricole et les rencontres des ministres de l'agriculture. Les objectifs de ces cercles sont notamment la construction d'une plateforme pour la coopération en matière d'investissement, la formulation d'un plan d'action pour la coopération agricole et la construction de zones de démonstration pour la coopération agricole. La diversité des actions dans secteur agricole et la multiplication des rencontres servent ainsi de porte d'entrée et de ciment à une ambition politique de plus en plus affirmée dans cette région, au grand dam de nombreux pays de l'ouest de l'Union européenne qui voient d'un mauvais œil cette attirance vers la Chine d'une partie de l'Union.

Les relations entre la Chine et la rive nord-est montrent que la Chine ne néglige aucune zone agricole dans le monde pour atteindre ses objectifs de sécurité alimentaire. De leur côté, ces pays bordant la Méditerranée peuvent donc profiter de la demande chinoise en croissance dans les années à venir.

Méditerranée latine : des flux commerciaux et des investissements importants

La situation est radicalement différente avec la France, l'Italie et l'Espagne qui se trouvent sur le tracé de la route ferroviaire, partant du centre de la Chine, mais également sur la route maritime.

Mieux dotés en ressources naturelles, affichant de grandes capacités productives et disposant d'une industrie agroalimentaire plus ancienne et plus performante, ces pays permettent à la Chine de se procurer des produits et du savoir-faire. La Chine a de la sorte une balance commerciale déficitaire en produits agroalimentaires avec ces pays, leur achetant des alcools, des produits animaux (viandes et produits laitiers), des céréales, mais également des fruits (oranges, citrons, kiwis). La France est ainsi le premier fournisseur de la Chine de vin, de raisin, le 3e d'orge et le 5e de produits laitiers. De son côté, l'Italie se classe 5e de vin de raisin, quand l'Espagne est devenue en quelques années un des quinze premiers fournisseurs de fruits.

Ces pays à fort pouvoir d'achat sont également des débouchés pour les produits agroalimentaires chinois, avec près de 2 milliards d'euros. L'Italie se retrouve ainsi le 10e client de la Chine pour ce qui est des légumes, l'Espagne et la France, 9e et 13e respectivement pour les produits de la pêche et de la pisciculture. La complémentarité du commerce des produits agricoles joue donc pleinement entre la Chine et ces trois pays, selon la politique de « deux marchés, deux ressources », visant à utiliser au mieux les ressources nationales comme étrangères.

La France, l'Espagne et l'Italie sont également récipiendaires d'investissements chinois dans le secteur agricole. Si 3 % des surfaces du vignoble bordelais sont passés aux mains d'investisseurs chinois, les investissements en France concernent également les produits laitiers

(Synutra) et l'achat de terres céréalières. En Espagne, les acquisitions les plus importantes dans ce domaine concernent l'achat de Miquel Alimentació (production et alimentation), la cave Marqués de Atrio et 20 % du géant Osborne (boissons alcoolisées et porc). À chaque fois, il s'agit de profiter de l'image de marque des produits de ces pays et de combler un manque dans l'offre chinoise : des produits laitiers considérés comme plus sains, du blé adapté à la panification, de la viande porcine de qualité…

Les investissements des entreprises agroalimentaires chinoises n'ont pas seulement pour objectif d'approvisionner la Chine en produits agricoles, mais également de procéder à des croissances externes pour augmenter le chiffre d'affaires et devenir des *global players*, en tirant partie des avantages agricoles des régions et de la réputation des produits. Ainsi, Bright Foods, qui a racheté Tnuva en Israël, a également pris une participation majoritaire dans le groupe Salov, un producteur italien d'huile d'olive disposant d'un réseau de distribution couvrant 60 pays. De même, H&H a investi avec Isigny Sainte Mère pour fabriquer des poudres de lait infantile distribuées en Chine, mais également dans d'autres pays.

Ces achats chinois font parfois l'objet de vives critiques, notamment lorsqu'il s'agit de propriétés foncières, avec cette crainte de perdre un patrimoine et des capacités de production nationale. D'autant que la réciproque n'est pas aussi aisée, compte tenu des lois restrictives sur l'investissement en Chine et le statut collectif de la terre rurale. Si ces achats ont fait beaucoup parler, la nationalité des investisseurs semble avoir été le déclencheur du travail d'une commission parlementaire pour colmater les failles juridiques qui ont permis une transaction portant sur un peu moins de 2000 ha sans que la SAFER ne puisse jouer son droit de préemption. L'appétit chinois en ressources foncières est bien connu et il n'en fallait pas plus pour raviver la menace du *« péril jaune »*. Les investissements dans les terres par des sociétés russes dans le Cognac ou belges dans le nord de la France pour cultiver de la pomme de terre font moins de bruits. Or il faut reconnaitre que les projections chinoises dans les terres agricoles françaises ou européennes restent pour l'instant limitées, comparées à d'autres continents (Afrique, Océanie). En fait plusieurs raisons expliquent le peu d'investissement dans la terre en France. Si dans l'Hexagone l'achat de surfaces agricoles se révèle en moyenne moins onéreux que dans d'autres pays européens, comme les Pays-Bas, la plaine du Pô en Italie, où le nord-ouest de l'Allemagne, le morcellement des terres (libres et ne faisant pas l'objet d'un bail) tire les coûts de transaction à la hausse et dissuade sûrement de nombreux acheteurs chinois. Les investisseurs de l'Empire du Milieu visent en effet des achats de taille importante, plusieurs milliers d'hectare ou animaux, pour capter une partie du marché alimentaire chinois et d'un seul tenant pour bénéficier des économies d'échelle.

La politique chinoise en France, en Italie et en Espagne tient donc essentiellement dans son caractère commercial[17]. Les trois pays sont une source d'approvisionnement en produits agricoles ainsi qu'une zone récipiendaire d'investissements commerciaux, dans la transformation agroalimentaire, plus que dans le foncier agricole. Mais dans la stratégie chinoise, il y a peut-être davantage. On peut en effet se demander si les accords signés en 2019 en l'Italie et la Chine dont plusieurs traitent de produits agricoles (ouverture du marché chinois aux oranges italiennes par exemple) ne sont pas le début d'une instrumentalisation de l'immense marché chinois, notamment alimentaire, à des fins politiques, en l'occurrence la désunion de l'Union européenne.

Les relations agricoles entre la Chine et le pourtour méditerranéen ont ceci d'intéressant qu'elles montrent, en fonction des pays, la diversité de la stratégie agricole chinoise qui met à profit toutes les situations agricoles, économiques et politiques. Le pourtour méditerranéen fait partie intégrante de la politique qui se déploie à travers ses nombreuses composantes : importations, exportations, investissements pour approvisionner la Chine ou pour accroître sa présence sur les marchés mondiaux, augmentation de la production agricole locale... La Chine n'a pas une vision intégrée du pourtour méditerranéen mais tous les pays sont visés, à plus ou moins grande échelle.

Il est intéressant de remarquer que, si un des objectifs consiste à tenter de résoudre la question de la sécurité alimentaire en Chine, un autre est de s'atteler à cette question dans plusieurs des pays du sud de la Méditerranée, pour des raisons politiques et économiques. Les flux et les investissements ou projets de coopération demeurent cependant limités au regard des chiffres affichés en Océanie (investissements dans les productions bovine et ovine, importations de lait et viande), en Amérique du Sud (importations de soja et de viande) ou en Afrique Sub-Saharienne (location de terre et coopération).

La place de l'Empire du Milieu est donc amenée à s'accroître dans le pourtour méditerranéen, dans une recherche d'adéquation entre la quête chinoise en matière alimentaire et l'offre diversifiée des pays qui composent cette région. Cette volonté chinoise de diversifier ses approvisionnements alimentaires peut constituer une opportunité pour les pays du pourtour méditerranéen, mais peut également être perçue comme une menace, si la part de la Chine dans les exportations ou les investissements devient trop importante. Un autre risque peut résider dans l'ingérence politique de la Chine dans l'Union européenne, que cela soit à travers le Forum 16 +1 ou les relations bilatérales avec des pays comme l'Italie, à travers des échanges et des accords où l'agriculture trouve une place non négligeable.

Notes

1. La Chine étant membre de l'OMC, elle ne peut augmenter comme bon lui semble les droits de douane qu'elle a fixés à des taux plafond lors de son adhésion en 2001. Pour freiner les importations sur certains produits, elle peut utiliser des arguments sanitaires ou d'accès au marché. Mais le parti communiste chinois raisonne également en progression du pouvoir d'achat, sur lequel repose dorénavant sa légitimité : les importations permettent de contenir la hausse des prix intérieurs.
2. Jean-Marc Chaumet, Thierry Pouch, *La Chine au risqué de la dépendance alimentaire,* Rennes, Presses Universitaires de Rennes, 2017, p. 212.
3. Zhang Hongzhou, « China's Food Security: From Self-Sufficiency to a Dual Strategy », *RSIS Commentaries,* 045, 2013, p. 2.
4. Zhang Hongzhou and Li Mingjiang. « Hunting for Food: a New Driving Force in Chinese Foreign Policy », *Harvard Asia Quarterly*, 16 (1), 2014. pp.46-59
5. « *Belt and Road Initiative* serves to promote multilateral cooperation », *China Daily*, 31/03/2019, http://www.chinadaily.com.cn/a/201903/31/WS5ca0ac54a3104842260b382c.html
6. Zha Daojiong, Zhang Hongzhou, « Food in China's International Relations », in *The Pacific Review*, 26 (5), 2013, pp. 445-479.
7. Katherine Morton, « Learning by Doing: China's Role in the Global Governance of Food Security », *RCCPB Working Paper*, 30, Indiana University, 2012, p. 41.
8. Forum on China-Africa Cooperation (FOCAC), China-Arab Stats Cooperation Forum (CASCF) et China & Central Eastern Europe Cooperation Forum (CCEECF)
9. PSEM : Algérie, Egypte, Israël, Jordanie, Liban, Libye, Maroc, Palestine, Israël, Syrie, Tunisie, Turquie.
10. Toutes les données de flux commerciaux proviennent de la base de données Trademap.
11. McKinsey et Company 2017 : « Danse des Lions et des Dragons: comment l'Afrique et la Chine travaillent ensemble et comment va évoluer le partenariat ? ».
12. Christopher Alden, « China and the Long March into African Agriculture », *Cahiers de l'agriculture*, 22 (1), 2013, p. 16-21, 2013
13. « De nouveaux accords entre les pays : les immenses terres agricoles algériennes attirent les chinois? », 25/09/2017. https://algeriepart.com/2017/09/25/de-nouveaux-accords-entre-deux-pays-immenses-terres-agricoles-algeriennes-attirent-chinois/
14. Rive nord-est : Albanie, Bosnie-Herzégovine, Croatie, Monténégro, auxquels nous ajoutons la Slovénie, Chypre, Malte et la Grèce.
15. Dorota Richard, « La nouvelle coopération entre la Chine et les pays d'Europe centrale et orientale », *Note d'actualité de l'Observatoire de la Chine,* 9/16, 2016, p.7.
16. Agnieszka Mc Caleb, Ágnes Szunomár, « Chapter 6. Chinese foreign direct investment in central and eastern Europe: an institutional perspective », in Jan Drahokoupil, *Chinese Investment in Europe: Corporate Strategies and Labour Relations,* Bruxelles, European Trade Union Institute, 2017, pp. 121 à 140.

17. Des coopérations existent bien évidemment entre ces pays et la Chine. Concernant la France on peut citer des échanges sur l'enseignement, la formation professionnelle agricole, l'agro-écologie, les sols, le climat...

Saïd Belguidoum et Olivier Pliez

Saïd Belguidoum est sociologue, Aix Marseille Université - IREMAM, Aix-en-Provence.
Olivier Pliez est géographe, LISST, Toulouse.

La géographie discrète des réseaux transnationaux entre l'Algérie et la Chine [1]

Cet article examine la construction simultanée des « Routes de la soie » mise en œuvre par les commerçants algériens depuis près de 40 ans. L'Algérie est emblématique du redéploiement discret des réseaux marchands d'approvisionnement à l'Est et au Sud de la Méditerranée. La remontée des routes à partir des places algériennes jusqu'à Yiwu, permet de mieux comprendre leur nature et leur fonctionnement. Ces routes se superposent et s'entrecroisent sur trois niveaux : transnational entre l'Algérie et la Chine, national dans un pays où le marché de consommation est en plein essor et transrégional. Ce dernier niveau est une intersection des deux autres niveaux, organisé à partir des points d'ancrage des comptoirs et des marchés mondialisés situés dans l'est de l'Algérie. La comparaison de ces trois niveaux nous permet de mettre en lumière la formation de réseaux mondiaux – ce que nous appelons la (ou les) route(s) – situés au carrefour de logiques locales, régionales, nationales et transnationales et issus d'arrangements à plusieurs échelles entre plusieurs acteurs. Ce travail de recherche repose sur de nombreuses enquêtes in-situ menées par les auteurs depuis le début des années 2000 auprès des commerçants algériens sur les différentes places et comptoirs en Algérie, à Dubaï et en Chine.

Algeria is emblematic of the inconspicuous redeployment of merchant supply networks in the East and South of the Mediterranean. Following the roads from Algerian marketplaces until Yiwu, allows to better understand their nature and their functioning. This article considers the simultaneous construction of the «Silk roads» at three levels, transnational between Algeria and China and national in a country where consumption increase and retail stores and markets multiply. The transregional level is an intersection of the two other levels that is organized from the anchor points of globalized trading posts and marketplaces located in East Algeria. Comparing these three levels enables us to shed light on the formation of global networks – what we call the route – that are situated at the crossroads of local, regional, national and transnational rationales and arise from arrangements at multiple scales among multiple actors. It is now possible to sketch a chronology of the growth in the marketplaces where Algerian importers have obtained supplies for almost 40 years, thanks to recent research using the accounts of Algerian traders collected during continuous and regular surveys conducted by the two authors in Algeria, Dubai, and China since the early 2000s. These studies identified the places and the construction stages of this (these) transnational route(s?).

Depuis une dizaine d'années, l'hypothèse est posée et amplement discutée par les acteurs de la planète globale d'une renaissance des routes de la soie. Celles-ci ont pu être perçues initialement comme la mutation du contexte géopolitique de l'après 11 septembre pour comprendre comment notamment un monde arabe en pleine expansion se détournait de l'Occident pour redécouvrir la Chine[2]. Ces routes de la soie ne ressemblent pas aux routes antiques et médiévales : on en connaît le centre, temporaire, la Chine et on en connaît aussi les modalités de l'échange, maritimes plus que terrestres. En revanche, on en connaît moins les ramifications, les lieux et les acteurs qui nous renvoient à une échelle globale et concernent à peu près tous les points de la planète.

Le méga-projet *« One belt, One road »*, lancé à l'automne 2013 par le Président chinois Xi Jinping, devenu la *Belt and Road Initiative* (BRI) a pour objectif de relancer les relations transcontinentales à une ampleur inédite. La route est maritime et rejoint l'Europe via l'Océan Indien et le canal de Suez ; la ceinture est terrestre et relie, via l'Asie centrale et la Russie, la Chine à l'Europe. L'idée n'est pas nouvelle. Le projet BRI peut en effet être considéré comme la nouvelle mouture de la mise en acte des imaginaires séculaires des routes de la soie.

Pourtant, comme le remarque Magnus Marsden, on peut se questionner sur la quasi-absence de liens entre les stratégies institutionnelles et celles des acteurs déjà inscrits dans les réseaux transnationaux : « Pourquoi vendre le rêve d'une "nouvelle route de la soie" alors qu'il existe déjà une multitude de routes de la soie – qu'il conviendrait peut-être d'appeler plus convenablement routes du nylon ? »[3]. La question est évidemment centrale, car le risque est toujours présent que les initiatives émanant du haut entravent, plus qu'elles n'aident, ce qui est déjà construit et qui fonctionne, souvent aux marges de l'action des États, dans le cadre d'une mondialisation par le bas[4].

Dans cette perspective, l'Algérie est emblématique du redéploiement discret des réseaux marchands d'approvisionnement à l'Est et au Sud de la Méditerranée. La route de la soie, vue d'Algérie, est double : nationale et transnationale. Deux routes se dessinent ainsi en parallèle tout en étant reliées l'une à l'autre par de nombreuses connexions. La première route, transnationale, a désormais une histoire longue de près de quarante ans, lorsqu'elle conduit à l'émergence dans les années 1980 d'un « comptoir » dans le quartier de Belsunce à Marseille. Les entrepreneurs migrants algériens étendront cette route vers l'Est durant les années 1990-2000. C'est celle du boom de l'importation de produits de consommation estampillés *Made in China* qui entraîne un redéploiement des réseaux marchands algériens d'approvisionnement et la recomposition des places où ils sont écoulés. La deuxième route, nationale, traverse les hauts plateaux de l'Est algérien. Dans des agglomérations et des bourgades qui jalonnent cette région pionnière dans le développement des marchés d'importation, on peut saisir les nouvelles centralités urbaines commerciales algériennes reconfigurées par l'arrivée des produits *Made in China.* Certaines, telles qu'El Eulma, Aïn Fakroun, Aïn Mlila, se sont transformées en marché de gros, dont les opérateurs font le lien entre les comptoirs économiques asiatiques de Dubaï (Emirats Arabes Unis), de Yiwu, Guangzhou et Shenzhen (Chine) et le marché national algérien qui s'étend à une partie du Maghreb.

Cet article considère la construction parallèle de ces routes, transnationale et nationale, organisées à partir de points d'ancrage, comptoirs de la globalisation et places marchandes mondialisées. La mise en écho de ces deux dynamiques permet de mettre en lumière la formation de routes globales qui se situent au croisement de logiques locales, régionales, nationales et transnationales et sont l'émanation d'agencements multiscalaires impliquant de multiples acteurs.

Circulations routinières à travers le globe, de Marseille à Yiwu

On peut aujourd'hui esquisser une chronologie de la fréquentation des places marchandes où s'approvisionnent les importateurs algériens depuis maintenant presque 40 ans grâce aux travaux déjà réalisés et à des témoignages de négociants algériens collectés au fil des enquêtes à El Oued, El Eulma, Aïn Fakroun, Dubaï, Yiwu, Guangzhou et Shenzhen. Celles-ci permettent de repérer les lieux et les étapes de la construction d'une route transnationale[5].

La génération du trabendo, « la recherche de la source »

Les travaux pionniers d'Alain Tarrius[6] (1995) puis ceux dirigés par Michel Péraldi[7] (2001) ont bien montré, à partir de leurs analyses du comptoir marchand qui naît dans le quartier de Belsunce, au cœur de Marseille comment s'est construite la figure *du trabendiste*. Le *trabendo* (contraction argotique de contrebande) définit en Algérie cette forme de commerce transnational où le « commerçant » introduit des marchandises sans faire de déclarations douanières. Le commerce au cabas désigne le transport des marchandises destinées à la revente par des voyageurs « professionnels » (le trabendiste) ou occasionnels (de simples touristes ou des émigrés rentrant pour les vacances) qui acheminent la marchandise dans des valises ou des cabas.

Dans l'Europe post-fordiste de la fin des années 1970, marquée par la crise industrielle, la montée du chômage et le contrôle croissant de l'immigration, ces entrepreneurs-migrants ont construit une niche commerciale en devenant acteurs des échanges économiques informels entre les deux rives de la Méditerranée. Durant les années

1980, dans un contexte de pénurie et de contrôle des importations en Algérie, les premiers porteurs de cabas se sont lancés dans des navettes entre le port français et les villes algériennes où ils revendaient les marchandises acquises. Ces formes entrepreneuriales sont annonciatrices de la mise en place d'un commerce transnational mobilisant simultanément ici et là-bas de nouveaux acteurs marchands. La figure de l'entrepreneur migrant s'affirme pour qualifier ces nombreux petits commerçants arabes qui fréquentaient les cités portuaires de l'Europe du Sud, Marseille, mais aussi Barcelone, Gènes et Vintimille.

Dans les années 1990, les destinations se diversifient et les flux de commerçants à la valise se densifient. Les réseaux méditerranéens du commerce transnational s'étendent. Les places marchandes se multiplient et chacune d'elles devient un lieu à la convergence d'autres routes, parfois anciennes, parfois récentes, en lien avec les bouleversements géopolitiques que provoque la disparition de l'URSS. À Istanbul, les Maghrébins croisent des ressortissants de l'ex-URSS et du Moyen-Orient[8] ; dans le Golfe, à Dubaï ou en Arabie Saoudite, s'ajoutent des circulants asiatiques, notamment Iraniens et Indiens[9], mais aussi africains, Somaliens ou commerçants-pèlerins de l'Afrique centrale[10]. Le lien étroit entre Islam et commerce est remobilisé sur un vaste espace.

Enfin, « la source de tous les produits » ?

« En voyant les Emiratis, les Iraniens, on s'est rendus compte que l'on n'était pas encore à la source » dit ainsi un commerçant d'Eulma à Yiwu. La recherche de la meilleure source d'approvisionnement, formule redondante dans les propos des commerçants transnationaux, reflète cette course aux meilleurs prix sur une route qui se décentre progressivement de la Méditerranée occidentale pour trouver un autre centre de gravité avec Dubaï. Mais au-delà de l'émirat, réussite emblématique de l'émergence de centralités commerçantes à la croisée du Monde arabe, de l'Afrique et de l'Asie, d'autres facteurs ont interagi. On constate ainsi que du Caire, en passant par l'Arabie Saoudite, non seulement les mobilités induites par les pèlerinages, mais aussi la formation en langue arabe d'étudiants chinois, du sud-est asiatique, d'Asie centrale ou du continent africain dans les universités emblématiques de l'Islam[11] crée des conditions de communication et d'échanges qui sont un élément important dans l'extension de la route de la soie.

Durant les années 1990, s'appuyant sur Dubaï et les autres hubs aériens que mettent en place les États du Golfe (Emirates, Qatar Airways, Koweit Airlines...), les commerçants arabes et africains étirent leurs réseaux marchands vers l'Asie. En moins d'une décennie, ils expérimentent des routes qui les mènent en Asie du Sud-Est, dans des marchés des grandes métropoles où se forment des petits mondes commerciaux cosmopolites à Bangkok[12], Djakarta ou Kuala Lumpur.

La crise financière asiatique de 1997 et le retour de Hong Kong dans le giron chinois la même année, conduisent de nombreux commerçants aux portes de la Chine. Les Chungking Mansions de Hong Kong[13] deviennent le nouveau comptoir des petits commerçants transnationaux. De là, ils peuvent prospecter les régions industrielles côtières et fréquenter les foires chinoises, notamment celle de Guangzhou, capitale de la région industrielle du Delta de la rivière des perles.

Ainsi, lorsqu'en 2001, la République Populaire de Chine adhère à l'Organisation Mondiale du Commerce (OMC), la phase chinoise de la globalisation des routes du commerce arabe est déjà lancée. Elle s'amplifie rapidement avec une nouvelle « génération » de comptoirs à Guangzhou d'abord puis à Yiwu à partir de 2002 qui donnent l'impression que la route atteint (enfin) sa destination finale[14].

Yiwu s'impose rapidement comme un lieu incontournable du commerce transnational, principal point de départ des routes discrètes de la mondialisation[15]. Cette ville de 1,5 à 2 millions d'habitants, située à 2 heures de train de Shanghaï dans la province du Zhejiang, est le plus important marché de gros de Chine et l'un des plus importants du monde, orienté vers la vente de menus articles (papeterie, bijouterie, bricolage, décorations d'intérieur...). Menant une politique de marketing active, les autorités locales de Yiwu ont bénéficié des changements géopolitiques des années 1990 (chute de l'URSS, sanctions après les événements de Tian'anmen, 11/09) pour s'ancrer dans un lien fort avec les mondes musulmans.

Le quartier *d'alabo fan dien* (restaurant arabe en chinois) aussi appelé *el maedah* (la table en arabe) est ainsi né de la présence croissante de négociants originaires du monde arabe, mais aussi de l'ensemble des mondes musulmans. À l'origine de ce quartier, îlot urbain de quelques rues, en plein centre de la ville, la rencontre entre des communautés musulmanes chinoises, Ouïghour du Xinjiang et Hui du Ningxia, déjà impliqués dans le commerce transnational, connaisseurs des langues turcophones ou arabes, certains ayant appris l'arabe dans le Golfe ou en Égypte et les négociants arabes va donner naissance à un quartier de restaurants. Le premier d'entre eux est égyptien (*el maedah)*, d'autres suivront, une quarantaine, créés pour la plupart d'entre eux par un associé chinois, propriétaire officiel et un partenaire étranger, gérant du lieu. Le succès du quartier va conduire les autorités à en atténuer l'identification ethnique, sous le qualificatif d'« *Exotic street* ».

Malgré les perturbations introduites par les « *printemps arabes* » sur les dynamiques des réseaux de commerçants du Moyen-Orient, les guerres en Syrie et au Yémen qui ont eu des conséquences évidentes sur les places de la route transrégionale de cette partie du monde arabe, à Yiwu le comptoir ne se démantèle pas. Aujourd'hui, il se re-déploie à travers la ville et notamment sur l'axe qui mène à l'International Trade Center.

Ainsi, durant les années 1990 et 2000, les activités de négoce et de colportage à rayon international se sont massifiées en termes de volumes de marchandises importées, c'est le passage du cabas au conteneur. Elles se sont aussi diversifiées en matière de places marchandes d'approvisionnement avec la montée en puissance d'Istanbul, du Golfe arabo-persique, puis de la Chine. En se globalisant, celles-ci se sont émancipées de leur creuset initial, celui des échanges organisés au sein des communautés immigrées. Elles conduisent à la disparition du cadre géographique et communautaire post-colonial du commerce au cabas.

En Algérie, la formation d'un réseau de marché

Cette route globale se matérialise en Algérie par la mise en place d'un réseau de places transrégionales, intersection entre les routes transnationale et nationale, organisé à partir des points d'ancrage des comptoirs et des marchés mondialisés situés dans l'est du pays. Ce réseau combine expériences et compétences accumulées durant ces 40 dernières années par ces nouveaux acteurs marchands. De grands marchés urbains et périurbains se constituent reconfigurant la hiérarchie des réseaux urbains et la structure interne des villes par la création de rues marchandes et de quartiers commerciaux. Il n'est pas une ville, grande ou petite, qui aujourd'hui ne soit pas dotée de son marché de produits d'importations.

L'émergence des places du commerce transnational

D'abord confinés à la périphérie des villes et souvent de manière « informelle », ces marchés du commerce transnational vont progressivement s'introduire dans les tissus urbains, s'installant dans les quartiers péricentraux, les anciens faubourgs coloniaux ou encore dans les quartiers nouvellement urbanisés. À la fin de l'année 2010, les pouvoirs publics recensaient quelques 765 « sites » de commerces informels, où opèreraient quelque 70 000 commerçants[16].

Avec ces 40 millions d'habitants et un pouvoir d'achat en progression constante depuis plusieurs décennies, en grande partie liée à la politique de redistribution que permettent les revenus des hydrocarbures, l'Algérie est devenue un important marché de biens de consommation expliquant l'essor de ce commerce transnational.

L'évolution de la législation algérienne au milieu des années 1990 qui met fin au monopole du commerce extérieur par l'État fera exploser un cadre extrêmement rigide et permettra, en moins de dix ans, la création de 34 000 entreprises privées d'importation. Mais si la libéralisation des marchés va enclencher une nouvelle dynamique à l'échelle de tout le pays, la répartition des importateurs se concentre essentiellement sur cinq wilayas dont trois de l'Est algérien regroupant 68 % des commerces d'importation. El Eulma (wilaya de Sétif) concentre près de 10 % de ces importateurs, et la wilaya d'Oum El Bouaghi (où se situent les deux places d'Aïn Fakroun et d'Aïn Mlila), une des moins urbanisées d'Algérie, 5 %[17].

Désormais, la montée en puissance de la conteneurisation dans les ports algériens[18] contribue à une diversification rapide des filières d'approvisionnement. Des produits importés d'Asie, d'Europe occidentale, d'Istanbul ou de Dubaï sont débarqués dans les ports algériens, tunisiens ou libyens spécialisés dans la réception de différents types de conteneurs où opèrent différents transitaires avec lesquels traitent les importateurs. El Oued qui a été précurseur se voit rejoindre et dépasser par d'autres places. Cette réorganisation des flux s'accompagne d'une reconfiguration du maillage commercial qui trame le territoire algérien. Celui des marchés routiers, souvent à l'écart des grandes agglomérations, dont Tebessa, Bir El Ater, El Eulma, Aïn Fakroun et Aïn Mlila (toutes situées dans l'est algérien) figurent parmi les plus importants. De nouveaux « nœuds » émergent, nouvelles centralités qui en recoupent de plus anciennes en situation frontalière ou bien sur les axes entre les principales agglomérations du pays.

El Eulma et Aïn Fakroun sont aujourd'hui les plus illustratives de ces nouvelles places transnationales organisant le commerce d'importation des biens de consommation et des *small commodities*, assurant l'approvisionnement du marché national et des places régionales. Ces localités ont comme caractéristiques d'être en dehors des grands circuits macroéconomiques et institutionnels de l'Algérie.

C'est au début de 1990 qu'El Eulma crée son « souk Dubaï », appelé ainsi en référence à la provenance des marchandises. D'abord spécialisé dans la quincaillerie et la droguerie, il deviendra en quelques années le principal centre, en plus de sa spécialisation d'origine, de l'ameublement, des articles ménagers, de la décoration intérieure, des jouets, mais aussi l'électroménager, la téléphonie mobile et la petite informatique. Plus de trois mille commerçants y sont installés, s'approvisionnant en Chine, mais aussi à Dubaï, au Moyen-Orient et en Turquie. En 2015, le souk Dubaï d'El Eulma occupe une superficie de 110 ha et propose un linéaire de façades sur rue de plus de 20 km abritant 3249 locaux[19].

C'est aussi à la même époque qu'Aïn Fakroun émerge, se spécialisant dans le vêtement bon marché. On y dénombrait en 2013, 2000 commerçants, dont 400 importateurs et 200 grossistes. Suivant le modèle d'El Eulma, un nouveau quartier constitué d'immeubles de plusieurs étages à architecture imposante, entièrement financé par les commerçants, regroupe l'activité. Les transformations spatiales et architecturales sont spectaculaires et l'agglomération qui était encore une grosse bourgade dans les années 1980 est une ville en devenir[20].

Si Aïn Fakroun n'a pas atteint l'envergure d'El Eulma, les deux localités fonctionnent selon le même modèle : place de domiciliation des importateurs, place d'entreposage et de redistribution sur le marché national et concentration de locaux commerciaux attirant des clientèles nombreuses et diversifiées. Depuis les *« printemps arabes »* et les conséquences que cela a eu sur les économies tunisiennes et libyennes, la présence de commerçants de ces deux pays est régulière sur ces deux marchés, inversant les flux des années 1980.

La force de ces places repose sur leur spécialisation, mais aussi sur leurs réseaux de redistribution leur permettant de rayonner sur le marché national, voire maghrébin et subsaharien.

Des places marchandes aux différentes échelles

Lieux d'entreposage et de redistribution des marchandises importées, El Eulma et Aïn Fakroun fonctionnent sur plusieurs échelles : marché de gros, marché de demi-gros et marché de détail attirant des publics de toutes les régions. Le circuit mobilise savoir-faire, savoir circuler, compétences commerciales, réseaux relationnels capitalisés tout au long des dernières décennies.

Au niveau du marché de gros, des commerçants importateurs organisent le marché en introduisant de grandes quantités de marchandises. Leur force repose sur une mobilisation de capitaux qu'ils obtiennent en jouant sur le dispositif légal, les autorisations de change de devises auxquelles leur donnent droit leurs registres de commerce, et sur le marché parallèle des devises. Ce financement sur le marché parallèle, permet aux importateurs de sous-déclarer leurs marchandises et ainsi de réduire le montant des taxes à l'importation, particulièrement élevées pour ce type de produit (entre 51 et 60 %), qu'ils doivent acquitter. Ce système de sous déclaration douanière qui fonctionne à grande échelle, permet de proposer des produits à des prix moins élevés et donc de toucher une clientèle plus large dans les milieux populaires, tout en garantissant aux importateurs de confortables bénéfices.

Les cargaisons acheminées par voie maritime (Chine, Dubaï, Moyen-Orient, Turquie) sont récupérées au niveau des principaux ports algériens (Alger, Skikda, Bejaïa et Annaba). Le port de Jijel, nouvellement crée va d'ailleurs être relié directement à El Eulma par une autoroute en cours de réalisation. Le dédouanement des marchandises est l'opération la plus délicate et des litiges peuvent naître avec la douane algérienne pouvant ralentir le rythme des importations au gré du « laxisme » ou de la « sévérité » des contrôles.

Acheminée et stockée dans les nombreux locaux loués dans les deux localités (ou dans des locaux ouverts dans d'autres villes) la marchandise est rachetée par des commerçants locaux ou directement par des commerçants venant de toute l'Algérie, de Tunisie et même de Libye. La fréquentation par les commerçants tunisiens s'est notamment accrue avec la hausse du Dinar tunisien sur le marché parallèle des devises. L'avantage différentiel lié au taux de change explique l'attractivité de ces places auprès des acheteurs tunisiens et libyens.

La marchandise change plusieurs fois de main avant d'être écoulée au détail. Le volume et la rapidité de la circulation sont les principes garantissant de substantiels profits puisque le circuit s'appuie sur une logistique mobilisant d'autres fonctions intermédiaires (transporteurs, équipes de manutentionnaires…).

Le deuxième niveau de la distribution concerne les marchés régionaux hebdomadaires du gros et semi-gros. Une autre catégorie de marchands, associés aux importateurs, ou ayant racheté en seconde main, sillonne les trois grands marchés régionaux : Sidi Khatab à l'Ouest, Aïn El Hadjel au centre, Tadjnanet et Bir El Ater à l'Est. Marchés où viennent s'approvisionner nombre de détaillants des différentes régions d'Algérie.

Les livraisons se font aussi directement auprès des commerçants de semi-gros, jusqu'à Medina Jedida, la principale place de revente de ce type de produit à Oran, ou à Tamanrasset, dont une partie des marchandises seront écoulées ensuite dans les pays riverains. À El Eulma une dizaine de sociétés spécialisées dans le transport des marchandises disposent d'un important parc de semi-remorques qui assurent les liaisons avec les différentes villes du pays.

Le troisième niveau correspond au commerce de détail et de semi-gros qui est assuré par les centaines de boutiques de ces localités. Attirant une population de plus en plus nombreuse, le commerce de détail prend une ampleur réelle, dans un contexte urbain qui tend à suivre cette dynamique marchande. À El Eulma, de nombreux restaurants et des hôtels ont récemment ouvert.

À travers ces grands traits de l'organisation des circuits commerciaux, on devine une réelle stratégie qui fait la force de ces places marchandes, où les différents niveaux – transnational, transrégional, national et local – s'imbriquent. Les différentes échelles d'intervention s'articulent et attestent de l'esprit d'entreprise et de conquête de marché qui animent ces nouveaux entrepreneurs, en quête permanente de filières d'approvisionnement, de diversification des partenaires commerciaux, de pénétration des principales places régionales de vente et de fidélisation de leurs clients.

Une restructuration de la route ?

L'architecture des routes et des réseaux reste marquée par de constants réaménagements marquant leur forte labilité. Les ambiguïtés de la politique algérienne du commerce international et la volonté maintes fois affichée des pouvoirs publics de durcir les conditions d'importations font peser des incertitudes permanentes sur les acteurs de ce commerce. À cela, il faut rajouter la hausse constante du prix des devises (dollar, euro et réévaluation du Yuan - RMB) face à un dinar de plus en plus dévalué.

La concurrence entre les bureaux, l'obligation qu'ils ont à fidéliser leur clientèle, l'ouverture de bureaux chinois qui envoient leurs agents en Algérie démarcher des commerçants de gros en proposant des crédits attractifs, la réduction depuis 2016 des visas pour la Chine (les autorités consulaires chinoises ne délivrent qu'une trentaine de visas par jour, soit 750 par mois) sont d'autres éléments à prendre en considération.

Depuis ces deux dernières années, il est constaté un mouvement de restructuration des circuits accompagné d'une forme de « professionnalisation » du commerce transnational. La consolidation des places marchandes de redistribution régionale, comme le témoigne le dynamisme d'El Eulma, s'accompagne d'une professionnalisation de la fonction d'importateur. À l'âge d'or de la fin des années 2000, celui de la découverte, succède une période de restructuration impulsée par les gros importateurs algériens et les gros bureaux installés en Chine, à Yiwu et à Guangzhou.

Conclusion

L'observation des acteurs et de l'organisation des places marchandes de produits importés nous met sur la piste d'un chantier qui permet de comprendre comment les routes migratoires et marchandes se construisent, selon des assemblages de segments précédents de routes opérés au gré des opportunités commerciales et des contraintes étatiques ou géopolitiques par de multiples acteurs, à diverses échelles, du local au global. Des hiérarchies urbaines réticulaires se surimposent à celles que dessinent les États dans le cadre des territoires nationaux, souvent peu visibles.

L'économie transnationale confond les échelles locales, régionales et interrégionales dans les relations qu'elle instaure entre les acteurs des différentes places et comptoirs (Yiwu, Guangzhou, Shenzhen, Dubaï, Istanbul, El Eulma...). L'échelle des lieux, plus que celle des États, est pertinente pour analyser et comprendre les dynamiques qui animent cette mondialisation discrète, même si la politique des États interfère avec la stratégie des commerçants.

Suivre une route de la soie entre la Chine et l'Algérie et mettre ainsi en lumière les liens entre des lieux distants relève d'un intérêt à la fois méthodologique et heuristique pour les chercheurs en sciences sociales qui tentent de saisir le fonctionnement des réseaux transnationaux. Cela permet de rappeler que ces réseaux n'ont rien d'un mouvement spontané, ni aujourd'hui ni dans le cas d'exemples passés comme les comptoirs maritimes antiques, les routes de la soie médiévales, les pistes caravanières transsahariennes dont l'activité a culminé au 19e siècle ou les concessions étrangères du début du 20e siècle en Chine.

Il est à la fois nécessaire de les localiser dans des échelles géographiques spécifiques, mais aussi de définir les contextes au sein desquels elles se sont formées. Les routes globales qui se dessinent ne peuvent évidemment pas être réduites à une chaîne qui s'étire entre des lieux de production et des lieux d'approvisionnement. Les facteurs économiques, géopolitiques, mais aussi migratoires ou confessionnels qui s'entremêlent à l'échelle globale se complexifient au fur et à mesure que les chaînes d'échange transnationales s'allongent. Ils doivent par conséquent être observés à tous les niveaux d'échelles, du local au global et être questionnés en contexte afin de mieux saisir les mécanismes et les formes de régulation qui participent de la construction des routes globales.

Notes

1. Cet article est une version actualisée et enrichie d'une étude publiée en anglais : « Building a «Silk Road» » : A view from Below of the Trans-regional Links Between Algeria and China », in Steffen Wippel et Andrea Fischer-Tahir (dir.), *Jenseits etablierter Meta-Geographien, Der Nahe Osten und Nordafrika in transregionaler Perspektive,* NOMOS, Nahoststudien. Middle Eastern Studies, Baden Baden pp. 231-246.
2. Ben Simpfendorfer, *The New Silk Road: How a rising Arab world is turning away from the West and Rediscovering China*, New York, Palgrave Macmillan, 2009, 198 p.
3. « *Why sell the dream of a 'New Silk Road' when a multiplicity of silk – or perhaps more aptly nylon – roads already exist?* ». Marsden, Magnus. "Actually existing silk roads", in *Journal of Eurasian Studies,* 8, 2017, p. 23.
4. Alain Tarrius, "*La mondialisation par le bas : Les nouveaux nomades de l'économie souterraine*", Paris, Balland, 2002, 169 p.
5. Enquêtes permanentes et régulières menées par les auteurs en Algérie, à Dubaï et en Chine depuis le début des années 2000.
6. Alain Tarrius, « Naissance d'une colonie : un comptoir commercial à Marseille », in *Revue Européenne des Migrations Internationales,* 11, 1995, p. 21-52.
7. Michel Péraldi, Michel (dir.), *Cabas et Containers, Activités marchandes informelles et réseaux migrants transfrontaliers*. Paris/Aix-en-Provence : Maisonneuve & Larose/ MMSH, 2001, 361 p.
8. Jean-François Pérouse, « Transits maghrébins à Istanbul. Trajectoires, profils et stratégies », *Revue des mondes musulmans et de la Méditerranée* [En ligne], 119-120 | novembre 2007.
9. Alain Battegay, « Dubaï : économie marchande et carrefour migratoire. Etude de mise en dispositif », in *Mondes en mouvement*, migrants et migrations au Moyen Orient au tournant du XXI° siècle, IFPO-Karthala, pp. 271-293.

10. Karine Bennafla, « L'instrumentalisation du pèlerinage à La Mecque à des fins commerciales : l'exemple du Tchad », in Chiffoleau S., Mad'uf A., *Les pèlerinages au Maghreb et au Moyen-Orient,* Espaces publics, espaces du public, Beyrouth, IFPO, pp. 193-202.
11. Sophie Bava, Olivier Pliez, "Journeys of African Muslim Elites in Cairo: From Al Azhar to the bazaar economy", in *Afrique Contemporaine*, 3:231, 2009, pp. 187-207.
12. Roland Marchal, «Hôtel Bangkok-Sahara», in Adelkhah F et Bayart J.F. (dir.), *Les voyages du développement*, Paris, Karthala, Coll. Recherches internationales, 2007, pp. 184-218.
13. Brigitte Bertoncello, Sylvie Bredeloup "The Emergence of New African 'Trading Posts' in Hong Kong and Guangzhou" in: *China Perspective*, 218, 2007, pp. 94-105
14. Olivier Pliez, « Toutes les routes (de la soie) mènent à Yiwu (Chine). Entrepreneurs et migrants musulmans dans un comptoir économique chinois », in *Espace Géographique*, 39, 2010, pp. 132-145.
15. Saïd Belguidoum, Saïd, Olivier Pliez, "Made in China. Commerce transnational et espaces urbains autour de la Méditerranée" in: *Les Cahiers d'EMAM* [Online], 26, 2015, http://emam.revues.org/909
Saïd Belguidoum, Saïd, Olivier Pliez "Yiwu: The Creation of a Global Market Town in China" in: *Articulo - Journal of Urban Research* [Online], 12 (2015b), http://articulo.revues.org/2863
16. Conférence de presse du ministre du commerce, quotidien Liberté du 11/12/2010
17. Centre National du Registre du Commerce, « Les créations d'entreprises en Algérie - Statistiques 2010 », Alger avril 2011.
18. Fatima Zohra Mohamed-Chérif, César Ducruet « Les ports et la façade maritime du Maghreb entre intégration régionale et mondiale », *Mappemonde*, 101 (2011) [Online], http://mappemonde.mgm.fr/num29/articles/art11103.html
19. Saïd Belguidoum Saïd Chouadra, Nadir Alikhodja, « El Eulma (Algérie), anatomie d'une place emblématique du commerce transnational », *les carnets de recherche de l'IREMAM*, 2017, https://halshs.archives-ouvertes.fr/halshs-01508982
20. Saïd Belguidoum, « Le dynamisme des nouvelles places marchandes de l'Est algérien : reconfiguration urbaine et nouvelles donnes sociales », Actes du Colloque de Cerisy *Entre le licite et l'illicite : migrations, travail, marchés*, Sep 2011, Cerisy, France, https://halshs.archives-ouvertes.fr/halshs-00936444

Jean-Pierre Taing

Université Aix-Marseille, IRD, LPED, Marseille, France.

Les nouvelles routes de la soie au prisme des migrations : les visages de la présence chinoise au Maroc

En 2016, le Maroc est devenu le premier pays en Afrique à supprimer le visa d'entrée pour les ressortissants chinois. L'application de cette mesure a été suivie d'une hausse significative des circulations et des mobilités chinoises vers le pays, symbolisée par l'arrivée des touristes dont le nombre n'a cessé de croitre, et d'une diversification des flux dont certaines dynamiques plus discrètes restent moins connues. Cette évolution s'inscrit dans un contexte marqué par l'avènement des nouvelles routes de la soie « chinoises ». Que leurs constructions soient décidées au niveau étatique ou qu'elles émergent du bas, ces routes témoignent de l'influence grandissante de la Chine dans la mondialisation et sur celle des flux migratoires chinois. En nous intéressant à l'évolution du paysage migratoire chinois au Maroc depuis l'abrogation des visas pour les citoyens chinois, notre contribution propose d'aborder un autre aspect de la pénétration chinoise sur la rive sud de la Méditerranée où les nouvelles routes de la soie façonnent les nouveaux espaces de la diaspora chinoise.

In 2016, Morocco became the first African country to abolishvisas for Chinese nationals. This new measure led to a significant growth of the Chinese flows and mobilities towards the country. Since then, the number of tourists has increased steadily and flows have taken diverse forms while their dynamics are less known. These trends take place within the context of the emergence of the New silk roads. Whether coming from the state level emerging from bellow, one can witness the growing influence of China in globalization and on the Chinese international migration. By focusing on how the Chinese migrationsin Morocco has evolved since the abolition of tourist visas for Chinese citizens, we would like to highlight through the migration another aspect of Chinese penetration in the south part of Mediterranean, a region where the new silk roads are shaping new areas for the Chinese diaspora.

La visite d'État du Roi Mohammed VI à Pékin en mai 2016 constitue un moment charnière dans le développement des relations bilatérales sino-marocaines mais aussi des migrations chinoises au Maroc. La rencontre, qui donna lieu à la signature de conventions et mémorandums d'entente entre les deux pays, fut suivie du côté marocain par l'adoption d'une mesure à la portée hautement symbolique : l'abrogation du visa court séjour pour l'ensemble des Chinois désireux de se rendre au Maroc, leur permettant d'y séjourner pour une durée inférieure à 90 jours. Depuis son entrée en vigueur en juin 2016, les arrivées de ressortissants chinois enregistrées aux postes frontières n'ont cessé de croitre, passant de 7800 en 2015, à 43000 en 2016 pour franchir la barre des 100 000 en 2017 selon l'OTM (Observatoire du tourisme au Maroc). Dans une société où l'altérité chinoise était principalement représentée par la figure du commerçant et de l'expatrié, elle se recompose désormais avec celle du touriste mais également avec de nouveaux profils de migrants, plus mobiles et plus discrets, dont l'apparition brouille les catégories migratoires ordinairement admises.

Accompagnant l'ascension économique de la Chine sur la scène internationale, la mondialisation des flux migratoires chinois est révélatrice de la nouvelle stature du pays dans le monde comme en Afrique où leur développement est lié de près aux intérêts économiques de Pékin[1]. Sur sa façade méditerranéenne, la pénétration chinoise est désormais associée à son projet *Yidai Yilu*, l'Initiative de la *Belt and Road* (BRI), lancée en 2013 par le président Xi Jinping dont l'ambition est de bâtir les « Nouvelles routes de la soie » en construisant « la Ceinture économique de la route de la soie » et « la route de la soie maritime du XXIe siècle ». Mais l'expression de la nouvelle route de la soie est également employée depuis une dizaine d'années dans la recherche pour désigner l'émergence de réseaux associés au commerce transnational dont les ramifications relient potentiellement l'ensemble des places marchandes dans le monde[2]. Ces travaux, qui s'intéressent en particulier aux connexions entre le monde arabe et la Chine, mettent en lumière le rôle des entrepreneurs-migrants dans la construction de cette nouvelle route de la soie dont la vitalité *« ne dépend ni des gouvernements ni des entreprises, mais des individus »*[3]. Que leur construction soit décidée par le haut ou qu'elles émergent du bas[4], leur expansion participe simultanément au redéploiement et à la diversification des flux migratoires chinois dans le monde.

Le présent article propose d'aborder la dimension migratoire de ces nouvelles routes de la soie « chinoises » en mettant en évidence le rôle de la Chine dans la mondialisation des migrations internationales chinoises contemporaines. Pour cela, nous focaliserons notre attention sur le Maroc, cas exemplaire où le rapprochement opéré avec Chine a eu un impact significatif sur l'essor des mobilités chinoises dans un pays où la présence humaine chinoise y était considérée comme très limitée. Nous reviendrons dans un premier temps sur l'importance accordée par la Chine au développement des mobilités internationales chinoises, symbolisé par l'accroissement du nombre de touristes chinois dans le monde. Dans un deuxième temps, nous présenterons les profils qui composent la population chinoise au Maroc en portant notre attention sur Casablanca et le quartier de Derb Omar, lieu d'ancrage des migrations marchandes dans le pays et comptoir économique au cœur du dispositif de la « discrète » route de la soie au Maroc. Enfin, nous évoquerons les nouvelles opportunités générées par la suppression des visas et l'essor du tourisme chinois au Maroc qui entrainent la venue de nouveaux profils de migrants dans le pays.

Les mobilités internationales encouragées

Depuis le début des années 2000 et son adhésion à l'OMC en 2001, la Chine encourage de façon plus ouverte et active la mobilité internationale de ses ressortissants en valorisant l'image de la migration à l'international ou en faisant pression sur les pays étrangers afin de faciliter leur circulation[5]. Cette démarche se traduit notamment par l'adoption par les États partenaires de dispositions administratives allant de la simplification des procédures d'obtention des visas à leur exemption, bien qu'une majorité d'entre elles concernent uniquement des catégories spécifiques (diplomates). D'après le site du ministère des Affaires étrangères chinois[6], fin 2018, 144 pays appliquaient des mesures destinées à faciliter la circulation des Chinois, et sur les 179 dispositions listées, 109 ont été adoptées après 2010. En 2016, le Maroc est ainsi devenu le premier pays africain à supprimer les visas aux citoyens de RPC, faisant aujourd'hui partie de la liste très fermée des 28 destinations dans le monde qui leur sont ouvertes, une liste qui était jusqu'alors principalement composée de petits pays et d'archipels[7].

La multiplication des accords en faveur de la libre circulation des Chinois témoigne de l'influence grandissante de la Chine dans le monde à laquelle participe l'institution de la BRI. L'adhésion du Maroc en 2017, *« premier pays arabe du nord-ouest de l'Afrique »*[8] à rejoindre l'initiative, suivie par l'Algérie en 2018, confirme l'expansion géographique de la route maritime dont le tracé traverse désormais la rive sud de la Méditerranée. Depuis, la référence à l'Initiative de « la Ceinture et la Route » est devenue quasi-systématique lorsqu'il s'agit d'évoquer la coopération sino-marocaine. Si quelques projets symboliques viennent matérialiser son inclusion comme la ligne de train à grande vitesse Tanger-Casablanca labellisé *« route de la soie »*[9], d'autres témoignent aussi de la lenteur de sa mise en œuvre à l'image du Technopole Mohammed VI dont la construction rencontre un certain nombre d'obstacles depuis son annonce en 2016[10]. Toutefois, ses effets sont déjà visibles au niveau des échanges culturels et humains comme l'atteste la progression remarquée du tourisme chinois au Maroc.

La dimension humaine des échanges fait partie de la *« compréhension mutuelle des peuples »*, l'un des 5 volets prioritaires de la BRI[11]. Dans son discours d'inauguration du Forum *« Belt and Road pour la coopération internationale »* en 2017, le président chinois se félicitait ainsi du bon développement des connectivités *« people-people »* observées depuis le lancement du projet[12]. L'essor des flux de touristes chinois le long de la BRI n'est donc pas anodin, l'émergence de cette dernière contribuant à la création de nouvelles destinations touristiques. En 2017, les voyages des Chinois[13] à l'étranger ont dépassé les 143 millions[14] alors qu'ils atteignaient seulement les 10 millions en 2000 et 4 millions en 1993 selon la CTA (*China Tourism Academy*). Cette même année, 27 millions d'entre eux ont voyagé dans les pays de la *Belt and Road*, ce qui représente une augmentation de plus de 77 % par rapport à l'année 2013.

Pour les pays receveurs, le tourisme est perçu comme *« un des moteurs les plus puissants de la croissance économique et du développement »*[15]. Il occupe d'ailleurs une part importante de l'économie marocaine, contribuant à 18,4 % du PIB réel sur la période de 2011-2014[16]. Au Maroc, la conquête du marché chinois, qui occupait une place marginale en raison des difficultés d'obtention des visas d'entrée marocains[17], s'inscrit dans la stratégie de développement touristique intitulée « Vision 2020 » dont l'ambition est de faire du pays l'une des *« 20 plus grandes destinations mondiales à horizon 2020 »*[18]. Les flux de touristes chinois vers le Maroc tendent à se pérenniser dans le temps grâce à la multiplication d'évènements ayant pour but de valoriser la destination marocaine auprès du public chinois ou aux pourparlers en vue de l'établissement d'une ligne aérienne directe entre les deux pays.

Profils des séjourneurs au Maroc

Très limitées avant les années 1970, l'émigration chinoise en provenance de la Chine continentale a connu un véritable essor depuis la fin des années 1970 du fait des changements économiques de la Chine et de la mondialisation[19]. Ces deux dernières décennies, l'Afrique est devenue un espace d'observation privilégié de l'évolution des migrations chinoises contemporaines. D'une présence qualifiée de *« très faible et très atomisée »*[20] au début des années 2000, leur nombre n'a depuis cessé de croitre, estimé entre 580000 et 800000 en 2009[21] et à 1,2 million en 2017[22], bien que ces chiffres soient à relativiser rapportés aux 50 millions de Chinois d'outre-mer dans le monde[23].

La rive sud de la Méditerranée fait partie des régions émergentes nouvellement touchées par les flux migratoires chinois, comme au Maroc et en Algérie où leur apparition fait parler depuis le début des années 2000. Ces circulations renvoient essentiellement à deux dynamiques distinctes : la première institutionnalisée, composée d'expatriés, de contractuels et de coopérants[24] qui s'inscrivent dans le cadre de la coopération bilatérale et de la présence économique chinoise ; la seconde symbolisée par les migrations marchandes dont les flux se matérialisent dans les « quartiers chinois » apparus à Alger et à Casablanca. Qu'ils soient rattachés à des entreprises ou indépendants, ces migrants chinois présentent des caractéristiques de « séjourneurs »[25], un terme employé par Park pour désigner les Chinois en Afrique qui fait écho à celui du « circulant »[26] de Tarrius, du fait qu'ils perçoivent leur présence sur le continent comme temporaire, une étape pour gagner de l'argent avant de retourner au pays. Les faibles attaches qu'ils possèdent avec le lieu d'accueil rendent plus facile leur transposition vers d'autres lieux[27].

Néanmoins, malgré la proximité géographique entre les deux pays, on note des écarts numériques importants : entre 1500 à 3000 Chinois sont évoqués au Maroc[28] contre 40 000 du côté algérien en 2015[29]. Si le nombre de commerçants installés dans les deux pays est comparable[30], en Algérie, la population chinoise est en quasi-totalité composée de contractuels[31], un chiffre gonflé par la venue de milliers d'ouvriers chinois travaillant pour le compte des entreprises de construction chinoises qui opèrent dans le pays[32]. Dès lors, face aux différences de la présence économique chinoise, des conditions d'entrée sur le territoire et à la diversification des profils des migrants, les chiffres et les statistiques officielles se révèlent insuffisants pour rendre compte de la réalité du paysage migratoire chinois et légitiment l'approche empirique adoptée dans cette recherche. Les enquêtes de terrains réalisées depuis 2014 nous permettent de présenter les différents groupes de migrants qui composent la population chinoise au Maroc.

Une présence limitée des coopérants et détachés

Quasiment inexistantes avant les années 1970, les premiers flux identifiés de Chinois à destination du Maroc s'inscrivent dans le sillage de la coopération bilatérale sino-marocaine, dont les racines, politiques et idéologiques, remontent à la période maoïste et à sa politique d'aide à l'égard des pays du sud. Depuis 1976, pas moins de 160 équipes médicales chinoises se sont rendues au Maroc, impliquant au total plus de 1700 médecins volontaires. Si la mise en place de ces programmes d'aide perdure toujours, leur venue relève plus d'une dimension symbolique qu'elle n'implique de flux humains significatifs. Au cours des années 2000, le contingent de coopérants chinois se diversifie avec l'élargissement de la coopération bilatérale visible notamment dans le domaine culturel. Des projets bilatéraux tels que l'ouverture du centre culturel chinois à Rabat en 2018 voient le jour. Le pays compte aussi trois Instituts Confucius[33] dont le fonctionnement entraine la venue de professeurs et de volontaires issus des établissements universitaires chinois associés. Le développement de la coopération dans l'enseignement supérieur favorise les mobilités étudiantes de part et d'autre. Elles se caractérisent par la venue d'un nombre croissant d'étudiants chinois, comme à Settat où l'Université Hassan II qui accueille une soixantaine d'étudiants arabisants et, réciproquement, par l'augmentation du nombre d'étudiants marocains se rendant en Chine grâce aux bourses d'études proposées par les instituts et les universités chinoises ou aux voyages annuels organisés par les Instituts Confucius.

Malgré le faible investissement économique de la Chine au Maroc, l'installation d'entreprises chinoises dans les années 2000 a entrainé l'établissement de migrations contractuelles. Elles sont principalement jeunes et masculines, composées de détachés qualifiés (techniciens, ingénieurs, traducteurs) travaillant au sein des grands groupes chinois spécialisées dans le secteur de la télécommunication (Huawei, ZTE), l'énergie, l'équipement de base ou encore la pêche maritime[34]. En général, leur arrivée est entièrement prise en charge par les entreprises elles-mêmes qui leur fournissent logements (partagés avec d'autres employés) et services de restauration associés. Bien que l'on remarque une visibilité accrue des familles, leur présence dans le pays est temporaire. Le Maroc comme l'Afrique sont considérés comme des étapes pour valoriser leur carrière professionnelle[35] ou comme des passages rendus obligatoires par les entreprises pour accéder à des destinations plus prisées comme l'Europe.

Le Derb Omar, comptoir des migrations marchandes à Casablanca

Le 11 février 2018, le Derb Omar, dont le nom est associé au quartier chinois de la ville depuis 2003[36], accueillait le premier défilé du Nouvel An chinois au Maroc. La manifestation culturelle, qui rassemblait la communauté chinoise de Casablanca et les représentants des deux pays, se déroula sur le boulevard El Meskini, au niveau du restaurant chinois Yammy Food. L'organisation d'un tel évènement eut comme effet de faire apparaitre aux yeux du monde le Derb Omar comme un véritable *Chinatown* dont le folklore n'avait rien à envier aux célébrations annuelles organisées par les communautés chinoises d'outre-mer de la diaspora.

Pourtant, la manifestation passée, la sinisation du Derb Omar est loin d'être évidente dans le paysage urbain. D'ailleurs, peu de changements ont été constatés depuis nos premières enquêtes en 2014. Hormis un léger redéploiement des activités chinoises le long de la rue Barathon, le dispositif commercial des Chinois est resté identique. On recense moins d'une centaine de points de vente, pour l'essentiel localisés autour de la place de la Victoire et sur les rues adjacentes, à la marge des activités historiques du Derb qui se concentrent autour de l'artère principale allant du boulevard de Strasbourg à la Place du 20 août. La majorité d'entre eux se concentrent dans deux *kissariat* [37] qui abritent exclusivement des grossistes et demi-grossistes chinois spécialisés dans la vente de produits de maroquinerie, d'habillement pour enfant, de linge de maison et de luminaire, importés de Chine. Les marchandises sont stockées en périphérie de la ville pour réduire les coûts d'entreposage tandis que les habitations se trouvent à proximité directe des activités économiques, autour de la gare de Casa Voyageur en direction du Mers Sultan.

Les entretiens réalisés avec les commerçants présents sur place nous permettent de dresser un panorama des provinces d'origines représentées dans le quartier. La grande majorité des Chinois sont originaires des provinces du Fujian et du Zhejiang, deux des foyers historiques de l'émigration chinoise dans le monde. On retrouve ensuite, plus ponctuellement, des familles originaires du Hebei, du Shandong, du Henan, ou encore du Sichuan[38], une diversité qui témoigne de l'élargissement des origines des migrations internationales chinoises[39] et des brassages résultant des transmigrations entre les différents pôles[40]. Leur nombre, que nous estimons à 500 environ, est resté stable depuis nos premières enquêtes en 2014. Différentes raisons permettent d'expliquer cette stabilité numérique : une saturation du marché de ce type de produits liée à la forte concurrence d'une part entre les entrepreneurs chinois et d'autre part avec les commerçants locaux ; la complexité de la réglementation de l'importation de marchandises venues de Chine et des conditions de séjour de longue durée des Chinois dans le pays à certaines périodes[41] ; une organisation économique qui repose avant tout sur la famille et les proches[42] nécessitant peu de besoins humains et une main-d'œuvre essentiellement recrutée sur le marché local.

Leur ancrage dans la place emblématique du commerce de gros du pays atteste des liens forts qui unissent ces migrations chinoises au commerce transnational. Le Derb Omar, reconnu pour le commerce de tissus, d'équipements ménagers, des épices ou encore des pièces automobiles, se présente comme un lieu d'entreposage et de redistribution des marchandises sur l'ensemble du pays. La majorité des produits importés qui transitent par le Derb sont originaires de Chine mais les sources d'approvisionnement sont diverses et se font aussi bien depuis l'Europe, la Turquie et Dubaï. Les circuits d'acheminement passent par la Mauritanie ou l'enclave espagnole de Melilla. Ainsi, à l'image de la place occupée par les villes d'El Eulma et Aïn Fakroun en Algérie, le Derb Omar se situe au cœur de routes transnationales, transrégionales et nationales raccordées au faisceau des nouvelles routes de la soie du commerce transnational[43]. S'il convient de relativiser l'importance des commerçants chinois dans les activités marchandes du quartier, ces derniers participent néanmoins au développement des ramifications entre le Maroc, la Chine et les autres « comptoirs » chinois à travers le monde et reflètent la diversité des acteurs d'une mondialisation discrète[44] dans laquelle le Maroc est pleinement intégrée.

Le tourisme chinois au cœur des nouvelles opportunités migratoires

Si l'ouverture des frontières aux Chinois a eu un impact très limité sur ce dispositif commercial, nos enquêtes de terrain ont permis de mettre en lumière la diversification des profils de Chinois gravitant autour de ce quartier. On constate en premier lieu la visibilité accrue de proches venus de Chine, certains en profitant pour prospecter à leur tour le marché marocain en vue d'une possible installation. Nous avons aussi observé une hausse visible du nombre de commerciaux, d'entrepreneurs ou d'hommes d'affaires, souvent accompagnés de partenaires ou de traducteurs locaux, venus démarcher auprès des commerçants locaux ou chinois et prospecter le marché marocain tout en visitant le pays. Ainsi, nous avons rencontré un commerçant originaire de la ville d'Yiwu[45] qui fait fonctionner son activité transnationale en circulant de façon régulière entre différents pays où les conditions d'entrée sont moins strictes (Dubaï, Pakistan, Maroc) pour chercher de nouveaux clients et assurer la distribution de ses marchandises. Au Maroc, il dispose d'un appartement à Derb Omar qu'il loue à un commerçant chinois installé sur place et d'un entrepôt qui lui permet d'assurer le stockage et la livraison de la marchandise qu'il importe.

De nouveaux profils ont également fait leur apparition, à l'image des marchands ambulants, originaires de la province du Fujian, qui déambulent dans les cafés et les places fréquentées de Casablanca (autour de la place des Nations-Unis) ou dans d'autres villes du pays

(Marrakech, Rabat). Colportant essentiellement de petits accessoires (téléphonie mobile, lunettes de soleil, montres), ils se fournissent dans des lieux d'approvisionnement spécialisés à cet effet comme Garage Hallal et Derb Sultan[46] et dans une moindre mesure Derb Omar. À noter aussi l'émergence en marge de nouveaux phénomènes comme celle de services chinois « spécialisés » (massage, prostitution) ou de pratiques telles que des vols organisés par des groupes chinois ciblant spécifiquement la population chinoise[47].

Toutefois les transformations les plus visibles sont directement liées à l'accroissement des mobilités touristiques chinoises qui ont atteint 100000 visites en 2017. Si ces dernières ont une répercussion positive sur l'économie locale, elles participent simultanément à la prolifération des services ethniques à Casablanca. Ville la plus fréquentée des touristes chinois selon l'OTM, notre dernière enquête conduite en 2018 nous a permis de recenser pas moins de 12 restaurants chinois à Casablanca contre 4 seulement en 2014. La plupart ont été ouverts par d'anciens commerçants de Derb Omar qui ont profité de l'essor du nombre de ressortissants chinois installés et de passage à Casablanca pour investir le créneau et diversifier leurs activités. Les établissements les plus récents, situés dans des quartiers plus huppés ou près de grandes artères, sont associés à des agences de voyages chinoises locales et ciblent clairement les groupes de touristes. Leur multiplication, directement liée à l'accroissement des flux touristiques, entraine une hausse des activités des fournisseurs chinois en produits alimentaires ethniques déjà présents à Casablanca qui livrent les restaurants chinois[48] et les services de restauration privés rattachés aux entreprises chinoises de tout le pays.

Le tourisme chinois se présente comme le secteur d'activité le plus dynamique et le plus porteur d'emplois auprès des aspirants migrants. Si les entrepreneurs chinois s'appuient en premier lieu sur marché du travail local (serveur, chauffeurs, manutentionnaires), ils se tournent vers le marché chinois pour recruter des profils aux compétences spécifiques (cuisiniers, vendeuses dans les commerces chinois, employées dans les agences de voyages). L'activité dont l'impact est le plus visible sur les migrations chinoises est celle de guide touristique. Alors qu'ils étaient moins d'une dizaine dans les années 2010[49], ils seraient aujourd'hui plus de 300 à proposer leurs services aux agences de voyages chinoises de Casablanca. La législation marocaine imposant la possession d'une carte de guide que les Chinois ne peuvent pour le moment obtenir, ils opèrent en tant que traducteurs pour des salaires variant entre 1000 et 1500 dirhams par jour, dans des circuits touristiques de plusieurs jours organisés au Maroc et parfois à cheval avec la Tunisie. Ces nouvelles opportunités attirent des Chinois du monde entier, venus de Chine principalement, mais aussi d'Asie du sud-est, d'Europe ou d'autres pays arabes. Leurs profils sont assez variés et regroupent des professionnels du métier, des étudiants francophones ou arabophones et dans une moindre mesure d'anciens commerçants et des Chinois installés au Maroc. Les besoins saisonniers et fluctuants de l'activité touristique contribuent à la circulation internationale de ces acteurs qui ne résident pas tous sur place. C'est le cas notamment d'étudiants chinois se rendant au Maroc pour travailler quelques semaines durant leurs vacances scolaires ou des périodes de fortes fréquentation touristiques (nouvel an, fête nationale chinoise) avant de regagner le pays où ils étudient.

Conclusion

L'évolution du paysage migratoire chinois au Maroc est un exemple qui illustre l'influence de la Chine sur les dynamiques contemporaines des migrations internationales chinoises. Bien que les répercussions demandent à être étudiées sur le temps long, la suppression des visas court-séjour pour les ressortissants chinois, adoptée dans une phase de rapprochement entre les deux pays, a immédiatement été suivie d'une hausse spectaculaire du nombre de visiteurs chinois au Maroc. Apparues à Casablanca au début des années 2000, la migration chinoise dans le pays était principalement symbolisée par l'installation de commerçants chinois à Casablanca, dans le quartier de Derb Omar, lieu historique du commerce de gros dans le pays, devenu au fil du temps le quartier chinois de la métropole et un pôle dans la géographie des migrations chinoises en Afrique. Si la suppression des visas a eu des répercussions limitées sur le fonctionnement des activités marchandes de ces entrepreneurs-migrants, elle a surtout favorisé le développement des services liés au tourisme chinois, en atteste la multiplication d'agences de voyages et de restaurants chinois mais aussi la diversification des profils de migrants présents au Maroc, des guides touristiques aux vendeurs chinois.

Ainsi, la mondialisation des migrations internationales chinoises contemporaines constitue une des facettes de l'émergence de la Chine sur la scène internationale. Tandis que les comptoirs chinois apparus dans les années 1990-2000 en Afrique témoignaient de la relation étroite qui liaient ces migrations marchandes au commerce transnational, acteurs d'une mondialisation qui avait discrètement gagné l'Afrique, la hausse actuelle des circulations et des mobilités chinoises à travers le monde et la diversification des profils de migrants mettent en lumière l'influence grandissante du pays dans l'évolution spatiale de la diaspora à laquelle participent l'expansion mondiale des nouvelles routes de la soie.

Notes

1. Carine Pina-Guerassimoff, *La Chine et sa nouvelle diaspora : la mobilité au service de la puissance,* Paris, Ellipse Éditions, 2012.
2. Saïd Belguidoum et Olivier Pliez, « Construire une route de la soie entre l'Algérie et la Chine », in *Diaspora, Histoire et sociétés,* 2012.
Olivier Pliez, « Toutes les routes (de la soie) mènent à Yiwu (Chine). Entrepreneurs et migrants musulmans dans un comptoir économique chinois », in *Espace Géographique*, 2010.
Ben Simpfendorfer, *La nouvelle route de la soie : comment le monde arabe délaisse l'Occident pour la Chine,* Paris, Autrement, 2011.
3. Ben Simpfendorfer, *op. cit.,* p. 5.
4. Saïd Belguidoum et Olivier Pliez, « Mondialisation discrète et réseaux transnationaux entre la Chine et l'Algérie : Construire une route de la soie par le bas », in *Confluences Méditerranée*, 2019.
5. Carine Pina-Guerassimoff, *op. cit., p. 38.*
6. Liste des accords sur les visas entre la Chine et les États étrangers, mise à jour le 24/12/2018. http://cs.mfa.gov.cn/zggmcg/cgqz/qzxx_660462/t833978.shtml
7. La RPC applique la réciprocité des visas avec 13 pays (Emirats arabes Unis, Equateur, Fidji, Seychelles) et l'exemption des visas pour les ressortissants Chinois est adoptée par 15 pays dans le monde (Haiti, Jamaïque, Tunisie, Polynésie française, Iles Samoa)
8. Propos rapporté par Thierry Pairault dans interview accordée au Point le 20/02/2018. https://bit.ly/2JFN40J
9. Jean-Raphaël Chaponnière, « Nouvelles routes de la soie : où en est-on exactement ? », asialist.com, 19/12/2017. https://bit.ly/2JI47iE
10. Annoncé pour 2019, la construction de la technopole n'a toujours pas débuté. En cause, le retrait du groupe Haite, partenaire initial chargé de la construction du site. Le projet a été relancé le 2 avril 2019 avec la reprise du groupe CCCC *(China Construction Communication Compagny).*
Will Morocco's Chinese-Funded 'Tech City' Ever Break Ground? , npr.org, 3/10/2018. https://n.pr/2W9aNwQ
Tanger Tech, le chinois CCCC s'engage dans le projet en remplacement du groupe Haite, leboursier.ma, 26/04.2019. https://bit.ly/2LTwygw
11. *Construire ensemble la Ceinture économique de la route de la soie et la route de la soie maritime du XXIe siècle–Perspectives et actions,* Mars 2015, publié par le Commission nationale du Développement et de la Réforme, le Ministère des Affaires étrangères et le Ministère du Commerce. https://www.fmprc.gov.cn/fra/zxxx/t1251984.shtml
12. Discours d'ouverture du président chinois Xi Jinping lors du Forum « Belt and Road pour la coopération internationale » en 2017. http://ma.china-embassy.org/fra/zt/CeintureetRoute/t1461430.htm
13. L'estimation tient compte des voyages effectués par les Chinois de RPC, Hong-Kong, Macao et Taiwan.

14. Chiffres de la COTRI (China OutboundTourismRessearch Institute) cités par Oliver Smith, *The unstopable rise of the Chinese travellers – where are they going and what does it means for over tourism ?,* The Telegraph, 11/04/2018. https://bit.ly/2ILTM1w
15. Propos du secrétaire général de l'OMT Zurab Pololikashvili, 21/01/2019. https://bit.ly/2JMmbtw
16. Cnuced, *Le développement économique en Afrique Rapport 2017,* New York et Genève, Nations Unies, 2017, p. 24.
17. *L'octroi de visas entrave la venue des Chinois au Maroc,* Challenge, 22/09/2015. https://bit.ly/2LJKgT1
18. Site officiel du Ministère du Tourisme, du Transport Aérien, de l'Artisanat et de l'Économie Sociale. https://bit.ly/2EiclW2
19. Lynn Pan, *Encyclopédie de la diaspora chinoise,* Paris, Les Éditions du Pacifique, 2000, p. 58.
20. Cette description ne tient pas compte de l'Afrique du Sud où la migration chinoise remonte au milieu du XIXe siècle.
Emmanuel Ma Mung, *La Diaspora Chinoise Géographie d'une Migration*, Paris, Ophrys, 2000, p. 81.
21. Yoon Jung Park et Anne Wilhelmi, « Résidents temporaires ou permanents ? Migration chinoise contemporaine en Afrique », in *Les Temps Modernes,* 2010.
22. China Daily, rapportant les estimations publiées dans *The Annual Report on Overseas Chinese Study* de 2017. https://bit.ly/2wyyPWO
23. Carine Pina-Guerassimoff, *op. cit.*
24. Carine Pina-Guerassimoff, *op. cit.*
25. Yoon Jung Park, « Les Chinois résidant temporairement en Afrique : les "séjourneurs" », in *Hommes et Migrations*, 2009.
26. Alain Tarrius, *La mondialisation par le bas : les nouveaux nomades de l'économie souterraine,* Paris, Balland, 2002.
27. Ibidem.
28. Le chiffre de 1500 est donné par Mme XangLinglin, cheffe de la section politique pour l'ambassade de Chine au Maroc, rapportés dans le site lavieeco.com. Les estimations qui reviennent le plus souvent tournent autour des 2000 bien que certaines personnes interrogées évoquent le chiffre de 4000. https://bit.ly/2JGqtkz
29. Le chiffre de 40 000 ressortissants chinois est évoqué par la conseillère politique de l'ambassade de Chine en Algérie Mme He Hongyan dans l'article en ligne de Noreddine Izouaouen, *Leur nombre devrait baisser en 2015, près de 40 000 travailleurs chinois en Algérie,* leconews.com, 7/01/2015. https://bit.ly/2WLPVce
30. Nous estimons leur nombre inférieur à 1000 dans chaque des pays.
31. Emmanuel Ma Mung, « Le prolétaire, le commerçant et la diaspora », in *Revue Européenne Des Migrations Internationales,* 2009.
32. Farida Souiah, « L'Algérie made by China », in *Méditerranée : revue géographique des pays méditerranéens,* 2011.
33. L'ouverture des Instituts Confucius au sein de l'Université Mohammed V de Rabat (2009), de l'Université Hassan II de Casablanca (2013) et plus récemment à Tanger et à Tétouan au sein de l'Université Abdelmayek Essaâdi (2017)
34. Fathallah Oualalou, *La Chine et nous : répondre au second dépassement, Casablanca,* La Croisée des Chemins, p. 283.
35. Carine Pina-Guerassimoff, op. cit., p. 210.
36. Brigitte Bertoncello et Sylvie Bredeloup, « Chine-Afrique ou la valse des entrepreneurs-migrants », in *Revue Européenne Des Migrations Internationales,* 2009, p. 46.
Jean-Pierre Taing, « Les migrations chinoises au Maroc : les commerçants séjourneurs de Casablanca », in *Migrants au Maroc : Cosmopolitisme, présence d'étrangers et transformations sociales* [en ligne], Rabat, Centre Jacques-Berque, 2015
37. Au Maroc, les kissariat désignent traditionnellement des galeries marchandes qui regroupent des petites boutiques spécialisé autour de segments de marchés spécifiques.
38. D'après les enquêtes de terrain et les entretiens réalisés entre 2014 et 2018
39. Emmanuel Ma Mung, « Le prolétaire... », *op. cit.,* p. 108.

40. Si les premières migrations étaient directement de Chine, des reflux migratoires en provenance du Sénégal notamment ont constitué au départ une part importante des migrations marchandes au début des années 2000.
41. Brigitte Bertoncello et Sylvie Bredeloup, *op. cit.*, p. 54.
42. Jean-Pierre Taing, *op. cit.*
43. Saïd Belguidoum et Olivier Pliez, "Building a "Silk Road": A View from Below of the Trans-regional Links Between Algeria and China", in *des Nahe Ostenund Nordafrika in transregionaler Perspektive, Nomos*, 2018.
Saïd Belguidoum et Olivier Pliez, « Mondialisation discrète... », *op. cit.*
44. Armelle Choplin et Olivier Pliez, *La mondialisation des pauvres : loin de Wall Street et de Davos,* Paris, Le Seuil, 2018.
45. Chine, province du Zhejiang,
46. Il s'agit de deux quartiers marchands populaires situés dans le prolongement de Derb Omar le long du boulevard Mohammed VI.
47. Entretien réalisé auprès d'un restaurateur chinois à Casablanca en mars 2018.
48. En dehors de Casablanca, nous avons recensé une dizaine de restaurants tenus par des Chinois, à Rabat, Fès, Marrakech ou encore Ouarzazate.
49. Entretien réalisé auprès d'un guide chinois à Casablanca en octobre 2018.

Yahia H. Zoubir

KEDGE Business School.

Les relations de la Chine avec les pays du Maghreb : la place prépondérante de l'Algérie

Cet article explore la manière dont se sont construites et ont évolué les relations entre la Chine et trois pays du Maghreb (Maroc, Algérie et Tunisie). Il montre la place prépondérante qu'occupe l'Algérie dans les relations entre la Chine et Maghreb, hier comme aujourd'hui. Il interroge les fondements de ces relations aux intérêts multiples et les met en perspective en décrivant notamment le passage d'une solidarité aux fondements idéologiques à des relations économiques aux fondements plus pragmatiques. Inscrivant, sa présence dans sa stratégie globale, notamment via les forums sino-arabes et sino-africains et de la nouvelle route de la soie, la Chine privilégie l'échelle bilatérale dans ses relations avec les pays du Maghreb.

This article explores the foundation and evolution of the diplomatic and commercial relations between China and three Maghreb countries (Morocco, Algeria and Tunisia). It shows the predominant place of Algeria in the Chinese relations with the Maghreb. It questions the roots of these relationships with multiple interests and puts them in perspective by describing in particular the shift from ideological driven relations to business-driven relations. Chinese presence in the Maghreb is part of its global strategy via mechanisms such as the forums (Forum on China-Africa Cooperation and Sino Arab Cooperation Forum) and projects such as the Belt and Road Initiative, however it is operationalized at the bilateral level.

Au cours des deux dernières décennies, la Chine a renforcé sa présence au Maghreb en matière de commerce, d'investissement et de coopération économique. Les échanges commerciaux entre la Chine et les cinq pays du Maghreb (si on inclut la Mauritanie et la Libye) ont atteint près de 17 milliards en 2018[1], témoignant de l'importance que prend cette région aux yeux de Pékin. Sans avoir une véritable politique régionale spécifique, la Chine agit dans ces pays en privilégiant les relations bilatérales tout en s'appuyant sur les deux leviers que sont le Forum sur la Coopération sino-africaine (FCSA) et le Forum de coopération Chine-États arabes (FCCEA) créés respectivement en 2000 et 2004. De tous les pays du Maghreb, c'est avec l'Algérie que les relations sont les plus fortes, tant sur le plan politique, diplomatique qu'économique et commercial, ce qui explique la part importante qui lui est consacré dans cet article. Pour autant les autres pays du Maghreb ne sont pas en reste. La Chine multiplie les initiatives de coopération et se positionne sur les nombreux marchés.

Nous montrerons ici comment se sont construites les relations aux intérêts multiples qui permettent à la Chine d'être de plus en plus présente au Maghreb. Nous interrogerons leurs fondements, leurs poids réels et leurs perspectives. À cette fin, nous retraçons notamment le passage d'une solidarité au fondement idéologique à des relations principalement économiques.

De la solidarité anticoloniale aux relations économiques

De l'idéologie aux affaires

C'est la Chine de Mao Zedong qui a commencé à nouer des relations privilégiées avec les mouvements de libération nationale maghrébins, alors même que les États de la zone n'avaient pas encore accédé à l'indépendance. La conférence de Bandung (18-24 avril 1955), à laquelle étaient présents le Premier ministre chinois, Zhou

Enlai, ainsi que des délégations du FLN algérien, du Néo-Destour tunisien et de l'Istiqlal marocain[2], fut une étape marquante de ce rapprochement. Le ministre des Affaires étrangères chinois, Zhou Enlai, avait notamment insisté sur les *Cinq Principes de la Coexistence pacifique*[3] : le respect mutuel de la souveraineté et de l'intégrité territoriale, la non-agression mutuelle, la non-ingérence mutuelle dans les affaires intérieures, l'égalité et les avantages mutuels, ainsi que la coexistence pacifique[4]. Ces principes constitutifs de la politique étrangère chinoise contrastaient fortement avec les politiques occidentales, d'autant plus qu'à ce moment-là la Chine n'avait pas de politique d'expansion. Ils ne pouvaient ainsi que recevoir un écho particulier dans les pays à peine décolonisés ou encore en lutte pour leur indépendance. Plus que tout autre pays du Maghreb, l'Algérie a occupé une place importante dans la politique de la Chine qui voyait dans la résistance anticolonialiste des Algériens une parenté avec l'histoire coloniale du peuple chinois. Elle s'est donc placée en soutien du FLN et a établi des relations diplomatiques avec le Gouvernement Provisoire de la République Algérienne (GPRA) dès le mois de décembre 1958. Durant la guerre de libération nationale, des délégations du FLN (Front de Libération Nationale) se sont rendues en Chine pour y rencontrer les dirigeants au plus haut niveau. De plus, contrairement à l'URSS, qui souhaitait maintenir de bonnes relations diplomatiques avec la France, tout en soutenant le FLN, la Chine a soutenu la révolution algérienne sans se préoccuper des réactions de Paris. Cette dernière n'a d'ailleurs reconnu la RPC qu'en janvier 1964[5]. Ainsi, entre 1958 et 1962, les Chinois ont fourni une assistance aux combattants algériens avant que l'URSS ne se soit décidée à le faire. La Chine a même inspiré à l'Armée de Libération Nationale (ALN) certaines des tactiques de la guérilla utilisées contre les troupes coloniales françaises[6].

Au lendemain des indépendances, l'Algérie a continué à recevoir une attention particulière de Pékin, notamment en raison des alignements idéologiques des deux États alors que la Tunisie et le Maroc ont choisi une orientation pro-occidentale. Zhou Enlai s'est rendu en Algérie en 1962 et 1964 tandis que le président Ahmed Ben Bella s'est rendu à Pékin dès 1965. Entre 1963 et 1975, la Chine a signé vingt accords, dont un accord d'amitié, couvrant de nombreux domaines, tels que la coopération économique et technique, la santé, la coopération culturelle, la communication, la coopération scientifique et militaire, la coopération maritime, etc.[7] Parallèlement, la Chine a maintenu une diplomatie à l'égard de la Tunisie et du Maroc. Ce dernier fut l'un des premiers pays arabes à reconnaître la RPC en 1958. Zhou Enlai a d'ailleurs inclus les deux pays lors de sa tournée africaine en 1963-64. C'est du reste lors de cette visite en Tunisie, en 1964, que le Premier ministre chinois a obtenu la reconnaissance *de jure* de la RPC.

Dans les années 1960 et 1970, la relation avec l'Algérie tout comme avec d'autres pays africains s'est tout de même retrouvée au cœur des rivalités entre la Chine et l'Union soviétique. Sur le plan politique, l'événement le plus marquant a eu lieu en 1971. L'Algérie, malgré son rapprochement avec Moscou, a mobilisé les pays africains, devenus indépendants, pour soutenir la RPC à l'accession au siège de membre permanent du Conseil de Sécurité de l'ONU. En effet, l'Algérie et l'Albanie ont parrainé la Résolution 2758[8] dont le vote a permis à la Chine de siéger au Conseil de Sécurité. Durant cette période, l'Algérie a été l'un des acteurs de la consolidation des liens entre la Chine et l'Afrique ; des liens qui ont contribué par la suite à faire de la Chine le partenaire économique principal de l'Afrique.

Convergences géopolitiques et realpolitik

Avec l'arrivée au pouvoir de Deng Xiaoping, en 1978, la politique diplomatique à forte tonalité idéologique qu'avait instituée Mao Zedong laisse place à une nouvelle diplomatie plus pragmatique et davantage axée sur les considérations économiques. La politique étrangère de la Chine, et notamment sa politique au Maghreb, a ainsi été déterminée par sa stratégie de développement, connaissant de la sorte une triple transformation : le passage de l'orientation idéologique à la neutralité idéologique, de la forme unitaire à la multiplicité des canaux dans les échanges bilatéraux, et de l'aide unique à la stratégie *gagnant-gagnant* dans le domaine de la coopération[9]. La Chine ne cache pas également son ambition de bousculer l'hégémonie occidentale dans la région et d'offrir un nouveau modèle de développement (*market-authoritarian system*)[10] afin de générer des relations *gagnant-gagnant*. Cet aspect séduit les pays maghrébins qui y voient une possibilité de se décentrer vis-à-vis de l'Occident.

Le primat de l'économie n'est pas synonyme d'absence de calculs et de convergences géopolitiques. Ainsi, l'Algérie a été l'un des soutiens diplomatiques de la Chine au lendemain de la répression, en avril 1989, des étudiants de la place Tian'anmen qui a vu l'imposition de sanctions occidentales contre la Chine. L'Algérie a alors, une fois de plus, mobilisé les pays africains au sein de l'Organisation de l'Union africaine (OUA) afin de refuser l'application des sanctions entravant les relations économiques entre la Chine et le continent africain. Lors de l'insurrection islamiste armée en Algérie dans les années 1990, les deux pays ont signé un accord sur la tenue de consultations politiques régulières, alors que les pays occidentaux maintenaient un embargo diplomatique tacite sur l'Algérie[11].

Dans ce contexte difficile, l'Algérie a ainsi cherché à renforcer sa coopération et ses relations avec la Chine dont l'objectif était de proposer une alternative au partenariat avec les pays occidentaux. La Chine a octroyé d'ailleurs à l'Algérie des armes pour un montant de 100 millions de dollars entre 2000 et 2003[12].

Avant la redynamisation de ses relations avec Pékin au début des années 2000, l'Algérie avait encouragé les pays africains lors du 35ème Sommet de l'OUA en août 1999 à Alger, à se tourner vers la Chine pour attirer ses investissements dans les projets d'infrastructure et consolider leurs relations avec ce pays[13]. Cette orientation a porté ses fruits avec la création du Forum sur la Coopération sino-africaine (FCSA) en 2000 à partir duquel les relations Chine-Afrique ont pris une dimension stratégique pour les deux parties.

Comme elle l'a été durant la décennie noire en Algérie, la Chine s'est montrée particulièrement résiliente lorsque des crises politiques ont secoué d'autres pays du Maghreb. À titre d'exemple, Pékin n'a pas réagi au *« coup médical »*[14] contre Bourguiba en 1987 et a reconnu le nouveau régime de Zine el-Abidine Ben Ali qui a ensuite maintenu des relations diplomatiques avec la RPC. Plus récemment, lorsque Ben Ali a dû fuir la Tunisie en janvier 2011, la Chine a déclaré respecter le choix du peuple tunisien[15]. Les autorités chinoises étaient plus préoccupées alors par la situation en Libye d'où elles devaient rapatrier 38 000 ressortissants de la zone de conflit, chose qu'elles ont pu faire efficacement en bénéficiant notamment de l'assistance des autorités tunisiennes.

De même, lors des soulèvements au Maroc en 2011, la Chine a appuyé le pouvoir tout en l'encourageant formellement à se pencher sur les besoins de sa population[16]. Cela montre que les autorités chinoises tentent de ménager leur image auprès des sociétés civiles et non pas seulement des autorités. La position géopolitique du Maroc (porte d'accès à l'Afrique subsaharienne et sa nouvelle stratégie africaine, relative stabilité politique, richesses naturelles, telles que les phosphates, proximité géographique de l'Europe, etc.) explique cette intensification des relations entre les deux pays, particulièrement depuis 2016. Le roi Mohammed VI a ainsi voulu équilibrer sa politique étrangère, surtout vis-à-vis d'un Occident qui, contrairement à la Chine, a tendance à s'ingérer à travers la question des droits humains. En mai 2016, Xi Jinping et Mohammed VI ont même annoncé à Pékin l'établissement d'un partenariat stratégique entre les deux pays[17].

Les relations que la Chine entretient avec chacun des pays du Maghreb l'obligent à tenir compte des rapports que ces derniers entretiennent entre eux. Ainsi, malgré les relations étroites avec l'Algérie, la Chine n'a pas soutenu la position algérienne sur l'autodétermination du peuple sahraoui. Elle a adopté une position neutre, même si elle donne parfois l'impression d'être encline à favoriser *« l'offre »* marocaine d'une *« large autonomie »* aux Sahraouis parce qu'elle la voit comme relevant de l'un de ses cinq principes, à savoir le respect de la souveraineté et de l'intégrité territoriale des États. Sur ce conflit, la Chine se positionne comme favorable à un règlement politique pacifique dans le cadre onusien, encourageant le POLISARIO et le Maroc à s'engager dans des résolutions du Conseil de sécurité fondées sur des négociations afin de parvenir à un règlement juste, durable et acceptable.

Cette attitude ambivalente a toutefois été la source de frustrations pour la diplomatie algérienne, ce qui souligne la difficulté pour la Chine d'avoir une politique ambitieuse avec des pays de la région alors même qu'ils sont en conflit. *«Nous avons soutenu la Chine sur de nombreuses questions, y compris l'obtention du siège permanent au Conseil de sécurité de l'ONU. Nous avons dit à nos partenaires chinois que le Sahara occidental est une question différente du Tibet ou du Xinjiang, en vain »*[18]. Plusieurs hypothèses peuvent être avancées pour expliquer la position chinoise. Elle peut être liée à la menace, jamais faite publiquement, que si la Chine reconnaît la République arabe sahraouie démocratique, le Maroc établira des relations diplomatiques avec Taiwan ou soulèvera la question du Tibet[19]. En échange de la neutralité de la Chine, le Maroc s'abstient non seulement de reconnaître Taïwan, mais évite également de soulever des inquiétudes au sujet du traitement des musulmans du Xinjiang. La position de la Chine sur le Sahara occidental découle aussi de ses intérêts économiques au Maroc (par exemple, avec le méta-projet de Tanger).

Le Maghreb et ses marchés

La posture géopolitique de la Chine, et plus spécifiquement la neutralité qu'elle affiche vise notamment à développer ses relations avec le Maghreb pour servir de multiples intérêts économiques. Elle est tout d'abord à la recherche de débouchés pour ses productions industrielles, notamment le textile et l'électronique. Le taux de croissance économique relativement soutenu des États du Maghreb a permis l'accroissement d'une classe moyenne dotée d'un certain pouvoir d'achat. En outre, les grands chantiers publics et privés entamés dans la région depuis le début des années 2000 représentent des marchés intéressants pour les entreprises chinoises de construction et d'ingénierie. Enfin, les pays du Maghreb permettent à la Chine de conforter sa présence stratégique en Méditerranée et de développer ainsi un canal supplémentaire d'accès aux marchés européens[20]. Dans le cadre de la route maritime de la soie, la construction de nouvelles installations portuaires comme le projet d'El-Hamdania en Algérie en est la preuve concrète.

Enfin, l'Afrique du Nord représente l'une des principales régions productrices de pétrole et de gaz au monde et a un fort potentiel d'énergie renouvelable[21]. C'est tout particulièrement l'Algérie qui intéresse la Chine sur ce plan-là, car elle est la sixième exportatrice de gaz et, en termes de réserve prouvée, elle possède la dixième pour le gaz naturel, la troisième pour le gaz de schiste et la seizième pour le pétrole[22]. De son côté, la Libye n'est pas dénuée d'intérêt pour la Chine mais sa situation de guerre civile en fait pour l'heure un point moins stratégique.

L'envolée des relations économiques sino-algériennes

Comme ce fut d'ores et déjà mentionné, c'est avec l'Algérie que la Chine entretient les relations économiques les plus denses et les plus diversifiées. Elles ont connu une recrudescence depuis le début des années 2000, soit au moment de la création du Forum sur la coopération sino-africaine (FCSA). L'Algérie venait alors de retrouver la sécurité et la stabilité après la décennie noire. Bénéficiant de recettes pétrolières exceptionnelles, les autorités pouvaient redynamiser leur économie et leurs relations internationales après le relatif isolement des années 1990[23]. Ces deux volets sont allés de pair. En effet, le gouvernement algérien a lancé durant les années 2000 des plans d'investissement public dans le domaine des infrastructures. Les besoins en logements en particulier étaient immenses et le président Bouteflika savait que, par-delà la politique de réconciliation nationale, sa légitimité passait par le règlement de la crise de l'habitat. Or face à cette demande, la Chine s'est imposée comme le principal partenaire capable de répondre à ces besoins au moindre coût et surtout avec un temps de réalisation rapide. Des consortiums chinois ont ainsi décroché d'importants contrats, surtout dans le secteur du logement social[24]. Par la suite, elles ont remporté de nombreux autres projets d'infrastructure plus importants : la moitié de l'autoroute est-ouest (avec six voies et longue de 1200 km), le nouvel aéroport d'Alger et la nouvelle aérogare inaugurée en avril 2019, la grande mosquée d'Alger, le stade olympique à Oran, le ministère des Affaires étrangères, le site de la Cour constitutionnelle sur les hauteurs d'Alger, de grands hôtels cinq étoiles (Sheraton, Hilton...), ainsi que de grands centres commerciaux dont celui du Parc Dounia, l'extension du réseau ferroviaire, la construction de 750 km d'un aqueduc reliant In Salah à Tamanrasset, etc. Par ailleurs, la Chine a offert la construction d'un opéra à Ouled Fayet dans la banlieue algéroise. Pour ces grands projets, l'Algérie a octroyé cinquante contrats de construction aux compagnies chinoises d'une valeur totale de 20 milliards de dollars. Ce sont la China State Construction Engineering Corporation (CSCEC) et la China Civil Engineering and Construction Corporation (CCECC) qui dominent le marché des constructions dans le pays[25].

Toutes ces constructions ont bien évidemment nécessité une main-d'œuvre importante qui est en majeure partie venue de Chine. Il n'existe pas de chiffres fiables concernant le nombre de travailleurs chinois en Algérie, surtout qu'il s'agit d'une main-d'œuvre mobile qui retourne en Chine après la fin des travaux pour lesquels elle est venue en Algérie.[26] Alors qu'on parle de la présence de 55 000 ouvriers chinois en Algérie[27], pour certains ce nombre est sous-estimé[28]. Mais, quel que soit le chiffre exact, la communauté chinoise en Algérie est la deuxième plus grande dans un pays d'Afrique, si ce n'est la plus grande[29].

Au-delà, du secteur du BTP, la Chine est devenue un partenaire commercial majeur de l'Algérie. En 2012, elle a même dépassé la France en tant que principal partenaire. Les transactions entre les deux pays sont désormais réglées en Yuan (RMB) plutôt qu'en dollars américains. Le marché de l'automobile n'est pas en reste dans ces échanges commerciaux. Selon l'Association chinoise des constructeurs automobiles (CAAM), l'Algérie a même été la première destination des exportations de véhicules de la Chine en 2012 et 2013[30].

Bien que l'Algérie ne soit pas un important fournisseur de pétrole de la Chine, les compagnies pétrolières chinoises, telles que CNPC,

CNOOC, et SINOPEC sont présentes[31]. La Chine s'est particulièrement intéressée à ce marché à la suite de la crise libyenne en 2011. Ces entreprises se sont impliquées avec succès dans leur domaine d'expertise comme le recouvrement et l'exploration des puits (Zarzaitine, Illizi…). La Chine est également engagée dans la construction de raffineries (Adrar, opérationnelle depuis 2007, Skikda…). Il est probable aussi que la coopération entre la Chine et l'Algérie dans le domaine de l'énergie nucléaire civile pour la production d'électricité ne fera que croître[32]. L'Algérie qui possède les quatrièmes réserves de phosphates dans le monde devait concrétiser également un accord avec la Chine qui lui aurait permis de valoriser l'exportation de son phosphate. En effet, l'Algérie produit et exporte des phosphates bruts sans valeur ajoutée, car contrairement à d'autres producteurs, elle ne le transforme pas en acide phosphorique ou en engrais. Cependant, ce projet prometteur de six milliards de dollars avec la Chine est à présent gelé[33] en raison de conflits d'intérêts impliquant des responsables algériens. Par ailleurs, la Chine hésiterait à aider un pays qui pourrait devenir un concurrent de taille dans le domaine des phosphates. La logique eût été que les « Algériens choisissent un pays qui importe des engrais phosphatés » comme l'Inde qui importe 100 % de ses besoins[34].

La coopération sino-algérienne s'étend aussi au domaine militaire[35] et devrait se développer à l'avenir pour répondre aux besoins continus de modernisation des capacités de défense de l'Algérie. En 2014-2018, la Chine s'est classée cinquième pays exportateur d'armements. Les achats d'armes chinoises par l'Algérie ont représenté 11 % des ventes globales d'armes de la Chine dans la même période. L'Algérie reçoit 15 % de son armement de la Chine qui est devenue son deuxième fournisseur après la Russie, largement devant avec 66 %[36].

Non moins significatives, en février 2014, les relations bilatérales ont été portées au niveau de partenariat stratégique global. La Chine et l'Algérie ont signé le 17 janvier 2016 un accord pour un méga port à El-Hamdania à 100 km à l'ouest d'Alger, dont la construction se fera par une société de droit algérien composée du Groupe public des services portuaires et de deux compagnies chinoises, la China State Construction Engineering Corporation (CSCEC) et la China Harbour Engineering Company (CHEC). Le coût de réalisation est estimé à 3,6 milliards de dollars ; le financement de l'infrastructure portuaire sera assuré par un crédit chinois à long terme. Lorsqu'il sera mis en exercice en 2020, il devrait figurer parmi les 30 plus grands ports au monde. Le président algérien par intérim, Abdelkader Bensalah, a ratifié le jeudi 6 juin, le mémorandum d'entente sur la coopération entre l'Algérie et la Chine, dans le cadre des nouvelles routes de la soie.

Maroc et Tunisie : des perspectives prometteuses

Les relations économiques avec la Tunisie et le Maroc, bien qu'en pleine expansion, ne sont pas comparables aux relations que le pays entretien avec l'Algérie. Entre 2011 et 2015, les IDE chinois au Maroc ont augmenté de 195 %, dont 93 % entre 2014 et 2015[37]. La Chine apprécie en particulier la position géopolitique du Maroc et son partenariat économique privilégié avec les pays européens, notamment la France et l'Espagne, ainsi que ses bonnes relations avec la plupart des pays francophones d'Afrique subsaharienne[38]. Quant au tourisme chinois au Maroc, il est en nette augmentation depuis l'exemption des visas en juin 2016. Auparavant, ils étaient environ 20 000 touristes chinois par an, en 2017, ils étaient 118 000, et en 2018, 180 000[39].

Particulièrement intéressée par toutes les formes d'investissements dans un grand moment de fragilité, la Tunisie a rejoint la *Belt and Road Initiative* (BRI) en septembre 2018. Profitant de sa visite lors du sommet du Forum sur la Coopération sino-africaine (FCSA) à Pékin en septembre 2018, la délégation tunisienne a signé de nombreux contrats qui portent sur divers projets comme celui de faire du port de Zarzis un centre économique et commercial ou encore la construction d'une ligne ferroviaire reliant Médenine, une région riche en minéraux à Gabès, cœur des industries pétrochimiques et de transformation de phosphates, et Zarzis.

Il faut signaler aussi l'installation d'une usine automobile exploitée par SAIC Motor Corporation Ltd., société d'État chinoise, qui construirait et exporterait des voitures dans les pays du pourtour méditerranéen et en Afrique. En outre, la Chine édifie actuellement un barrage hydraulique dans la région du Kef. Enfin, le tourisme n'est pas en reste non plus : les deux pays ont signé un accord de coopération dans ce domaine qui prévoit notamment l'ouverture d'une ligne aérienne afin d'attirer davantage de touristes chinois en Tunisie[40].

Conclusion

La Chine a certes fait une entrée remarquée dans cette partie de la Méditerranée, mais rien n'indique encore que cette présence profitera au développement économique et social de ces pays.

De par son appartenance à l'Afrique et au monde arabo-musulman mais aussi de sa proximité de l'Europe, le Maghreb a une importance géopolitique certaine aux yeux de Pékin, au point qu'il est inclus dans la Nouvelle route de la soie, un projet stratégique pour la Chine. De leur côté, les pays du Maghreb voient dans cette coopération avec la Chine une opportunité forte de sortir de l'influence occidentale en s'inscrivant dans une mondialisation multi-centrée.

Cependant, au Maghreb, la Chine doit faire face à l'instabilité des régimes en place. Les soulèvements cycliques risquent à tout moment de menacer les intérêts chinois comme ce fut le cas en Libye, où depuis la chute du régime de Kadhafi les relations commerciales n'ont pas encore été restaurées. Sa politique de non-ingérence et de neutralité a jusqu'à présent servi ses intérêts. Mais pourra-t-elle longtemps continuer par sa neutralité qui revient à soutenir les régimes en place à ne pas heurter les sentiments des sociétés civiles maghrébines ?

De même, la Chine a jusqu'à présent réussi à préserver une neutralité sur le Sahara occidental en maintenant ainsi l'équilibre dans ses relations avec le Maroc et l'Algérie[41]. Elle montre même très peu d'intérêt au conflit. Cependant sa participation à l'exploitation des ressources du Sahara occidental pourrait jouer en sa défaveur pour ses relations avec les pays africains, dont l'Algérie, qui soutiennent la cause sahraouie.

Avec l'imbrication croissante des facteurs géopolitiques et géoéconomiques, notamment depuis les révoltes arabes, la diplomatie de la Chine, qui consiste à ne chercher que des solutions économiques peut donc s'avérer difficile à pratiquer. En restant cantonnée à la sphère économique, sa diplomatie n'a pas encore porté les relations bilatérales sino-maghrébines à un véritable niveau stratégique, aussi bien sur le plan politique que sur le plan militaire. La diplomatie culturelle demeure elle aussi très faible ; les échanges sino-maghrébins entre universitaires, les médias, les jeunes et les groupes de réflexion sont limités.

Notes

1. Chiffres calculés à partir des données publiées dans *China Statistical Yeabook 2018*. http://www.stats.gov.cn/tjsj/ndsj/2018/indexeh.htm.
2. Thierry Pairault, « La Chine au Maghreb : de l'esprit de Bandung à l'esprit du capitalisme », *Revue de la régulation : Capitalisme, institutions, pouvoirs,* n°21 (1), 2017.
https://journals.openedition.org/regulation/12230

3. Ces principes avaient été intitiés par la Chine, l'Inde et la Birmanie en 1954 et introduits dans le préambule du Traité sino-indien sur le Tibet.
4. « Les Cinq Principes de la Coexistence pacifique », *Chine Magazine*, 26 Juin 2018, https://www.chine-magazine.com/les-cinq-principes-de-la-coexistence-pacifique/.
5. Yahia H. Zoubir, « US and Soviet Policies toward France's Struggle with Anti-Colonial Nationalism in North Africa », *Canadian Journal of History/Annales d'Histoire Canadiennes*, n°30 (3), 1995, pp. 439-466.
6. Jeffrey James Byrne, *Mecca of Revolution. Algeria, Decolonization, and the Third World Order*, Oxford, Oxford University Press, 2016, p. 164. Voir aussi, « Document No. 112 (inédit), Entretien sino-algérien à l'occasion du séjour de la délégation du GPRA en République de Chine. 4 octobre 1959 », in Mohammed Harbi, *Les Archives de la Révolution algérienne*, Alger, EditionsDahlab 2010, p. 521.
7. Hisham Behbehani, *China's Foreign Policy in the Arab World, 1955-75 Three Case Studies*, London, Kegan Paul International, 1981, pp. 351-352.
8. *The Yearbook of the United Nations*- 1971 « Questions relating to Asia and the Far East », pp. 129-130. https://www.unmultimedia.org/searchers/yearbook/page.jsp?volume=1971&page=139&srq=china%20resolution%202758&srstart=0&srvolumeFacet=1971&sroutline=false&searchType=advanced
9. LI Anshan, « China's Policy towards Africa », article pas encore publié, remis à l'auteur par le professeur Li, avec lequel il a eu de nombreux entretiens à l'Université de Pékin.
10. Ce « système autoritaire de marché » séduit de nombreux dirigeants africains, latino-américains et autres. Voir, Stephan Halper, *The Beijing Consensus. Legitimizing Authoritarianism in our Time*, New York, Basic Books, 2009, p. 336.
11. Hakim Darbouche et Yahia H. Zoubir, « The Algerian Crisis in European and US Foreign Policies: A Hindsight Analysis», *Journal of North African Studies*, n°14 (1), 2009, pp. 33-55.
12. Richard F. Grimmett, « Conventional Arms Transfers to Developing Nations, 1996-2003», *The DISAM Journal*, 2004, p. 90. https://www.discs.dsca.mil/Pubs/Indexes/Vol%2027_1/Grimmett.pdf
13. Omirat, *op.cit.*, 35-36.
14. Le 7 novembre 1987, Zine El-Abidine Ben Ali, alors ministre de l'Intérieur, dépose le président Habib Bourguiba grabataire pour « incapacité ».
15. «Vice Foreign Minister Zhai Jun Meets with BejiCaid-Essebsi, Prime Minister of the Tunisian National Unity Government», (the Chinese Embassy in Tunisia), 7 mars 2011. http://www.china-embassy.org/eng/zgyw/t804639.htm
16. Degang Sun et Yahia H. Zoubir. « China's Response to the Revolts in the Arab World: A Case of Pragmatic Diplomacy», *Mediterranean Politics*, Vol. 19/1, mars 2014, pp. 2-20.
17. « La Chine et le Maroc établissent un partenariat stratégique », *Xinhua*, 11 mai 2016. http://french.xinhuanet.com/2016-05/11/c_135351719.htm
18. Entretien de l'auteur en novembre 2016 avec un haut responsable du MAE algérien.
19. Entretien de l'auteur avec un chercheur chinois, septembre 2018. Voir aussi, Joseph Hammond, « Morocco: China's Gateway to Africa »? *TheDiplomat*. 1 mars 2017. https://thediplomat.com/2017/03/morocco-chinas-gateway-to-africa/
20. Alice Ekman, « China in the Mediterranean: An Emerging Presence », *Notes de l'IFRI*, février 2018. https://www.ifri.org/en/publications/notes-de-lifri/china-mediterranean-emerging-presence
21. Simone Tagliapietra, « Energy in North Africa: Challenges and Opportunities », *Atlantic Community,* 4 mars 2019. https://atlantic-community.org/energy-in-north-africa-challenges-and-opportunities/
22. « Algeria - Oil and Gas _ Hydrocarbons », Export.Gov, 31 janvier 2019. https://www.export.gov/article?id=Algeria-Oil-and-Gas-Hydrocarbons
23. Yahia H. Zoubir, « The Resurgence of Algeria's Foreign Policy in the Twenty-First Century», in Michael Bonner, Megan Reif, & Mark Tessler (Dirs.), *Islam, Democracy, and the State in Algeria*, London, Routledge, 2005, pp. 169-183.
24. Pour une étude détaillée des entreprises chinoises en Algérie, voir, Thierry Pairault, « Algérie : Quelle présence économique chinoise ? » *Maghreb-Machrek*, 2018/3 No.237-238, 5-34.

25. Voir, Farida Souiah, « L'Algérie *made by China*, » *Revue géographique des pays méditerranéens*, n°116, 2011, p. 139-143.
26. Thierry Pairault, « China's economic presence in Algeria », CCJ-Occasional-papers, n°1, *HAL Archives Ouvertes*, 2015.
27. « Algeria: Over 55,000 Visas Granted to Chinese Workers, Visitors in 2015 », *All Africa*, 12 July 2016.
https://allafrica.com/stories/201607120701.html
28. Interview de l'auteur avec un ambassadeur d'Algérie à Pékin.
29. François Simon, « Algeria: Africa's largest Chinese community », *The Dragon's Trail-China and International Affairs*, 26 février 2013, https://dragonstrail.wordpress.com/2013/02/26/algeria-china-community-affairs/
30. Naser al-Tamimi,« China-Algeria relations: growing slowly but surely, »*Al-Arabiya*, 26 mars 2014,
https://english.alarabiya.net/en/views/business/economy/2014/03/26/China-Algeria-relations-growing-slowly-but-surely.html
31. Energy Information Administration. Algeria's Key Energy Statistics 2018. https://www.eia.gov/beta/international/country.php?iso=DZA
32. La Chine a construit la centrale nucléaire de Ain-Oussera a 150 kilomètres au sud d'Alger.
33. Tarek Hafid,« Algérie-Phosphate: Black-out sur un projet -presque- irréalisable », *Maghreb Emergent*, 13 février 2019. https://www.maghrebemergent.info/algerie-phosphate-black-out-sur-un-projet-presque-irrealisable/
34. Entretien téléphonique avec le journaliste Tarek Hafid, basé à Alger, avec l'auteur. 6 avril 2019.
35. Les ventes d'armes (frégates, bateaux-missiles, artilleries de type howitzers, etc.) de la Chine à l'Algérie sont en progression.
36. Pieter D. Wezeman, Aude Fleurant, Alexandra Kuimova, et al, « Trends in International Arms Transfers, 2018 », *SIPRI Fact Sheet*, 11 mars 2019, p.2, p.6 https://www.sipri.org/sites/default/files/2019-03/fs_1903_at_2018.pdf
37. Jeremy Luedi, Under the Radar, « What's behind China's love affair with Morocco »? *Global Risk Insights*, 26 mars 2017. https://globalriskinsights.com/2017/03/chinas-love-affair-with-morocco/
38. Frédéric Maury et Nadia Rabbaa, « Le Maroc, un pont d'or pour la Chine », *Jeune Afrique*, 29 décembre 2015. http://www.jeuneafrique.com/mag/286294/economie/maroc-pont-dor-chine/ .
39. Chiffres communiqués par le Ministère du tourisme et repris par l'agence de presse nationale chinoise, Xinhua. « Le Maroc attire 180 000 touristes chinois en 2018 », *Xinhua,* 15 février 2019.
40. Lamine Ghanmi, « Tunisia joins China's Belt and Road Initiative as it seeks to diversify trade, investment », *The Arab Weekly*, 9 septembre 2018. https://thearabweekly.com/tunisia-joins-chinas-belt-and-road-initiative-it-seeks-diversify-trade-investment
41. Degang Sun & Yahia Zoubir, « China's Participation in Conflict Resolution in the Middle East and North Africa: A Case of Quasi-Mediation Diplomacy? », *Journal of Contemporary China*, n° 110, 27, pp. 224-243.

Elena Aoun et Thierry Kellner

Elena Aoun, Université catholique de Louvain
Thierry Kellner, Université Libre de Bruxelles[1]

Les relations sino-égyptiennes à l'ère 'Xi-al-Sissi' ou la cristallisation d'une forte convergence géopolitique

Les relations entre la République populaire de Chine et l'Égypte sont passées à la vitesse supérieure depuis le début des années 2010. Construisant sur un socle déjà solide, les présidents Xi et al-Sissi ont scellé fin 2014 un « partenariat stratégique intégral » entre leurs deux pays. Cet article vise à restituer les grandes lignes de cette évolution rapide et met en exergue la multiplicité des domaines dans lesquels elle se matérialise. Il s'intéresse en particulier à la coopération dans les domaines bilatéraux et multilatéraux, notamment dans le cadre de la Belt and road initiative lancée par Xi Jinping et ses multiples dimensions géopolitiques. Il montre comment la Chine et l'Égypte se confortent mutuellement dans leur recherche croisée de marges de manœuvre accrues dans le cadre d'un ordre mondial sinon décentré par rapport à l'Occident, du moins multi-centré.

Relations between the People's Republic of China and Egypt have significantly developed in the 2010s. Building on an already solid foundation, Presidents Xi and al-Sissi sealed an « integral strategic partnership » between their two countries at the end of 2014. This article aims at providing an overview of this rapid evolution and highlights the multiplicity of areas in which it is taking place. It notably sheds some light on cooperation in bilateral and multilateral fields, particularly in the framework of the Belt and road initiative launched by Xi Jinping and its multiple geopolitical dimensions. The article shows how China and Egypt reinforce each other in their search for greater room for maneuver in a world order they want to be less Western-centered and increasingly multi-centered.

Après s'être continûment étoffées depuis le tournant des années 1970-1980, les relations entre la République populaire de Chine (RPC) et l'Égypte sont passées à la vitesse supérieure depuis le début des années 2010. Alors qu'elles ont contraint les diplomaties occidentales à de multiples contorsions, les turbulences qui ont suivi la chute de Hosni Moubarak ont permis à la Chine de déployer une politique étrangère cohérente au niveau tant du discours que de la pratique. De Moubarak à al-Sissi en passant par les intermèdes Tantaoui ou Morsi, Pékin a constamment mis en avant son soutien au choix des Égyptiens quant à leur gouvernement, quel qu'il soit, et dénoncé toute tentative d'internationalisation des crises internes. Confrontés d'une part aux critiques occidentales, d'autre part à des défis économiques incommensurables, les dirigeants égyptiens qui se sont succédé au Caire depuis 2011 ont trouvé en la Chine un partenaire porteur d'alternatives diplomatiques et de perspectives économiques multiples et variées. Construisant sur un socle déjà solide, les présidents Xi et al-Sissi ont scellé fin 2014 un *« partenariat stratégique intégral »* entre leurs deux pays.

Cet article vise à restituer les grandes lignes de cette rapide évolution et met en exergue la multiplicité des domaines dans lesquels elle se matérialise. En s'intéressant en particulier à la coopération dans les domaines bilatéraux et multilatéraux, notamment dans le cadre de la *Belt and road initiative* (BRI) lancée par Xi Jinping avec ses multiples dimensions géopolitiques, le texte montre comment la Chine et l'Égypte se confortent mutuellement dans leur recherche croisée de marges de manœuvre accrues dans le cadre d'un ordre mondial sinon décentré par rapport à l'Occident, du moins multi-centré[2].

L'impressionnant essor des relations sino-égyptiennes depuis 2011

Craignant une possible émulation dans le pays, les leaders chinois ont accueilli avec circonspection les révoltes qui ont ébranlé le monde arabe début 2011. Tout en évitant de critiquer ouvertement les protestataires en Égypte, ils ont implicitement soutenu le régime de Moubarak en insistant sur le maintien de la stabilité sociale et la non-ingérence, prenant ainsi le contre-pied des Occidentaux[3]. L'incertitude qui a suivi la chute du *Raïs*, pourtant pionnier du renforcement des liens sino-égyptiens[4], a été de courte durée. Misant sur son attractivité de puissance émergente sur un régime de transition confronté à une situation socio-économique explosive, la Chine envoie dès mai 2011 Yang Jiechi, son ministre des Affaires étrangères, à la rencontre de Hussein Tantaoui qui dirige alors le pays[5]. Très vite, les visites se multiplient ainsi que les gestes attestant de l'intérêt partagé à développer la coopération bilatérale. Bien qu'elle soit aux antipodes de ce que le Conseil suprême des forces armées égyptien recherchait, l'élection de Mohamad Morsi en juin 2012 n'entrave pas la dynamique amorcée entre Le Caire et Pékin. Donnant substance à leurs discours sur la liberté des Égyptiens de choisir leur régime politique, les responsables chinois surmontent leurs propres réticences vis-à-vis d'un président issu de la mouvance des Frères musulmans. Le président Hu Jintao invite Morsi à se rendre en Chine[6] et reçoit la primeur de la première visite d'État du nouveau président alors que, traditionnellement, c'était Washington qui était le point de passage obligé.

De la constance chinoise en période de turbulences égyptiennes

Très forte symboliquement puisqu'elle traduit, d'un côté, la volonté de Morsi de diversifier les relations extérieures égyptiennes, de l'autre, la matérialisation de l'attractivité de Pékin dans un pays clé du Moyen-Orient, cette visite permet de discuter du développement des relations bilatérales en matière de commerce et d'investissements chinois en Égypte et de signer huit accords de coopération dans différents secteurs[7]. Ce rapprochement sino-égyptien se manifeste à nouveau en mars 2013, lors de la rencontre entre Morsi et Xi Jinping, désormais à la tête de l'État chinois, dans la foulée du 5e sommet des BRICS, regroupement que Morsi envisage de rejoindre[8]. Les deux dirigeants y expriment leur volonté d'approfondir leur « *relation de coopération stratégique* »[9] alors que les chiffres du commerce révèlent une nette progression.

De fait, malgré les turbulences politiques traversées par l'Égypte, le commerce bilatéral s'accroît (+ 26,5 % entre 2010 et 2011 ; + 8,4 % entre 2011 et 2012) et un seuil psychologique est franchi en 2012, les exportations chinoises en direction du marché égyptien dépassant pour la première fois celles des États-Unis[10]. En outre, contrairement à de nombreux investisseurs qui adoptent une politique attentiste dès 2011, les entreprises chinoises investissent dans une large palette de secteurs (+ 60 % en deux ans au printemps 2013)[11]. Complétés par de multiples initiatives culturelles et projets dans des domaines clés tels que les ressources hydrauliques ou le nucléaire civil, les axes de coopération bilatérale qui s'instaurent ou s'intensifient sous Morsi esquissent une nouvelle réalité qui ne sera nullement affectée par le virage à 180 degrés que connaît le pays à l'été 2013.

L'absence de dogmatisme des dirigeants chinois et la constance de leurs discours sur la non-ingérence permettent à Pékin d'encaisser en douceur le coup d'État de l'armée égyptienne contre Morsi[12]. Et ceci d'autant plus facilement que les intérêts et contraintes qui avaient poussé ce dernier dans le giron chinois persistent, voire s'intensifient avec les nouveaux soubresauts politiques. Le dialogue s'instaure rapidement avec une nouvelle direction égyptienne soucieuse de trouver des appuis face aux diplomaties occidentales qui critiquent le coup de force perpétré contre un président démocratiquement élu[13]. En outre, aggravés par la paralysie de l'été 2013 résultant notamment des grèves, manifestations et appels à la désobéissance civile, les besoins égyptiens en matière d'assistance économique et financière sont incommensurables[14].

À l'instar de celui qu'il a destitué, al-Sissi considère la Chine comme un pourvoyeur potentiel de capitaux dont l'aide échappe aux normes promues et conditions fixées par les Occidentaux, ainsi qu'aux susceptibilités des monarchies du Golfe. Cette volonté du Caire de réduire sa dépendance par rapport à ses partenaires traditionnels tout en redressant l'économie du pays rencontre l'intérêt de la Chine à s'affirmer comme interlocuteur international valable tout en diversifiant les opportunités économiques et financières pour ses entreprises. Dans une grande continuité par rapport à la dynamique impulsée sous Morsi, les rencontres, projets de coopération et accords signés se multiplient très vite. La stabilisation qu'apporte la première élection d'al-Sissi en mai 2014 permet de passer à la vitesse supérieure.

À l'occasion du premier déplacement du président égyptien en Chine fin décembre 2014, les deux pays franchissent une étape significative, élevant leur relation au plus haut niveau possible, celui d'un *partenariat stratégique intégral*[15]. Désormais, ce partenariat couvre tout l'éventail envisageable des relations bilatérales. Dans leur déclaration commune, Pékin et Le Caire s'accordent ainsi pour renforcer leur coopération politique, économique, sécuritaire et militaire, culturelle, technologique, en matière d'investissements, ainsi que sur les affaires régionales et internationales. Au niveau politique, la déclaration est très forte. Les dirigeants des deux pays se réitèrent un soutien mutuel sur les questions touchant à leurs « *intérêts fondamentaux* » et une attention à leurs « *préoccupations particulières* » respectives. Plus généralement, ils affichent leur convergence en termes de régime politique – l'autoritarisme –, leur préférence pour une interprétation conservatrice des règles du droit international et leur opposition aux réinterprétations occidentales dans la période post-guerre froide. Partant d'un respect strict des principes de souveraineté et de non-ingérence, ils rappellent leur opposition à toute intervention par la force, sous n'importe quel prétexte, dans les affaires intérieures d'autres États et à la politisation des droits humains. Ils s'engagent aussi à préserver le rôle clé des Nations Unies dans les affaires internationales et à soutenir la réforme de l'Organisation et du Conseil de sécurité afin de renforcer la représentation des pays en développement. Ces positionnements traduisent aussi un souci commun de rééquilibrage de l'ordre international en faveur du Sud, une revendication que la RPC soutient d'autant plus fortement qu'elle accroît la multipolarité.

Les promesses du « partenariat stratégique intégral »

Suite à la conclusion du «*partenariat stratégique intégral*», la coopération bilatérale connaît une expansion tous azimuts. Sur le plan politique, les rencontres de hauts responsables se succèdent à un rythme soutenu, culminant avec une visite du président Xi au Caire en janvier 2016[16]. Faisant suite à la publication de la première synthèse de la RPC relative à sa politique extérieure en direction du monde arabe[17], ce déplacement consacre l'importance accordée à l'Égypte et impulse un nouvel élan bilatéral. Pas moins de 21 documents sont signés et, au niveau économique, les deux parties s'accordent pour mener 15 projets dans divers secteurs pour un montant total d'investissements (à réaliser) estimé à 15 milliards USD. Au plan politique, Pékin et Le

Caire publient un plan spécial de cinq ans visant au renforcement de leur partenariat. Alors que le président al-Sissi est critiqué en Occident pour sa dérive autoritaire, le président Xi loue au contraire ses efforts pour maintenir la *«stabilité»* de son pays et exprime son soutien à un rôle plus important du Caire dans les affaires internationales et régionales. Pour concrétiser ce souhait, il invite le président al-Sissi au sommet du G20 à Hangzhou qui se tient en septembre 2016. Cette participation offre au président égyptien un succès personnel tout en rehaussant la visibilité internationale de l'Égypte alors qu'elle traverse d'importantes difficultés économiques[18].

Malgré ces difficultés, le commerce bilatéral croît considérablement : + 145 % entre 2012 et 2018. En 2014, la Chine devient le premier partenaire commercial individuel de l'Égypte[19] et cette dernière le troisième plus important partenaire commercial de la RPC sur le continent africain. Ces classements se maintiennent en dépit d'une contraction des échanges, pour la première fois depuis 2010, en 2016 puis en 2017. En 2018, le commerce bilatéral repart à la hausse selon les chiffres des douanes chinoises (+ 27,63 % par rapport à 2017) et les exportations chinoises en direction du marché égyptien atteignent 12034 milliards USD (+ 26,2 % par rapport à 2017), un record. Les importations de produits égyptiens en RPC totalisent de leur côté 1834 milliards de dollars (+ 37,84 % par rapport à 2017).

Ces évolutions ne gomment pas une difficulté structurelle, à savoir que le commerce en marchandises avec Pékin reste très déficitaire pour Le Caire (10,2 milliards USD en 2018 selon les statistiques des douanes chinoises), et ce malgré l'accroissement du volume d'exportations des productions égyptiennes vers le marché chinois et des efforts entrepris pour les diversifier[20]. Par ailleurs, alors que l'Égypte exporte essentiellement vers le marché chinois des matières premières (combustibles minéraux, huiles, produits de distillation, fruits, noix, écorces d'agrumes, melons, plastiques, pierre, plâtre, ciment, amiante, mica, produits chimiques inorganiques, sel, soufre, pierre, plâtre, chaux, ciment, cuirs et peaux bruts, coton, fibres textiles végétales, fils de papier, etc.), Pékin exporte de son côté des produits à plus forte valeur ajoutée sur le marché égyptien (équipements électriques et électroniques, machines, chaudières, fibres synthétiques, produits en fer ou en acier, plastiques, produits chimiques organiques, véhicules, vêtements et articles d'habillement, etc.). Les termes de l'échange demeurent inégaux. De plus, les produits chinois concurrencent fortement certaines productions égyptiennes. Ce déficit chronique de la balance commerciale de l'Égypte avec la Chine est d'ailleurs devenu un thème récurrent des discussions entre les deux pays. Le nombre de touristes chinois en augmentation constante pourrait permettre au Caire de réduire quelque peu ce déficit, mais le potentiel demeure loin d'être exploité.

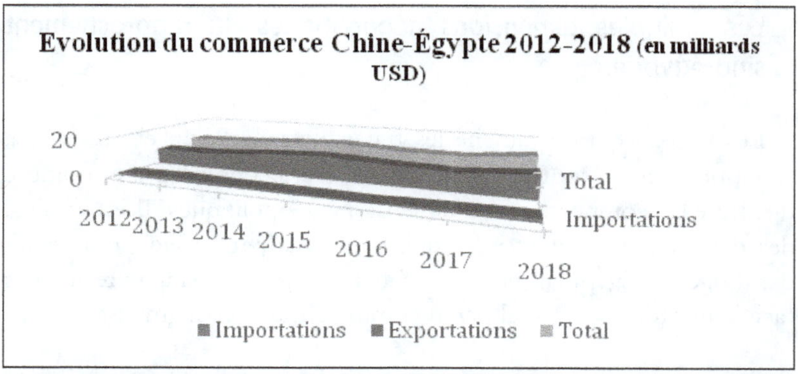

Sources : UN Comtrade Database et pour 2018, MOFCOM, *« 2018 nián 12 yuè Zhōngguódui Āijíchūkǒuzēngzhǎng 15.89%, jìnkǒuzēngzhǎng 51,52% »*, 25 février 2019 (en chinois) (http://www.mofcom.gov.cn/article/i/jyjl/k/201902/20190202837797.shtml).

Des développements tout aussi importants et contrastés sont aussi enregistrés en matière d'investissements ou encore dans le domaine de la sécurité. Même si à ce jour la Chine n'est qu'un fournisseur d'armements parmi d'autres pour l'Égypte[21], ces dernières années ont vu plusieurs développements importants. Il en va ainsi dans le domaine de la sécurité non-traditionnelle où la montée en puissance de l'État islamique et des mouvements radicaux islamistes, que Pékin identifie comme une menace pour sa sécurité[22], a été un vecteur puissant. Peu après une première consultation Chine-Égypte en matière de lutte antiterroriste en décembre 2015, Le Caire s'est révélé un partenaire de choix pour Pékin dont la guerre antiterroriste vise particulièrement la minorité ouïgoure (turcophones musulmans) du Xinjiang. Il a ainsi prêté un concours inédit à la politique répressive chinoise à l'égard des Ouïgours, participant au contrôle puis au rapatriement forcé, au printemps 2017, d'étudiants ouïgours présents sur son territoire[23].

Dans les secteurs sécuritaires plus traditionnels, on a pu assister à quelques nouveautés comme les premières manœuvres conjointes de l'histoire des marines chinoise et égyptienne en septembre 2015, à Alexandrie[24], ou la multiplication des consultations entre les institutions militaires des deux pays. Recevant Wei Fenghe, ministre chinois de la Défense, le président al-Sissi a récemment réitéré l'espoir de voir la coopération entre les deux pays s'intensifier dans les domaines du renforcement de leurs forces armées respectives et de l'industrie de la défense[25].

Les multiples dimensions géopolitiques du rapprochement sino-égyptien

Les raisons qui ont amené les trajectoires de Pékin et du Caire à se rapprocher ne sont pas que politiques et économiques et nombre d'entre elles comportent des dimensions géopolitiques. Il en va ainsi des dynamiques multilatérales qui, impulsées par la RPC, ont séduit des dirigeants égyptiens en recherche de marges de manœuvre accrues face à un ordre occidental perçu comme critique et stigmatisant[26].

Les atouts de l'Égypte aux yeux du leadership chinois

Lors du sommet consacrant la conclusion du partenariat stratégique global sino-égyptien fin 2014, le président Xi Jinping avait redit tout son intérêt pour l'Égypte en tant que pays *«arabe»*, *«africain»*, *«islamique»* et *«en développement»*. Ces quatre qualificatifs éclairent les enjeux géopolitiques intrinsèques à la relation entre les deux parties. De fait, pour la puissance chinoise émergente, l'Égypte est un pays-clé à plus d'un titre. Puissance régionale et islamique majeure, elle est située à la confluence de l'Afrique et du monde arabe.

Depuis les années 2000, l'Égypte joue un rôle important dans deux initiatives multilatérales impulsées par la Chine en direction de ces deux régions : le Forum de coopération sino-africain (initié en 2000) et le Forum de coopération sino-arabe (créé en 2004). Si l'aura de l'Égypte est incertaine dans un monde arabe déstabilisé par les différentes crises qui le traversent, son dynamisme, et donc sa capacité de relais vers le continent africain sont considérables. Ainsi, outre ce que l'ouverture de ses propres infrastructures peut assurer aux entreprises chinoises comme tremplin pour écouler leur production vers l'Afrique, l'Égypte contribue à faciliter et à légitimer le développement des liens entre Pékin et les pays africains. En retour, Le Caire gagne en termes d'investissements et d'infrastructures et se voit conforté dans son rôle de *leadership* en Afrique et, potentiellement, au Moyen-Orient.

Cette position stratégique de l'Égypte s'est accrue dans le cadre de l'initiative « *One Belt, One Road* » – rebaptisée *Belt and Road Initiative (BRI)* en 2016 – lancée par le président Xi Jinping à l'automne 2013. En effet, principale voie de transit entre l'océan Indien et la Méditerranée, le canal de Suez est considéré par la Chine comme un nœud de communication capital sur la nouvelle « route de la soie » maritime dont le terminus symbolique, Venise, renvoie à l'ensemble du marché européen. Dès leur rencontre de décembre 2014, Xi et al-Sissi se sont accordés pour coopérer dans ce cadre prometteur. Pour Le Caire dont les besoins en développement économique et dans le domaine des infrastructures sont importants, les entreprises chinoises jouissent de l'expertise nécessaire et du soutien de leurs autorités sous forme d'octroi de prêts. Pour Pékin, ce cadre permet de soutenir son partenaire égyptien et de renforcer son influence dans le pays tout en stimulant les relations commerciales bilatérales et en favorisant ses propres entreprises.

Le président al-Sissi a officiellement annoncé en juin 2015 la participation de l'Égypte à l'initiative chinoise[27] et un protocole d'accord a été signé lors de la visite de Xi au Caire en 2016. Au printemps 2017, une délégation égyptienne comprenant huit ministres a participé au premier *Forum Belt and Road,* organisé à Pékin. La ministre égyptienne de l'Investissement y a réitéré le souhait de voir la Chine se hisser dans le top dix des investisseurs étrangers en Égypte, invitant les entreprises chinoises à investir massivement dans les grands projets de développement du pays[28]. Ce sommet marque une implication plus active de Pékin en matière d'investissements. Selon le Conseiller économique et commercial de l'ambassade de Chine au Caire interrogé en juin 2018, le total des investissements directs chinois en Égypte s'élevait alors à un peu moins de 7 milliards USD (stock), soit bien davantage que les 600 millions USD auxquels se réfèrent selon lui les rapports locaux[29]. Ces chiffres, dont l'étendue reste discutée vu les divergences importantes dans les statistiques[30], indiqueraient néanmoins une tendance substantielle à la hausse des investissements chinois en Égypte ces dernières années[31].

Les (nouvelles) institutions internationales comme lieux de construction d'alternatives

Dans un élan similaire, Le Caire est devenu membre fondateur de la *Banque asiatique d'investissement pour les infrastructures* (*AIIB*), créée en

2015 par Pékin, et ce malgré les réserves et les critiques américaines à l'égard de cette nouvelle institution[32]. Outre sa dimension économique, ce choix a confirmé le soutien de l'Égypte à un rôle chinois plus important sur la scène internationale, la création de l'AIIB constituant un effort de la RPC pour établir une alternative à l'ordre financier international existant[33]. L'Égypte est aujourd'hui le seul pays africain et le deuxième du Moyen-Orient à bénéficier du soutien de cette banque. D'un montant de 520 millions USD répartis sur deux projets[34], cette aide reste bien en-deçà de celle octroyée par le FMI[35], mais elle ouvre des voies alternatives de financement d'autant plus intéressantes qu'elles échappent aux conditions posées par ce dernier.

Le BRICS[36] est une autre enceinte où les intérêts de la Chine et de l'Égypte se rencontrent. Ainsi, al-Sissi a accueilli positivement la proposition d'expansion (initiative BRICS +) présentée par la Chine lors du 9e sommet organisé à Xiamen en mars 2017 auquel il a assisté. Pour la Chine, ce projet vise à bâtir un partenariat plus large entre les pays en développement et à stimuler la collaboration Sud-Sud[37], ce qui rencontre la stratégie de diversification égyptienne. À Xiamen, le président chinois a exhorté les BRICS à approfondir leur coordination sur les questions mondiales et à pousser pour un ordre mondial plus *«juste»*, en stimulant la représentation des pays émergents et en développement dans les organismes internationaux[38]. Un message tacite en faveur d'un ordre international post-occidental. En septembre 2017, le premier ministre égyptien a engagé son gouvernement à mettre en œuvre ce qui avait été convenu lors de ce sommet pour ouvrir la voie à des négociations au BRICS + et, sur invitation de Prétoria, son pays s'est associé aux travaux du groupement dans le cadre de l'arrangement BRICS + en juillet 2018 en Afrique du Sud.

Le Caire s'intéresse à d'autres dynamiques institutionnelles multilatérales impulsées par Pékin comme l'*Organisation de coopération de Shanghai* (OCS), première organisation régionale fondée à l'initiative de la RPC (2001). Pékin y promeut une vision de l'ordre international que Liselotte Odgaard a baptisé *«modèle de coexistence»*[39] et qui repose sur une interprétation conservatrice des principes de souveraineté et de non-ingérence dans les affaires intérieures avec, comme corollaire, la *«neutralité»* à l'égard du système politique des autres États. L'Égypte a déposé sa candidature en 2015 au statut d'observateur de l'*OCS* attestant des affinités de ses dirigeants avec la vision post-occidentale des relations internationales que cette organisation symbolise et avec les principes et les normes qu'elle favorise[40].

Conclusion

Le *«Printemps égyptien»*, même s'il a ouvert une période de grande instabilité, s'est avéré être le catalyseur d'un rapprochement exponentiel entre l'Égypte et la Chine. Depuis 2014, sous l'administration al-Sissi les domaines de coopération avec Pékin se sont considérablement étendus et approfondis. Cette réalité contraste avec le coup de froid dans les relations du Caire avec Américains et Européens. Les turbulences en Égypte ont offert à la Chine une opportunité de démontrer la cohérence d'une politique étrangère fondée sur des principes stables tels que la non-ingérence ou la «neutralité» par rapport au régime politique, au détriment des Occidentaux contraints à un exercice d'équilibrisme, souvent peu convaincant, entre *realpolitik* et valeurs prônées.

Dans l'espace moyen-oriental captif depuis plus de deux siècles de l'hégémonie occidentale, cette ouverture tous azimuts de l'Égypte à la Chine n'est pas anodine. Elle est le gage, pour Pékin, d'un renforcement de ses opportunités économiques et de son influence politique dans ce qui a été pendant plusieurs décennies la chasse gardée de Washington. Non pas que le rapprochement sino-égyptien se fasse directement au détriment de ce dernier en une sorte de jeu à somme nulle – l'Égypte prend soin de cultiver d'autres partenaires –, mais ce que Pékin offre aujourd'hui au Caire permet à ce dernier d'étendre ses marges de manœuvre, de diversifier ses appuis et de dépendre moins étroitement de ses partenaires traditionnels. La symbolique de l'engagement actuel de Pékin sur le plan économique alors que la situation politique égyptienne reste troublée est à cet égard essentielle. Inversement, et même si elle connaît d'importantes limitations, cette relation offre à la RPC, outre des bénéfices économiques, des gains politiques. Le capital ainsi amassé pourrait lui être utile à l'avenir alors que les crises qui se sont multipliées au Moyen-Orient depuis le début des *«Printemps arabes»* tendent à rebattre les cartes géopolitiques. À cela s'ajoutent les opportunités apportées par la diplomatie plus assertive d'acteurs comme la Russie ou la Turquie sur des échiquiers tels que celui de Syrie ou de Libye, et une politique étrangère américaine quelque peu erratique, grevée par les humeurs imprévisibles de l'administration Trump. Sans parler de l'effet tremplin vers l'Afrique, l'Europe, voire au-delà.

Mais au-delà de ces intérêts bien compris des deux pays, l'on peut percevoir aussi, en filigrane, une vision partagée des deux régimes en faveur de la constitution d'un ordre international multipolaire et moins occidentalo-centré. L'intérêt du président égyptien à s'associer aux dynamiques multilatérales porteuses d'une telle vision promues par Pékin est aussi révélateur à cet égard que le soin apporté par ce dernier afin de mettre son partenaire égyptien en avant dans le cadre de telles dynamiques en une parfaite stratégie de légitimation et d'*empowerment* croisés.

Notes

1. Les auteurs remercient Sacha de Diego, stagiaire au Centre d'Études des Crises et des conflits de l'UCLouvain, site de Mons, pour son appui documentaire, ainsi que les relecteurs de cet article.
2. Voir détails dans Elena Aoun, Thierry Kellner, « La Chine et l'Égypte après le 'printemps arabe' : combler le vide ? », *Rapport du GRIP*, Bruxelles, 7/2018, février 2019, 60 p.
3. « Hands off Egypt, says China », *Digital Journal*, 11 février 2011.
4. Voir détails dans Elena Aoun, Thierry Kellner, « La Chine et l'Égypte après le 'printemps arabe' : combler le vide ? », *op. cit.*, pp. 14-31.
5. FMPRC, « Foreign Minister Yang Jiechi holds talks with his Egyptian Counterpart Arabi », Pékin, 3 mai 2011 (*https://www.fmprc.gov.cn/mfa_eng/topics_665678/yangjiechichufang_665758/t819922.shtml*).
6. « China's Hu congratulates Egypt's new president », *AFP*, 25 juin 2012.
7. « 8 agreements for supporting Egypt-China economic cooperation », *AmCham Egypt Project News*, 30 août 2012.
8. « Morsi eyeing joining BRICS », *IOL*, 20 mars 2013.
9. « China, Egypt presidents agree to move strategic ties forward in Durban talks », *Xinhua*, 28 mars 2013.
10.Tirés des chiffres du FMI, *Direction of Trade Statistics Yearbook 2014*, Washington DC, 2014, p. 212.
11. « China's investments in Egypt increased by 60 % », *China Daily*, 22 avril 2013.
12. Pour l'analyse détaillée des événements : Neil Ketchley, *Egypt in a time of revolution : Contentious politics and the Arab Spring*, Cambridge, UK, New York, USA, Cambridge University Press, 2017, 201p.
13. Voir « World reaction to the ousting of Egypt's Mohammed Morsi»,*BBC News*, 4 juillet 2013.
14. Sur les évolutions socio-économiques du pays entre 2011 et 2014 : Andrea Teti, Pamela Abbott, Francesco Cavatorta, *The Arab Uprisings in Egypt, Jordan and Tunisia : Social political and economic transformations*, Cham, Switzerland, Palgrave Macmillan, 2018, pp. 85 et ss.
15. «China, Egypt elevate bilateral ties to comprehensive strategic partnership», *Xinhua*, 24 décembre 2014. Pékin a développé une « diplomatie des partenariats » à partir de 1993. Le tout premier a été conclu avec le Brésil. En 2014, il en avait conclu une cinquantaine, de différentes natures. Sur la typologie de ces partenariats, leur nature et leur développement, voir Su Hao, «Harmonious World: The Conceived International Order in Framework of China's ForeignAffairs», dans Masafumilida (dir.),*China's Shift. Global Strategy of the Rising Power*, The National Institute for Defense Studies, Japon, 2009, pp. 29-55; Feng Zhongping Huang Jing, « China's strategic partnership diplomacy : engaging with a changing world », *European Strategic Partnerships Observatory (ESPO) Working paper*, n°8, juin 2014, 19p., et Georg Strüver, « China's Partnership Diplomacy: International Alignment Based on Interests or Ideology », *The Chinese Journal of International Politics*, vol. 10, n° 1, printemps 2017, pp. 31-65.
16. FMPRC, « Vice Foreign Minister Zhang Ming Visits Egypt », 6 janvier 2016 (*https://www.fmprc.gov.cn/mfa_eng/wjbxw/t1330758.shtml*).
17. «China's Arab Policy Paper», janvier 2016 (*http://www.xinhuanet.com/english/china/2016-01/13/c_135006619.htm*).

18. « Egypt's Sissi arrives in China's Hangzhou for G20 Summit », *Ahram Online*, 3 septembre 2016.
19. « Minister says China is Egypt's top trade partner in 2014 - report », *SeeNews China*, 17 décembre 2014.
20. Une partie indéterminée de ce déficit pourrait être constituée de marchandises réexportées ensuite, sans que cela modifie le déséquilibre structurel constaté.
21. Entre 2015 et fin 2017, les ventes d'armement chinois sont restées loin derrière celles des États-Unis, de la Russie, de l'Allemagne et de la France ; voir les chiffres duSIPRI,https://www.sipri.org/databases (consultés en décembre 2018).
22. La présence de combattants ouïgours (peu nombreux) est documentée aux côtés de mouvements radicaux islamistes, notamment en Syrie, depuis 2012. Voir Ty Joplin, « Feature: The Chinese Jihadist Separatists Fighting in Syria », *Albawaba News*, 7 décembre 2017.
23. Au moins une centaine d'étudiants ouïgours ont été arrêtés lors de diverses opérations sur le sol égyptien. Voir « Egyptian Authorities Forcibly Disappear 16 Uyghur Students from Notorious Prison », *RFA*, 25 septembre 2017; « Egypt: Don't Deport Uyghurs to China - Muslim Minority Face Jail, Torture if Forcibly Returned », Human Rights Watch, 7 juillet 2017.
24. « Chinese fleet arrives in Egypt for 5-day visit », Egypt Independent, 3 septembre 2015.
25. « China, Egypt to further enhance defense cooperation », Xinhua, 26 mars 2019.
26. L'impatience égyptienne est particulièrement perceptible dans le rejet des critiques occidentales concernant le bilan du président al-Sissi en matière de droits de l'homme. Voir par exemple les déclarations de ce dernier lors du sommet arabo-européen à Charm el-Cheik dans Ali H. M.AboRezeg,Hafawa Rebhi, « Droits de l'homme: Al-Sissi rejette les critiques européennes sur le bilan de l'Égypte»,*Anadolu Agency*, 25 février 2019.
27. « Egypt can play key role in 'Belt and Road' project: Senior Chinese diplomat », Xinhua, 27 juin 2015.
28. « Sahar Nasr discusses investment with China's CTGN Arabic », Arab Finance, 24 mai 2017.
29. Nous n'avons pas d'explications à donner malheureusement.... C'est un problème important que l'on rencontre ailleurs. Selon la CNUCED (Rapport sur l'investissement dans le monde 2013), l'écart important avec les données du Ministère du commerce chinois, qui communique des données sur l'IDE à la CNUCED, reflète les différences dans la méthode de compilation utilisée par les organismes publics des divers États. Une explication possible de ces écarts pourrait aussi être le fait que l'IDE est assez complexe à mesurer. Les entreprises disposent de nombreux canaux pour financer les activités de leurs filiales, certains seront pris en compte dans les statistiques officielles de la balance des paiements, d'autres probablement pas. L'IDE se compose de trois composantes : les fonds propres, les bénéfices réinvestis et les autres capitaux (principalement les prêts intra-entreprises). Étant donné que les pays ne collectent pas toujours des données pour chacune de ces composantes, les données communiquées sur l'IDE ne sont souvent pas entièrement comparables entre pays.... Peut-être le Caire ne tient-il compte que des investissements réellement «réalisés» alors que Pékin serait plus dans les chiffres «annoncés» ou mêlant investissements, prêts et aides. Difficile donc de se prononcer de manière claire sur ce point. C'est pourquoi nous avons souligné cette différence importante dans l'article sans pouvoir l'expliquer....
30. De fait, le ministère égyptien des Investissements estimait pour sa part à la mi-2018 que les investissements chinois cumulés en Égypte totalisaient 700 millions USD. Voir Heba Saleh, « Egypt sees Chinese investment, and tourists as a 'win-win' boost », *Financial Times*, 30 octobre 2018.
31. Ce sont les pays européens et arabes qui continuent de dominer les IDE en Égypte. Voir« Foreign Direct Investments in Egypt Down 20.8 % », *Saudi Arabia News Gazette*, 3 juin 2018.

32. Jane Perlez, « U.S. Opposing China's Answer to World Bank »,*The New York Times*, 9 octobre 2014.
33. Voir James F. Paradise, « The role of 'parallel institutions' in China's growing participation in global economic governance », *Journal of Chinese Political Science*, vol. 21, n°2, 2016, pp. 149-75.Cette question reste aujourd'hui discutée étant donné certaines évolutions constatées dans les pratiques de l'AIIB. Cette dernière a aussi été découplée de la BRI.
34. AIIB, « AIIB helpsbring improved sanitation services to rural Egypt », www.aiib.org, 28 septembre 2018.
35. En février 2019, 2 milliards USD ont été débloqués, portant le total des déboursements à 10 milliards. Voir « Egypt receives $2bn tranche of IMF loan », Egypt Independent, 6 février 2019.
36. Groupement réunissant les puissances émergentes que sont le Brésil, la Russie, l'Inde, la Chine et l'Afrique du Sud et dont le premier sommet s'est tenu en juin 2009 (alors sans l'Afrique du Sud).
37. « Egypt hails BRICS Plus initiative », Africa News, 2 septembre 2017.
38. Yawen Chen, Michael Martina, « Xi urges BRICS grouping to push for more 'just' international order », Reuters, 5 septembre 2017.
39. Liselotte Odgaard, China and Coexistence: Beijing's National Security Strategy for the Twenty-First Century, The Johns Hopkins University Press, Baltimore, MD, 2012, 264p.
40. Voir Thomas Ambrosio, «Catching the 'Shanghai Spirit': How the Shanghai Cooperation Organization Promotes Authoritarian Norms in Central Asia», Europe-Asia Studies, vol. 60, n°8, octobre 2008, pp. 1321–1344.

Mario Esteban et Ugo Armanini

Mario Esteban, Université Autonome de Madrid & Elcano Royal Institute.

Ugo Armanini, Elcano Royal Institute.

L'Espagne : le chemin vers la Chine passe par l'Europe

Depuis 1973, l'Espagne a maintenu de bonnes relations politiques avec la Chine menant à l'établissement d'un Partenariat stratégique global en 2005. Leurs relations économiques ont quant à elles connu un développement significatif à partir des années 2000. Les deux pays ont récemment promu un approfondissement de leurs relations, mais l'Espagne a refusé d'adhérer à l'initiative des nouvelles routes de la soie. En effet, malgré de nombreuses opportunités économiques portées par la demande et la transition économiques chinoises, tant en matière de relations bilatérales que sur les marchés tiers, un rééquilibrage et une plus grande réciprocité semblent nécessaires. Par conséquent, l'Espagne s'en remet à l'UE pour négocier dans un rapport plus égal un engagement plus réciproque avec la Chine.

Since 1973, Spain has preserved good political relations with China leading to the establishment of a Global Strategic Partnership in 2005. Their economic relations have significantly increased during the 2000's. The two countries have recently promoted stronger ties, but Spain has refused to join China's Belt and Road Initiative. Indeed, despite new economic opportunities brought by China's economic demand and transition, both in bilateral relations and in third markets, greater reciprocity and more balanced relations are required. Hence Spain resorts to the EU to negotiate from a more symmetric position more reciprocal terms for its engagement with China.

Depuis le début des années 2000, les relations entre l'Espagne et la République Populaire de Chine (RPC ou Chine) ont connu un développement multidimensionnel significatif, excepté dans le domaine militaire[1], et les deux acteurs ont émis le souhait de promouvoir cette dynamique. L'Espagne a mis l'accent sur le domaine économique, et sur les opportunités qu'offre la Chine en tant que marché, plate-forme productive et source de financement. La Chine, quant à elle, s'intéresse davantage à l'Espagne en tant qu'acteur politique influent, en particulier au sein de l'Union européenne (UE) et en Amérique latine.

Dans le contexte d'une présence chinoise croissante en Espagne et dans les espaces traditionnels de l'action extérieure espagnole, alors que le conflit entre Washington et Pékin s'intensifie, et à l'heure où l'Union européenne cherche à redéfinir ses relations avec la RPC, l'Espagne demeure intéressée par un renforcement de ses relations avec la Chine, mais dans des conditions plus équitables, et dans le respect de l'échelon supranational européen. La visite du président chinois Xi Jinping en Espagne, fin novembre 2018, a ainsi mis en évidence cette position espagnole : une vingtaine d'accords ont été signés, mais l'Espagne a refusé d'adopter un protocole d'accord sur la *Belt and Road Initiative* (BRI)[2]. À travers ce refus, l'Espagne a signifié son attachement à une position européenne qui se veut unie, et qui cherche à rééquilibrer les relations entre l'UE et la Chine[3] ; elle signifie également son alignement sur ses partenaires français et allemands, partisans d'une approche supranationale cohérente et de l'établissement de relations plus équilibrées avec la RPC[4].

Des relations économiques et politiques dynamiques et plébiscitées

L'Espagne entretient des relations diplomatiques avec la République Populaire de Chine (RPC) depuis 1973. Ces relations ont bénéficié d'un renforcement institutionnel avec l'établissement d'un partenariat stratégique global signé en novembre 2005 et réactualisé en novembre 2018. Historiquement, l'Espagne a cherché à entretenir de bonnes relations politiques avec la RPC. Au niveau européen, elle s'est démarquée en choisissant de maintenir des relations économiques avec la Chine malgré la répression des manifestations de la place Tian'anmen. L'État espagnol se montre également très discret sur la question du Tibet, du Xinjiang, et surtout de Taïwan, appliquant de manière stricte la politique d'une seule Chine. Cette attitude ne saurait être réduite à un positionnement instrumental visant à préserver les intérêts économiques espagnols. Au contraire, elle se veut un engagement constructif, élaboré à partir de la propre expérience de l'État espagnol en matière de «*transition négociée*» et de tensions interrégionales, qui repose sur une analyse compréhensive de la politique intérieure chinoise et la conviction que toute pression externe serait contre-productive[5]. Quoi qu'il en soit, cette approche a eu pour résultat de faire de l'Espagne un partenaire politique privilégié pour la RPC au sein de l'Union européenne, au point d'être présentée comme la «*meilleure amie de la Chine en Europe*» en 2009[6]. Autre constante de la politique étrangère espagnole : le pays a mis en priorité la dimension économique dans ses relations avec la RPC. Dès 1985, au moment de son adhésion à l'Union européenne, l'Espagne a mis sa politique étrangère au service de son développement économique et a cherché à bénéficier du potentiel de croissance du marché chinois. Malgré la complémentarité des intérêts espagnols et chinois, les relations économiques entre les deux pays furent limitées en raison des faibles capacités financières et industrielles de l'État espagnol[7], et elles ne se sont développées de manière significative qu'à partir des années 2000.

Graphique 1 : Relations économiques Espagne-Chine. 2001-2017, en milliards d'euros

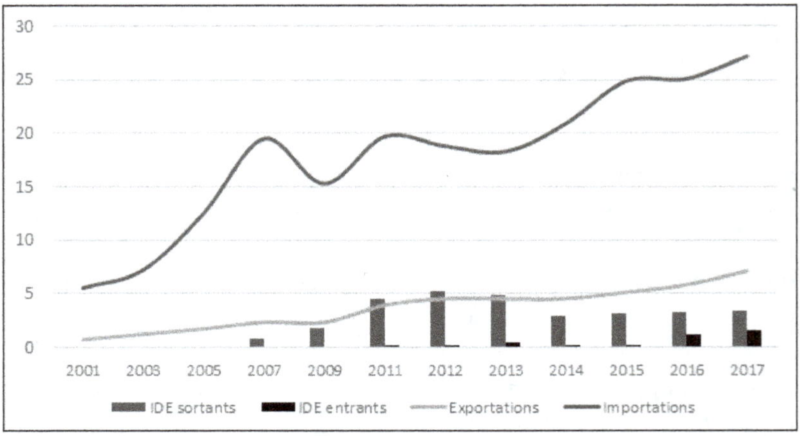

Source : Espagne, Secrétariat d'État au commerce, DataComex, exportations/importations Chine-Espagne; Espagne, Secrétariat d'État au commerce, DataInvex, investissements étrangers en Espagne, investissements espagnols à l'étranger; OCDE, Échanges de services par économie partenaires, en millions d'euros, données recueillies le 20 mai 2019.

Ainsi, entre 2000 et 2009 les flux annuels d'investissements directs à l'étranger (IDE) espagnols vers la Chine ont été multipliés par trois, soutenus par l'implantation d'entreprises telles qu'Inditex, BBVA, ou Telefónica[8]. En parallèle, les exportations à destination de la Chine furent également multipliées par trois entre 2006 et 2016, pour atteindre plus de cinq milliards d'euros, tandis que le nombre d'entreprises espagnoles exportatrices fut multiplié par deux. En 2016, plus de quinze mille entreprises espagnoles ont ainsi réalisé des exportations vers la Chine, et 5000 d'entre elles l'ont fait de façon régulière[9]. Les exportations de produits agroalimentaires de l'Espagne vers la Chine ont connu une croissance significative : elles ont été multipliées par dix-sept entre 2008 et 2016 pour faire de l'Espagne le onzième fournisseur de la Chine et son troisième fournisseur de viande porcine. En 2016, les exportations de produits agroalimentaires ont enregistré une croissance interannuelle de 48 %, la plus importante parmi les États de l'UE, permettant à l'Espagne de dégager un surplus commercial dans ce secteur[10]. La crise financière de 2008 et la crise de la dette de la Zone Euro ont également favorisé un renforcement des relations économiques entre les deux pays. Face aux besoins financiers de l'Espagne, la Chine est devenue son deuxième créancier international. Parallèlement, les exportations chinoises à destination de l'Espagne se sont accrues, et leur part dans les importations espagnoles s'est consolidée pour atteindre 7,3 % en 2017, faisant de la RPC le troisième fournisseur de l'Espagne[11]. Pour autant, cela n'a pas été accompagné par un processus d'acquisition d'actifs stratégiques, bien que l'entrée au capital de certaines sociétés telles que Red Eléctrica de España ou Repsol ait pu être envisagée. Par contre, la société China Three Gorges Corporation a indirectement pénétré le secteur énergétique espagnol grâce à l'acquisition, en 2011, de 51 % des parts de Energías de Portugal et la prise de contrôle de sa filiale espagnole, tandis que le fond souverain Gingko Tree Investment a fait l'acquisition de 35 % de Red de Gas Madrileña[12].

L'importance acquise par les relations économiques avec la Chine a conduit le Secrétariat d'État au commerce espagnol à lui dédier le premier des nouveaux plans PASE (*País con Actuación Sectorial Estratégica*[13]), consacrant ainsi le poids économique et le potentiel du marché chinois[14]. Par ailleurs, le gouvernement espagnol a fait preuve d'un certain intérêt pour le projet des nouvelles Routes de la soie comme a pu le suggérer la présence du Chef du gouvernement espagnol, Mariano Rajoy, au Forum des Routes de la soie en mai 2017[15]. Néanmoins, à ce jour seule la ligne ferroviaire entre Yiwu et Madrid pourrait s'inscrire dans l'initiative chinoise, et l'Espagne a refusé d'adhérer à la BRI de manière globale, sans écarter la possibilité d'une coopération ponctuelle[16]. Les deux pays ont d'ailleurs exprimé leur volonté de promouvoir leurs relations. En marge de la visite du Président chinois Xi Jinping en Espagne, en novembre 2018, l'Espagne et la Chine ont ainsi adopté une Déclaration conjointe sur le renforcement de leur Partenariat stratégique global dans la nouvelle ère (ci-après nommée la «Déclaration conjointe Chine-Espagne»)[17], signé trois protocoles d'accord (dont l'un sur le renforcement de la coopération sur les marchés tiers), deux protocoles à l'exportation, ainsi qu'une dizaine de contrats commerciaux[18].

État des lieux et perspectives : de nouvelles opportunités économiques en ligne de mire

Malgré un développement significatif, les relations économiques entre la Chine et l'Espagne disposeraient d'une marge de croissance substantielle au regard des échanges que la RPC entretient avec d'autres économies européennes, notamment l'Allemagne, le Royaume-Uni, et la France[19]. Les deux États ont d'ailleurs exprimé le souhait d'approfondir leurs relations. La Déclaration conjointe Chine-Espagne fait ainsi la promotion des relations commerciales et du développement des secteurs de coopération entre les deux pays. Elle souligne le potentiel de croissance des relations économiques bilatérales, tout en mentionnant également les marchés tiers, et promeut une coopération sino-espagnole en Amérique latine, en Afrique et en Asie.

L'Espagne dispose de nombreuses fenêtres d'opportunité pour accroître ses exportations à destination de la Chine. La transition chinoise vers un modèle économique tourné vers la demande interne, le développement d'une classe moyenne urbaine, les services et les activités de haute technologie et à forte valeur ajoutée devrait offrir de nouvelles opportunités commerciales pour les entreprises étrangères dans le secteur tertiaire, le domaine de la santé, les loisirs, mais encore le tourisme[20]. Par ailleurs, le plan PASE Chine définit plusieurs secteurs qui pourraient profiter aux entreprises espagnoles : les technologies industrielles, l'industrie 4.0, le domaine de la santé, les services éducatifs, et le secteur agroalimentaire[21]. Ce dernier pourrait bénéficier d'une demande chinoise croissante pour les produits agricoles, laquelle devrait se maintenir, malgré certains facteurs d'incertitudes tels que la régulation[22] et les politiques agricoles chinoises. De plus, les deux protocoles d'exportation signés en novembre 2018 devraient faciliter les exportations de raisins de table et de viande porcine à destination de la Chine. L'Espagne pourrait également tirer avantage du développement du marché touristique chinois, estimé à 200 millions de touristes internationaux en 2020 et tirer profit de sa diversification. La promotion des atouts culturels associés aux routes de la soie encouragerait le développement d'un tourisme indépendant et son déploiement vers les villes de deuxième et troisième niveau[23]. Le renforcement des relations entre la Chine et l'Espagne devrait bénéficier de perceptions globalement positives de part et d'autre.

Bien qu'imprécise (due notamment à des connaissances limitées sur l'Espagne), l'image que les Chinois ont de l'Espagne est positive[24], et l'image de la Chine en Espagne, bien que plus ambivalente, l'est également[25]. Par ailleurs, l'Espagne a la possibilité de s'appuyer sur la présence d'une diaspora chinoise significative, deuxième population d'origine extra-communautaire avec dix-huit mille ressortissants chinois enregistrés en tant que résidents, à quoi doivent s'ajouter les Espagnols d'origine chinoise[26].

Enfin, les opportunités commerciales et financières pour l'Espagne ne se limitent pas aux relations bilatérales, mais peuvent également concerner les marchés tiers, en Afrique, et surtout en Amérique latine. Dans ces régions, un engagement chinois accru serait susceptible de générer de nouvelles opportunités de coopération. C'est cette perspective qui est retenue dans la Déclaration conjointe Chine-Espagne, qui reconnait le potentiel de la BRI pour renforcer la coopération sur les marchés tiers[27]. Certaines initiatives publiques et privées ont également développé ce thème, telles que le Partenariat organisé par l'ICEX (*ICEX España Exportación e Inversiones*) à Pékin en juillet 2016 portant sur les « *opportunités communes au sein de la BRI et des marchés globaux* », ou le séminaire organisé par la Commission nationale chinoise du développement et le Secrétariat d'État au commerce d'Espagne sur les opportunités commerciales et les financements conjoints sur les marchés tiers[28].

Des opportunités compromises ? Des conditions normatives et structurelles encore absentes

L'approfondissement des relations économiques Chine-Espagne devra aller de pair avec un rééquilibrage, notamment en ce qui concerne leur asymétrie structurelle ; elle se traduit par un important déficit commercial de l'Espagne vis-à-vis de la Chine. En 2017, celui-ci a représenté 19,4 milliards d'euros, soit 78 % du déficit extérieur espagnol[29]. À partir du premier gouvernement de Mariano Rajoy (2011-2016), l'Espagne a peu à peu souligné la nécessité d'équilibrer ces relations, et cet enjeu transparait dans la Déclaration conjointe Chine-Espagne. Celle-ci promeut des rapports « *plus équilibrés* » et reconnait le rôle du secteur agroalimentaire en ce sens[30]. Mais la nécessité d'un rééquilibrage se décline également au niveau des normes et de l'ouverture des économies. Cela fait écho à une réflexion européenne sur la nécessité d'un modèle de coopération plus équilibré avec la Chine, récemment qualifiée de partenaire par la Commission Européenne, mais également de « *concurrent* » économique, notamment sur le plan technologique, et de « *rival systémique* » promouvant des modèles alternatifs de gouvernance internationale, politique, économique et sociale[31]. Dans ce cadre d'interaction redéfini, l'UE cherche à présent des relations fondées sur une réciprocité accrue, une ouverture économique équivalente[32], et des règles du jeu équitables[33]. Il en ira sûrement des opportunités commerciales pour les entreprises espagnoles.

Celles-ci sont confrontées à un certain nombre de défis, endogènes et exogènes, dont dépend la capacité de l'Espagne à continuer d'être une économie exportatrice compétitive produisant à des prix raisonnables pour un niveau de qualité déterminé[34]. Cela peut passer, entre autres, par des politiques de soutien au secteur privé et une redéfinition des instruments d'aide aux entreprises. Le plan PASE Chine vise ainsi à mobiliser et renforcer des instruments financiers tels que le COFIDES (*Compañía Española de Financiación del Desarrollo,* Société espagnole de financement au développement), le CESCE (*Compañía Española de Seguros de Crédito a la Exportación,* Société espagnole d'assurance des crédits aux exportations) et le FIEM (*Fondo para la Internacionalización de la Empresa,* Fonds pour l'internationalisation des entreprises)[35]. La faible taille des entreprises espagnoles constitue un obstacle à leur compétitivité et un frein à leur internationalisation[36]. Ainsi, près des deux tiers des quinze mille entreprises qui sont en relations commerciales avec la Chine exportent moins de cinq mille euros de marchandises par an[37]. D'autres difficultés tiennent d'un manque de réciprocité quant à l'accès aux marchés et aux possibilités d'investissement, ainsi qu'au financement public massif des entreprises chinoises qui désavantagent les entreprises espagnoles sur les marchés tiers et rend «irréaliste» la possibilité de les concurrencer[38]. Ces obstacles concernent également les nouveaux secteurs, tels que le commerce numérique, l'accès aux marchés chinois étant restreint par des barrières tarifaires et par le contrôle qu'y exercent les opérateurs chinois[39]. D'où l'importance pour l'Espagne de négocier des accords afin, notamment, de lever les restrictions aux investissements étrangers dans des secteurs où les entreprises espagnoles disposent d'une solide expérience en matière d'internationalisation.

En ce qui concerne la BRI, en l'état actuel, les attentes suscitées restent encore à réaliser, que ce soit en Espagne, en Chine, ou sur les marchés tiers. Cela s'explique notamment par le caractère lié de la coopération économique chinoise, qui conditionne le financement de projets au choix d'entreprises chinoises pour la fourniture de biens et de services, ce qui réduit d'autant les opportunités pour les entreprises non-chinoises[40]. Afin que ces dernières puissent bénéficier des opportunités économiques offertes par la BRI, plusieurs conditions devraient être réunies : une multilatéralisation accrue, et une plus grande transparence et respect des règles en matière de concurrence, notamment en ce qui concerne les marchés publics. Or, non seulement la Chine semble s'y opposer[41], mais la majeure partie du financement chinois continue de se déployer en dehors du cadre multilatéral. Bien que la Banque asiatique d'investissements pour les infrastructures (BAIII) semble globalement s'aligner sur les normes et standards internationaux[42], cette institution ne canalise, pour l'heure, qu'une part réduite des investissements chinois. Ainsi, depuis 2016, la BAII n'a octroyé que 7,5 milliards de dollars américains de prêts[43], bien en deçà de son objectif initial de dix milliards de dollars annuels[44]. Ce montant doit être mis en perspective avec les plus de 60 milliards de dollars US de financement bilatéral accordé par la Chine au seul Pakistan[45], et avec les 358 milliards d'investissements chinois associés à la BRI sur la période 2016-2018[46].

L'Union européenne, plateforme de négociation indispensable : mobiliser et « protéger » le levier européen

C'est bien vers l'échelon européen que sont tournées la diplomatie et la stratégie espagnoles à l'heure de négocier et de rééquilibrer les relations bilatérales avec la Chine comme le soulignent les plus récentes déclarations officielles. Pour l'Espagne, l'UE est la meilleure plateforme pour compenser l'asymétrie dans ses relations avec la Chine, puisqu'elle dispose d'un pouvoir de négociation supérieur, sous réserve d'une politique coordonnée[47]. Le ministre espagnol des Affaires étrangères, de l'Union européenne et de la Coopération, Josep Borell, a ainsi qualifié l'échelon européen de «*nécessaire*» et d'indispensable à l'heure d'obtenir des relations équilibrées avec la Chine[48]. Il s'agit alors d'augmenter l'influence de l'Espagne dans la politique extérieure européenne[49]. Le Chef du gouvernement espagnol Pedro Sanchez a pu souligner la volonté espagnole de s'inscrire au cœur du processus de décision européen, ainsi que la place privilégiée de l'Espagne au sein de l'UE, en tant qu'acteur méditerranéen d'envergure et «*porte d'entrée*» à destination de l'Amérique latine[50]. L'Espagne gagnerait également à soutenir les demandes de réciprocité en matière d'accès aux marchés chinois formulées au niveau européen[51], d'où la promotion d'un accord bilatéral Chine-UE sur les investissements[52].

L'échelon européen est également un levier nécessaire pour modérer la perte relative d'influence des États européens au sein du système international. Il convient en effet de souligner que l'engagement chinois à l'international, BRI incluse, présente un impact ambigu, puisqu'il constitue tout autant une fenêtre d'opportunité pour une coopération économique au plan bilatéral et sur les marchés tiers qu'un facteur concurrentiel. C'est le cas au niveau régional en fonction des arbitrages chinois, avec l'exemple du projet du port algérien d'El Hamdania, susceptible de concurrencer les ports espagnols en Méditerranée occidentale[53]. C'est également le cas à une échelle globale, puisque l'engagement chinois dans les espaces traditionnels de l'action extérieure espagnole et européenne induit une perte d'influence relative pour les acteurs traditionnels[54], et parce qu'une partie des investissements étrangers de la Chine la rendent plus compétitive et donc plus concurrentielle dans des secteurs industriels à haute valeur ajoutée[55].

L'Espagne a d'autant intérêt de recourir à l'échelon européen que la stratégie chinoise contribue à fragmenter la politique extérieure européenne, notamment avec la création de groupes sous-régionaux. Elle favorise également une action non-coordonnée des États membres comme ce fut le cas au moment de leur adhésion à la BAII[56]. Par ailleurs, le rapprochement économique avec la Chine rendrait certains États plus enclins à défendre les intérêts chinois. La Hongrie et la Grèce ont ainsi bloqué un communiqué conjoint du Service européen pour l'action extérieure (SEAE) au soutien de l'arbitrage relatif à la Mer de Chine méridionale rendu en 2016 par la Cour permanente d'arbitrage, tandis qu'en 2017, la Grèce s'est opposée à une déclaration commune condamnant les violations des droits de l'Homme en Chine au Conseil des droits de l'Homme des Nations unies[57]. L'engagement chinois sur une base bilatérale serait également susceptible d'affaiblir les règles communautaires. C'est ce que souligne le cas du projet de ligne ferroviaire à haute vitesse entre Belgrade et Budapest, financé par la Banque d'import-export de Chine (China Exim Bank), et initialement octroyé sans appel d'offre à l'entreprise China Railway International Corporation[58]. Cette problématique se décline également dans les espaces limitrophes à l'UE, où l'engagement chinois ignore la durabilité socio-économique et financière, d'où l'appel à un engagement européen renforcé et une « *adhésion totale* » des pays partenaires aux normes et standards européens[59].

Jusqu'ici, l'Espagne s'est montrée attachée à l'unité et à la cohérence de la politique extérieure de l'UE. D'où sa réticence à soutenir la création d'un forum sous-régional regroupant les pays méditerranéens membres de l'UE sur le modèle du Forum 16 +1 instauré avec les pays d'Europe centrale et de l'Est. À la différence du Portugal[60], elle s'est également refusée à signer un protocole d'accord sur les nouvelles Routes de la soie. L'Espagne préfère la cohérence d'une approche européenne inscrite dans une stratégie reposant sur une « *connectivité durable* », qui passe par la transparence, la bonne gouvernance, et le respect des normes en matière de concurrence[61]. Cet attachement à l'échelon et aux instruments communautaires ne devrait pas être démenti. Le Chef du gouvernement Pedro Sanchez a ainsi réaffirmé le *«soutien indéfectible»* de l'Espagne à l'Union européenne et appelé à «*protéger*» cette dernière[62]. Reste que l'Union européenne elle-même ne devrait disposer que d'un levier limité pour amener la BRI vers une synergie avec l'approche européenne, puisque les projets et les financements chinois se déploient sans sa participation[63], et que la Chine reste opposée au respect de normes faisant obstacle à son modèle de financement des infrastructures, notamment en matière de marchés publics. Le positionnement de l'Espagne semble opportun pour l'unité formelle de la politique extérieure européenne alors que l'Italie a récemment rejoint de manière bilatérale le projet des nouvelles Routes de la soie, devenant ainsi le premier membre du G7 et le quatorzième pays[64] de l'UE à signer un accord sur la BRI, soit la moitié des États-membres de l'Union européenne.

Conclusion

Depuis 1973, l'Espagne a pris soin de maintenir de bonnes relations politiques avec la RPC, ce qui a conduit, en 2005, à la signature d'un Partenariat stratégique entre les deux États. Les relations économiques entre les deux pays ont pu se développer à partir des années 2000 ; elles se sont consolidées à la faveur de la crise économique et financière de 2008. L'Espagne est ainsi devenue un important fournisseur de biens agroalimentaires à destination de la Chine, tandis que cette dernière constitue son deuxième créancier international et le troisième pays d'origine des importations espagnoles. L'importance des relations Chine-Espagne a bénéficié d'une récente institutionnalisation, avec l'élaboration par l'Espagne d'un plan *PASE*, et l'actualisation du Partenariat stratégique bilatéral en 2018. La rencontre entre le Président chinois Xi Jinping et le Président du gouvernement d'Espagne Pedro Sanchez, en novembre 2018, ainsi que l'élaboration de la Déclaration conjointe Chine-Espagne, traduisent la volonté, du côté espagnol, de poursuivre l'approfondissement des relations avec la RPC. En ligne de mire : les nouvelles opportunités offertes par la transition économique chinoise, la BRI, et les possibilités de coopération sur les marchés tiers.

Néanmoins, le refus d'adhérer à la BRI, signale que pour l'Espagne, un engagement approfondi ne saurait être considéré que dans un cadre plus équilibré, régi par des règles et des échanges plus équitables. La position espagnole converge ainsi avec la position de l'UE et celle de ses principaux partenaires européens, notamment la France et l'Allemagne qui ont elles aussi appelé à une plus grande réciprocité dans les relations entre l'UE et la Chine[65] ; elle fait également écho à la nouvelle posture américaine vis-à-vis de la Chine[66]. Dans cette quête d'équilibre, l'Espagne est tournée vers l'Union Européenne, plateforme nécessaire pour négocier efficacement avec la RPC. Au moment où la politique chinoise contribue à fragmenter la politique extérieure européenne, l'Espagne a réaffirmé son attachement à l'unité de l'UE, qu'elle appelle à protéger. Ce positionnement ne saurait qu'être renforcé si la Chine refusait de répondre aux attentes espagnoles et européennes, tant les enjeux sont significatifs. Face à l'émergence d'un duopole sino-américain, l'établissement de relations économiques équilibrées ne répond pas seulement à des intérêts économiques ; pour l'Espagne il en va de la pérennité et de l'intégrité du modèle social et politique européen[67].

Notes

1. Mario Esteban (dir.), *Relations Chine-Espagne* (Espagnol), Madrid, Real Instituto Elcano, 2018, pp. 50-53
2. Miguel González, « L'Espagne refuse de se joindre aux nouvelles Routes de la soie » (Espagnol), Madrid, *El Pais*, 28 novembre 2018
https://elpais.com/politica/2018/11/27/actualidad/1543348666_419111.html
Union Européenne, Commission Européenne, *Communication conjointe au Parlement européen, au Conseil européen et au Conseil sur les relations UE-Chine : Une vision stratégique*, Strasbourg, 13 mars 2019, pp. 2 ; 6-7.
Union Européenne, Commission Européenne, *Communication conjointe au Parlement européen et au conseil : Éléments pour une nouvelle stratégie de l'UE à l'égard de la Chine*, Bruxelles, 22 juin 2016, pp. 4 ; 9
Union Européenne, Conseil de l'Union Européenne, « Conseil européen, 21-22/03/2019 : Principaux résultats », 22 mars 2019.
https://www.consilium.europa.eu/fr/meetings/european-council/2019/03/21-22/
Union Européenne, Conseil de l'Union Européenne, *Stratégie de l'UE à l'égard de la Chine - Conclusions du Conseil*, Bruxelles, 18 juillet 2016, p.2.
4. « Merkel : les relations entre l'Europe et la Chine doivent être réciproques » (Anglais), Bruxelles, *Reuters*, 22 mars 2019
https://www.reuters.com/article/us-eu-china-germany/europes-china-ties-must-be-reciprocal-merkel-idUSKCN1R31TH
« Paris souhaite l'unité européenne sur les «nouvelles routes de la soie», *Le Figaro*, le 12 mai 2019,
http://www.lefigaro.fr/flash-actu/paris-souhaite-l-unite-europeenne-sur-les-nouvelles-routes-de-la-soie-20190321
5. Mario Esteban, & Miguel Otero-Iglesias, « L'Espagne : À la recherche d'opportunités dans les nouvelles routes de la soie » (Anglais), in *Europe and China's New Silk Road*, European Think-tank Network on China, 2016, p. 79
6. Mario Esteban, *Op. cit.*, p. 30-31
7. *Ibid.*, p. 24
8. Adrián Blanco Estévez, « Le changement de modèle économique chinois : une opportunité pour les entreprises espagnoles » (Espagnol), Madrid, Real Instituto Elcano, 2018, p. 2

9. José Luis Káiser Moreiras, « Plan Chine du Secrétariat d'État au commerce » (Espagnol), *Boletín económico del ICE 3097*(Espagnol), 2018, p. 44
10. Agustín Velilla Sanz, Sara Peña Serrano, & Moisés Pérez Ruiz, « Le succès des exportations espagnoles de produits alimentaires vers la Chine » (Espagnol), *Boletín económico de ICE 3097*, 2018, pp. 67-68
11. Mario Esteban, *Op. cit.*, pp. 57-59
12. Mario Esteban, *Op. cit.*, p. 76
13. En français « Pays d'intervention stratégique sectorielle »
À ce jour, 12 pays font l'objet d'un plan PASE : l'Afrique du Sud, le Brésil, le Canada, la Chine, la Corée du Sud, les États-Unis, l'Inde, le Japon, le Maroc, le Mexique, la Russie, et la Turquie.
Espagne, Gouvernement. Ministère de l'Industrie, du Commerce et du Tourisme. « Pays d'intervention stratégique sectorielle » (Espagnol), consulté le 20 mai 2019.
http://www.comercio.gob.es/es-ES/comercio-exterior/instrumentos-apoyo/Paginas/Pa%C3%ADses-con-Actuaci%C3%B3n-Sectorial-Estrat%C3%A9gica.aspx
14. José Luis Káiser Moreiras, *Op. cit.*, p. 38
15. José Pedro Sebastián de Erice, & Pablo V. Rovetta Dubinsky, « Les nouvelles routes de la soie et la coopération sur les marchés tiers depuis une perspective commerciale : le cas de *Técnicas Reunidas* » (Espagnol), *Boletín económico de ICE 3097*(Espagnol), 2018, p. 112
16. Miguel González, *Op. cit.*
17. Espagne, Ministère des Affaires extérieures, de l'Union Européenne et de la Coopération, *Déclaration conjointe de la République Populaire de Chine et du Royaume d'Espagne sur le renforcement du Partenariat stratégique global dans la nouvelle ère* (Espagnol), 28 novembre 2018
18. Espagne, Gouvernement, « L'Espagne et la Chine renforcent leur relation stratégique avec la signature d'une vingtaine d'accords » (Espagnol), 28 novembre 2018
http://www.lamoncloa.gob.es/presidente/actividades/Paginas/2018/281118-sanchezjinping.aspx
19. C'est notamment le cas en matière de revenus tirés du tourisme chinois, d'exportations vers la Chine, et d'investissements directs espagnols en Chine.
Adrián Blanco Estévez, *Op. cit.*, p. 3
Mario Esteban, *Op. cit.*, pp. 62 et 73
20. Adrián Blanco Estévez, *Op. cit.*, p. 4
21. José Luis Káiser Moreiras, *Op. cit.*, p. 45
22. Ainsi, la Loi sur la Sécurité alimentaire présentée par la Chine en 2015 pourrait imposer un certificat d'importation harmonisé qui toucherait plus de 80 pourcents des exportations agroalimentaires espagnoles.
Agustín Velilla Sanz, *Op. cit.*, p. 72)
23. Emilio Hernández, « Le tourisme chinois en Espagne : opportunités et nouvelles tendances » (Espagnol), Madrid, Real Instituto Elcano, 2018, pp. 4-6 ; Mario Esteban 2018, *Op. cit.*, pp. 73-74
24. Mario Esteban 2018, *Op. cit.*, pp.103-107
25. Les Baromètres 37 et 39, réalisés par le Real Instituto Elcano en 2015 et 2017, montrent que les citoyens espagnols ont une image relativement positive de la Chine et des relations bilatérales Chine-Espagne. Néanmoins, ces sondages mettent également en exergue un certain rejet des investissements chinois (près d'un quart des sondés souhaitent leur diminution), ainsi qu'une préoccupation croissante quant aux implications du développement chinois pour l'économie espagnole.
Ibid., pp. 92, 96, 98-99.
26. *Ibid.*, p. 115
27. Espagne, Ministère des Affaires extérieures, de l'Union Européenne et de la Coopération, *Op. cit.*
28. Fernando Salazar Palma, & Teresa Baselga García-Escudero (2018), « La coopération financière avec la Chine : d'un passé brillant avec le FAD à la recherche d'un futur avec le FIEM » (Espagnol), *Boletín económico de ICE 3097*, 2018, p. 60
29. Déficit qu'il convient toutefois de relativiser, puisqu'il serait moindre en tenant compte de la valeur ajoutée, et qu'il résulte également de la délocalisation en Chine

de la production de pays vis-à-vis desquels l'Espagne présentait déjà un déficit commercial.
Mario Esteban, *Op. cit.*, p. 67
30. Espagne, Ministère des Affaires extérieures, de l'Union Européenne et de la Coopération, *Op. cit.*
31. Union européenne, Commission européenne, « L'UE fait le point sur ses relations avec la Chine et propose 10 mesures », Bruxelles, 12 mars 2019
http://europa.eu/rapid/press-release_IP-19-1605_fr.htm
La communicationconjointe expose les différences qui existent entre les approches européennes et chinoises en matière de normes internationales, de droits de l'Homme, de durabilité socio-économique et financière, et de modèles économiques. Union Européenne, Commission Européenne *Relations UE-Chine : Une vision stratégique*, *Op. cit.*, pp. 2-5
32. Mario Esteban, *Op. cit.*, p. 31
33. Comme le souligne la déclaration du Président du Conseil de l'Union européenne, Donald Tusk : « *Ils'agit de nous attacher à mettre en place une relation équilibrée, qui assure une concurrence loyale et des règles du jeu équitables* ».
Union européenne, Conseil de l'Union européenne, « Conseil européen, 21-22/03/2019 : Principaux résultats », *Op. cit.*
34. Sergio Pérez Saiz, « L'économie et la finance chinoise et nos relations économiques et commerciales » (Espagnol), *Boletín económico de ICE 3097*, 2018, p. 22.
35. José Luis KáiserMoreiras, *Op. cit.*, p. 46.
36. Adrián Blanco Estévez, *Op. cit.*, p. 7.
37. José Luis Káiser Moreiras, *Op. cit.*, p. 44.
38. « pas réaliste » dans le texte original. José Pedro Sebastián de Erice, & Pablo V. Rovetta Dubinsky, *Op. cit.*, p. 114.
39. Mario Esteban, *Op. cit.*, pp. 69-71).
40. Mario Esteban, « Les nouvelles routes de la soie : des opportunités pour les entreprises espagnoles ? » (Espagnol), Madrid, Real Instituto Elcano, 2017, p.2.
41. Michal Makocki, « L'échelon européen : la lente acceptation de l'approche normative européenne par les nouvelles routes de la soie » (Anglais), in *Europe and China's New Silk Road*, European Think-tank Network on China, 2016, p. 70.
42. Bettina Gransow, & Susanna Price, « La gestion du risque social par la BAII – des caractéristiques chinoises ou internationales? » (Anglais), *Journal of Chinese Political Science*, 2018, pp. 10-11 ; 16 ; 19-20 ;
Matthew D Stephen, & David Skidmore, « La BAII et l'ordre libéral international » (Anglais), *The Chinese Journal of International Politics*, 2019, pp. 61–91 ;
Shahar Hameiri, & Lee Jones, « Chine : l'incomprise BAII » (Anglais), Lowy Institute, 17 mai 2018 ;
Jianzhi Zhao, YannanGou, &Wanying Li, « Un nouveau modèle de banquemultilatérale de développement : une étude comparative des projets routiers de la BAII et de l'ADB » (Anglais), *Journal of Chinese Political Science*, 2018.
43. Estimations des auteurs à partir des données de la Banque asiatique d'investissement dans les infrastructures: Banque asiatique d'investissement pour les infrastructures, « Projets approuvés » (Anglais), consulté le 26 mars 2019, https://www.aiib.org/en/projects/approved/index.html
44. Salvatore Babones, « 10-15 milliards de prêts annuels attendus de la part de la BAII, contre seulement 4,4 milliards prêtés en deux ans » (Anglais), *Forbes*, 16 janvier 2018
45. Jonathan E. Hillman, « Quelle est l'ampleur des nouvelles routes de la soie ? » (Anglais), Center for Strategic and International Studies, 3 avril 2018
Andrew Chatzky, & James McBride, « L'immensité des nouvelles routes de la soie chinoises » (Anglais), Council on Foreign relations, 21 février 2019
Thomas S. Eder, & Jacob Mardell, « Les nouvelles routes de la soie au Pakistan : The BRI in Pakistan: le couloir économique phare de la Chine » (Anglais), Mercator Institute for China Studies, 18 septembre 2018
46. Montant établi par les auteurs à partir des données publiées par l'American Enterprise Institute :
American Entreprise Institute, China Global Investment Tracker, consulté le 26 avril 2019

https://www.aei.org/wp-content/uploads/2019/01/China-Global-Investment-Tracker-2018-1.xlsx
47. Mario Esteban (dir.), *Relaciones España-China*, p. 30
48. Josep Borrell, « L'Europe, entre la Chine et les États-Unis » (Espagnol), La Vanguardia, 25 mars 2019, https://www.lavanguardia.com/internacional/20190325/461208061029/europa-china-eeuu.html
49. Mario Esteban, *Op. cit.*, p. 130
50. Espagne, Gouvernement, « Pedro Sánchez plaide pour une Europe plus 'sociale' et le rétablissement de l'esprit et la cohésion européenne » (Espagnol), 19 mars 2018 http://www.lamoncloa.gob.es/presidente/actividades/Paginas/2019/190319-sanchez.aspx?qfr=1
51. Adrián Blanco Estévez, *Op. cit.*, p. 6
52. Soutenu par le Chef du gouvernement espagnol Pedro Sanchez, et promu par le plan PASE Chine.
Espagne, Gouvernement, « Sánchez plaide pour le renforcement de l'Union monétaire sans perdre la dimension sociale du Marché unique » (Espagnol), 22 mars 2019.
http://www.lamoncloa.gob.es/presidente/actividades/Paginas/2019/220319-sanchez-ue.aspx
José Luis KáiserMoreiras, *Op. cit.*, p. 46.
53. Mario Esteban, *Op. cit.*, p. 29.
54. *Ibid.*, p. 43.
55. *Ibid.*, p. 81.
56. La réaction des institutions européennes a néanmoins permis d'élaborer une position commune, mais ce de manière postérieure : Michal Makocki, *Op. cit.*, p. 71.
57. Mario Esteban, *Op. cit.*, p. 33.
58. Mario Esteban, « Les nouvelles routes de la soie : des opportunités pour les entreprises espagnoles ? » (Espagnol), Madrid, Real Instituto Elcano, 2017, p.2.
Par la suite, et sous la pression des institutions européennes les autorités hongroises ont réalisé une procédure de passation de marché en novembre 2017. Une nouvelle procédure a été décidée en décembre 2018, face aux surcouts rencontrés par le projet Sandor Peto, « La Hongrie lance un appel d'offre pour une ligne ferroviaire alors que le sommet Chine-PECO débute » (Anglais), *Reuters*, 26 novembre 2017.
https://www.reuters.com/article/china-hungary-easteurope/hungary-launches-rail-link-tender-as-cee-china-summit-starts-idUSL8N1NW0IC
« Le gouvernement lancera un nouvel appel d'offre pour la modernisation de la ligne ferroviaire Budapest-Belgrade », *The Budapest Times*, 19 décembre 2018
https://www.budapesttimes.hu/2018/12/19/government-call-new-tender-budapest-belgrade-railway-upgrade
59. Union européenne, Commission européenne, *Op. cit.*
60. EFE, « Le Portugal formalise son union aux nouvelles routes de la soie pour connecter Europe et Asie » (Espagnol), *El Diario*, 5 décembre 2018
https://www.eldiario.es/politica/Portugal-Ruta-Seda-Europa-Asia_0_843066469.html
61. Union européenne, Commission européenne, *Relier l'Europe à l'Asie – Éléments fondamentaux d'une stratégie de l'UE* (Anglais), 19 septembre 2018, pp. 2-3
62. Espagne, Gouvernement, « Conférence du Président du gouvernement 'Protéger l'idéal européen' » (Espagnol), 19 mars 2019
http://www.lamoncloa.gob.es/presidente/intervenciones/Paginas/prp19032019.aspx
63. Michal Makocki, *Op. cit.*, p. 69
64. Après la Bulgarie, la Croatie, l'Estonie, la Grèce, la Hongrie, la Lettonie, la Lituanie, Malte, la Pologne, le Portugal, la République Tchèque, la Roumanie, et la Slovaquie : Union Européenne, Parlement Européen, *Recherche pour la Commission des transports et du tourisme: Les nouvelles routes de la soie – opportunités et défis pour le transport européen* (Anglais), 2018.

« Malte et la Chine signent un protocole d'accord sur les nouvelles routes de la soie » (Anglais), *Times of Malta*, 6 novembre 2018.
https://www.timesofmalta.com/articles/view/20181106/local/malta-china-sign-mou-within-one-belt-one-road-initiative.693602
Hu Yongqi, « Les trois derniers PECO se joignent aux nouvelles routes de la soie » (Anglais), *China Daily*, 29 novembre 2017.
http://www.chinadaily.com.cn/world/cn_eu/2017-11/29/content_35117825.htm
65. « Merkel : les relations entre l'Europe et la Chine doivent être réciproques » (Anglais), *Op. cit.*
France, Présidence de la République, « Transcription du discours du Président de la République au palais de Daminggong », 9 Janvier 2018
https://www.elysee.fr/emmanuel-macron/2018/01/09/transcription-du-discours-du-president-de-la-republique-au-palais-de-daminggong
66. Orange Wang, « Les États-Unis demandent une concurrence équitable en Chine, mais Pékin peut-il abandonner les subventions publiques pour mettre fin à la guerre commerciale ? » (Anglais), *South China Morning Post*, 27 février 2019
https://www.scmp.com/economy/china-economy/article/2187853/us-demanding-level-playing-field-china-can-beijing-rein-state
67. Espagne, Gouvernement, « Conférence du Président du gouvernement 'Protéger l'idéal européen'», *Op. cit.*
Josep Borrell, *Op. cit.*

Christophe Chiclet

Membre du Comité de rédaction de *Confluences Méditerranée.*

Les Balkans et la Chine : les intermittences d'une longue histoire

En débarquant dans les Balkans depuis une dizaine d'années, la Chine n'arrive pas en terra incognita. Les relations entre ces deux espaces géo-historiques d'importance existent depuis l'Antiquité. Si elles ont connu une longue interruption de près de vingt siècles, elles reprennent dans la deuxième moitié du XXe à la faveur des aléas du mouvement communiste international.

Alexandre le Grand est arrivé aux confins de la Chine antique, Xi Jiping fait le chemin inverse. Celui-ci est d'autant le bienvenu qu'il arrive au moment adéquat, prenant la place d'une Union européenne et d'une Russie poutinienne qui ont déçu des Balkans profondément bouleversés par la chute du mur, l'implosion-explosion de la Yougoslavie, la crise financière internationale de 2008 et les oukases de la Troïka du FMI-BCE-Commission de l'UE[1]. Cet article retrace les temps forts des relations entre les Balkans et la Chine en interrogeant leur ampleur et les facteurs qui les déterminent.

Dans son dernier ouvrage, *L'Eurasie. Continent, empire, idéologie ou projet*[2], le géographe Michel Bruneau replace les relations sino-européennes en général et sino-balkaniques en particulier dans l'histoire longue considérant leur évidente connexion. Pour le géographe, l'Eurasie constitue *«un immense espace continental longtemps partagé en deux, mais connecté depuis l'Antiquité»*.

La relation a commencé avec l'épopée d'Alexandre qui prend alors à contrepied les grands et anciens mouvements migratoires partant de l'Est pour arriver à l'Ouest. Alexandre de Macédoine est un Grec atypique. Des tribus grecques arrivées dans le triangle méridional des Balkans, les Macédoniens sont les bons derniers et s'installent donc au nord de l'aire grecque avec ses cités-États et son système démocratique. Les ancêtres d'Alexandre vivent, côtoient et se mélangent avec les populations locales non grecques (thraces, péoniennes, illyriennes). Alexandre, héritier d'un royaume, soumet les cités grecques, mais reprend à son compte le combat contre l'ennemi perse. Le jeune roi ne s'arrête pas là. Il va pousser jusqu'en Inde du nord et jusqu'aux piémonts de l'Himalaya. À sa disparition, ses successeurs se partagent l'Empire. Aux confins de la Chine, aux IIIe et IIe siècles avant J.C., deux royaumes grecs vont s'y développer, celui de Gandhara (Inde du nord) et celui de Bactriane (nord-est de l'Afghanistan). Ce dernier est détruit par les nomades Yuezhi entre 150 et 130 avant J.C. Les successeurs du roi Evkradites n'ont pu empêcher ces derniers de détruire la perle de la civilisation gréco-bactriane, la ville d'Evkratideia (aujourd'hui Aï Khanum), comme en témoigne le voyageur chinois Zhang Qian envoyé dans la région en 129-128 av. J.C par l'empereur Wudi de la dynastie han. Zhang Qian devait obtenir une alliance militaire entre les Yuezhi et les Han dans les guerres entre les royaumes chinois de l'époque (Han contre Xiong Nu). De retour en Chine en 126, Zhang Qian continua à organiser des missions vers les petits royaumes à l'ouest de la Chine : Saka, Daxia, Yuezhi et Gréco-indiens. De cette époque reculée datent donc les premiers contacts sino-gréco balkaniques. Moins de deux siècles plus tard un autre gréco-macédonien romanisé, Maes Titianos, entra en contact avec la Chine. Parti d'Antioche dans la Syrie romaine, il franchit l'Euphrate poursuivant jusqu'en Bactriane. De là, il traversa le Tien Chan et atteignit le Turkestan chinois puis arriva à Chiang An, la capitale des Han. Son voyage dura un an, douze siècles avant Marco Polo ! En revanche les Romains et les Byzantins ne franchirent pas militairement la frontière qui les séparait des Perses et ils ne cherchèrent pas à pousser leurs conquêtes aux confins de la Chine comme l'avaient fait Alexandre et les Grecs hellénistiques, d'où cette très longue rupture des relations.

Ce n'est pas à ces temps lointains que cet article se consacre mais à la période contemporaine marquée du sceau de la reprise des relations après des siècles de déconnexion. C'est dans le contexte de rivalités communistes que la Chine va retrouver le chemin des Balkans. Mais cette relation n'était encore rien au regard de celle qui est en train de s'établir dans le cadre de la sino-mondialisation en cours.

Querelles byzantines dans le monde communiste

C'est donc après de longs siècles de séparation que les Balkans et la Chine se retrouvent. Se prévalant de la pureté communiste, la Chine maoïste goute très peu le «révisionnisme khrouchtchévien». Dans ce contexte Pékin cherche des points d'appui, y compris dans le supposé pré-carré de Moscou. Ainsi par une pirouette de l'histoire, la Chine communiste ouvre en 1961 sa première succursale en Europe, dans l'Albanie du dictateur Enver Hodja, ce qui fera la joie des marxistes-léninistes d'Europe occidentale à l'évidence aveugles devant la répression, digne d'un Staline des années 30, qui s'abat sur le pays des Aigles depuis 1945.

Mais l'affaire est plus profonde et plus ancienne que la rupture entre Moscou et Pékin de 1961. Elle remonte à la fin de la Deuxième Guerre mondiale. Staline, chantre du « socialisme dans un seul pays », face à l'utopie trotskyste, comprend que sa victoire sur l'Allemagne nazie lui ouvre une plus vaste perspective : celle d'établir le communisme dans un seul grand bloc dirigé par Moscou. Cet impérialisme stalinien va se heurter aux communismes nationaux, en Chine, en Yougoslavie et en Grèce, qui ont été le fer de lance de la résistance en même temps qu'adeptes de la libération nationale et sociale. Le diktat de Staline est ainsi d'abord refusé par Tito. L'ensemble des partis communistes et en premier lieu ceux qui sont membres du tout nouveau «bloc de l'Est» sont de la sorte priés de dénoncer le maréchal yougoslave dès l'été 1948. A contrario le Parti communiste albanais est le meilleur élève de la classe pour des raisons régionales que nous verrons plus loin. Mao est le second car, en fin tacticien qu'il est, il estime que sa loyauté est encore nécessaire pour recevoir l'aide militaire soviétique alors qu'il est engagé dans la guerre civile. Mais il n'en pense pas moins. Cependant grâce à cette aide, l'armée rouge chinoise entre dans Pékin en octobre 1949 alors que deux mois plus tôt les derniers partisans grecs défaits, passent les frontières yougoslave et albanaise. En ayant misé sur Tito plus que sur Moscou, la défaite des communistes grecs confirme ainsi les dirigeants chinois dans leur calcul doublé de méfiance face à l'hégémonisme de Moscou.

Pour conserver son pouvoir, Mao va utiliser la carte idéologique pour rompre avec Moscou. Les Soviétiques sont accusés d'être des «révisionnistes» qui ont rompu avec la doxa léniniste-stalinienne. Aussitôt l'Albanie emboite le pas des Chinois. En mars 1961, Enver Hodja ne participe pas à la réunion du pacte de Varsovie et, lors du XXII° congrès du PCUS en octobre, Khrouchtchev condamne l'Albanie. Un mois plus tard, les relations diplomatiques et économiques sont rompues entre Tirana, l'URSS et ses affidés desdites démocraties populaires. Pour comprendre ce qui a poussé Enver Hodja à prendre position pour la Chine contre l'URSS, il faut remonter aux années 1943-44. Ce dernier a fondé le PC albanais en 1941 et s'est lancé dans la résistance. Mais ses partisans ne peuvent survivre que grâce à l'aide des hommes de Tito. À la libération de l'Albanie, Hodja est minoritaire au sein d'un PCA largement pro-yougoslave. L'apprenti autocrate, craignant de perdre le pouvoir, utilise la rupture entre Tito et Staline pour tuer ses opposants[3]. Il développe alors une nouvelle théorie non écrite : « plus mes alliés sont géographiquement loin, plus ils me sont proches ». C'est ainsi qu'il se débarrasse de la tutelle yougoslave pour passer sous l'aile de Staline, oubliant que ce dernier avait laissé entendre à Tito qu'il pouvait «avaler» l'Albanie dans son idée de créer une fédération balkanique étroite, sans la Bulgarie. Enver n'étant pas un idéologue, mais un nationaliste pragmatique, il voit d'un très mauvais œil le rapprochement en 1955 entre Yougoslaves et Soviétiques. Il pense alors que Khrouchtchev pourrait rejouer «l'avalement» au profit de Tito. Il passe donc dans le camp chinois en 1961 d'autant qu'à la conférence des Non-alignés qui a lieu à Belgrade le 1er décembre 1961 les divergences sont claires entre Pékin et Belgrade. Les sous-marins soviétiques quittent alors la base navale de Sazan au large du port de Vlora et dans la foulée quelques soldats chinois s'y installent, surveillant le passage des navires marchands au sortir de l'Adriatique. Mais surtout Pékin envoie de l'aide économique (camions, tracteurs…) et construit un gigantesque complexe sidérurgique dans une vallée encaissée derrière Elbasan. Comble du délire envériste, les ouvriers albanais, comme «leurs camarades chinois» sont obligés de faire une demi-heure de gymnastique chinoise tous les matins avant d'entrer dans les ateliers!

Avec la mort du «Grand timonier», Hodja revit les affres de la mort du «Petit père des peuples». Le 6 octobre 1976, la «bande des Quatre» (la veuve Mao et trois autres hauts dirigeants) est arrêtée. Le 21 juillet 1977, le «réformateur» Deng Xiaoping revient au pouvoir et dans la foulée Tito est invité avec faste du 31 août au 8 septembre en Chine. Le 9 mars 1978, une forte délégation du PC chinois est reçue à Belgrade. Tirana rompt avec Pékin accusant la nouvelle direction chinoise de «révisionnisme», terme fourre-tout voulant dire que « l'accusé » abandonne la « juste ligne révolutionnaire ». L'Histoire bégaie. N'ayant plus d'aide yougoslave, soviétique, chinoise, l'Albanie s'enfonce dans un isolement suicidaire conduisant les autorités post-envéristes à trafiquer avec les mafias italiennes. Bref, le retour de la Chine dans les Balkans a donc été l'œuvre indirecte et involontaire de Tito.

La Grèce : nouveau «cheval de Troie»?

Pékin quitte l'Albanie en 1977, mais revient discrètement à Athènes en 2004. Le choix de la Grèce en général et du port du Pirée en particulier est d'ordre purement géostratégique. Dans la future mise en place de la Route de la soie terrestre et du «Collier de perles» maritime, Le Pirée est une pièce maîtresse. Pékin décide en effet de s'appuyer sur des ports-relais partant de Dalian à la frontière coréenne, jusqu'en Méditerranée. Le port grec bénéficie d'espace, d'eau profonde, tout en étant protégé par le golfe Saronikos. Qui plus est il est au milieu de la Méditerranée quasiment à équidistance des marchés de l'Europe occidentale, de l'Europe centrale et orientale, des détroits turcs et du Moyen-Orient.

Les Chinois ont pris contact avec les Grecs dès la fin de 2004. En effet, après les attentats du 11 septembre 2001, les Jeux olympiques doivent alors être absolument sécurisés. Les JO d'Athènes de 2004 ont essuyé les plâtres et les contribuables grecs ont payé la douloureuse facture qui passa de 4,5 milliards de dollars à 9, à la suite des exigences des Américains relayées par le CIO. Les Chinois voulant faire de leurs JO une vitrine éclatante de leur nouvelle puissance, ils se tournent vers les spécialistes grecs qui leur offrent leur savoir-faire en matière d'informatisation des systèmes de contrôle et de sécurité. Les relations bilatérales sont en marche. Dès 2005-2006, la Grèce offre des facilités de mouillage à tous les bateaux transportant des marchandises chinoises dans la baie de Souda au nord-ouest de la Crète. Pékin aimerait bien s'approprier le port de Souda comme il va le faire dès 2008 avec Le Pirée. Mais Washington lui rappelle que la baie de Souda abrite une importante base militaire navale américano-OTAN. À la même époque, les puissants armateurs grecs font construire 415 tankers et cargos dans les arsenaux chinois. Ils disposent ainsi de la première flotte mondiale avec plus de 3000 navires battant pavillon grec ou de complaisance et la Chine à besoin de faire transporter son flot incessant de marchandises. En échange, Pékin multiplie par trois ses importations d'huile d'olive grecque dès la première année. C'est en 2006 que sont officialisées les rencontres annuelles interministérielles gréco-chinoises.

Les fiançailles entre les deux pays ont lieu du 24 au 26 novembre 2008 avec la visite d'État du président Hu Jintao. Avec le Premier ministre conservateur grec Kostaki Karamanlis, le neveu du grand Karamanlis, il annonce qu'il vient d'acheter la gestion d'une partie du port du Pirée, à savoir le terminal conteneurs 1 où transitent 1,6 million de tonnes/an. C'est la société publique chinoise Cosco Pacific Ltd qui a raflé la mise pour 4,3 milliards d'euros. Elle va gérer ce terminal pendant trente-cinq ans et s'engage à moderniser et agrandir le port d'ici six ans pour traiter 3,7 millions de tonnes, faisant augmenter les capacités du port de 250 %.[4] C'est en effet ce qui va être fait. Cosco s'empare de 51 % des actions de l'OLP (Organisation du Port du Pirée, en langue grecque) avec l'aval d'un vote de la Vouli (le parlement grec) début 2009. Le 16 mai 2013, le dernier Premier ministre conservateur grec, Andonis Samaras, est reçu avec faste à Pékin. Il obtient la promesse d'un investissement chinois de 8 milliards d'euros alors que son pays s'enfonce dans sa plus grande crise économique depuis la Seconde Guerre mondiale. Cosco s'engage ainsi à construire un quatrième quai de transbordement pour la somme de 230 millions d'euros. Le géant chinois peut se le permettre vu que ses bénéfices au Pirée ont déjà triplé depuis 2008. Le 14 décembre 2015 puis le 20 janvier 2016, Pirée 1 et 2 deviennent propriété chinoise qui détient désormais 67 % du capital de l'OLP. Cette fois avec l'aval du gouvernement de la gauche radicale de la Syriza ! En 2017, Cosco atteint ses objectifs de 3,7 millions de tonnes et en 2019 le port devrait devenir le deuxième de Méditerranée.

Le rachat du Pirée ne s'est pas faite sans casse sociale. Dès 2012 Cosco, avec l'aval des dirigeants grecs du conseil d'administration de l'OLP, a fermé les archives de cette dernière. Aujourd'hui, l'Association des historiens grecs, avec Ménélaos Charalambidis, multiplie les protestations et demande leur réouverture, sans succès pour l'instant.

Un rappel historique s'impose ici. Les docks du Pirée ont longtemps été un bastion syndical, tenu par les archéo-marxistes et une poignée d'anarcho-syndicalistes[5] jusqu'au début des années 30. Ensuite ce sont les militants communistes du KKE qui contrôlent le syndicat des dockers et celui des «Gens de mer» (marins, officiers, personnels navigants de la marine marchande et des ferrys). En 1946, la guerre civile reprend en Grèce et le pays devient l'un des théâtres d'affrontements des prodromes de la guerre froide. La première mission d'une toute jeune CIA sera de reprendre les ports du Pirée, de Gênes et de Marseille aux mains des communistes locaux. D'autant que dès l'été 1947 c'est par le Pirée que débarque l'aide militaire massive américaine à une armée royale grecque en difficulté face aux partisans de l'Armée démocratique de Grèce. En 1949-1950, les communistes sont chassés des docks et de la direction de la centrale syndicale unique, la GSEE (Confédération générale du travail de Grèce). Cependant le syndicat des dockers, fondé en 1925, aujourd'hui affilié à l'IDC (International dock workers council), restera un bastion des revendications ouvrières, même si aujourd'hui il n'a plus de liaison organique avec le KKE via le courant PAME (Front pan-ouvrier) au sein de la GSEE.

Dès 2013 Cosco va ainsi reprendre l'héritage de la CIA, mais avec douceur et ruse. Giorgos Gogos, l'actuel Secrétaire général du syndicat des dockers du Pirée, s'en explique : «Notre syndicat est celui qui a le plus souffert. Cosco ne peut pas attaquer frontalement nos salaires, nos retraites et nos droits à la négociation, car ils sont protégés par la constitution grecque. Mais notre problème ce sont les prestataires de services/sous-traitants grecs et le syndicat maison créé par les Chinois».[6]

Si Cosco ne peut pas interdire les syndicats libres comme en Chine, il essaie de les contourner. Les dockers -tous syndiqués- partant à retraite ne sont plus remplacés par le bureau d'emploi de l'OLP, mais par des sous-traitants. Avec l'expansion du port, ils en ont embauché 1600, mais avec de nouveaux contrats au salaire plus bas. Par ailleurs, les nouveaux arrivants ont peu d'expérience et sont mal formés, d'où des conditions de sécurité dégradées dans une profession dangereuse. Mais les dirigeants chinois ne connaissent pas les «Comités de sécurité et d'hygiène» qui régissent une partie du droit du travail dans les pays de l'UE. Cosco a aussi pris soin de créer son propre syndicat, le Sinedep, pour encadrer et donc museler les nouveaux embauchés qui ne font pas la fine bouche vu l'état de délabrement du marché du travail grec. Les syndicalistes-maison viennent tout juste de signer la nouvelle Convention collective des dockers (février 2019), beaucoup moins avantageuse que la précédente. Gogos et ses militants ont quant à eux refusé de signer. Enfin, les Chinois ont dégraissé plus de la moitié des effectifs de l'administration de l'OLP. À noter que si les salaires des dockers ont baissé, c'est aussi en raison de l'application par le gouvernement de la Syriza des mesures imposées par le mémorandum de la Troïka (FMI-BCE-Commission de l'UE) visant à la baisse générale des salaires des fonctionnaires et salariés de l'État. La GSEE dans son ensemble n'a pas pu s'opposer à cette politique d'austérité ultralibérale, malgré les promesses du Premier ministre Tsipras et des trois élections remportées par la Syriza. Cosco s'est donc opportunément glissé dans la brèche et voit toujours plus grand. Pour lui faire de la place au Pirée, les autorités grecques songent à déménager les quais réservés aux ferries passagers (Crète et Cyclades) et le 27 mars 2019, le ministre de la Marine marchande Fotis Kouvélis a déclaré de façon sibylline : «Il n'y a pas d'entraves d'ordre idéologique pour l'investissement de Cosco au Pirée, du moment qu'il respecte les normes environnementales». Quant aux normes sociales, Kouvélis ne s'entrave pas lui-même d'idéologie. Mais l'homme est un ancien communiste à géométrie variable[7].

Si Le Pirée est la carte maîtresse de la Chine en Grèce, elle n'est désormais plus la seule. Le tourisme, l'énergie, la métallurgie et les télécoms sont dans son viseur. Les relations sont telles que le 15 mai 2017, le jeune Premier ministre Alexis Tsipras, avec un faste que les Chinois savent si bien orchestrer, était reçu comme le nouvel «empereur» de Byzance. Celui-ci en est alors plus que touché alors qu'il a dû passer sous les fourches caudines de la Troïka qu'il a subies comme une humiliation pour lui et pour son peuple[8].

Après cette visite la relation sino-grecque est marquée par de nouveaux développements. Le 30 septembre 2017, le premier vol direct Athènes-Pékin est inauguré. Deux mois plus tard, la Chine signe quatre accords de coopération : deux dans les domaines de l'énergie verte (avec le géant chinois du charbon Shenhuan) et de la métallurgie (avec les groupes privés Kopelouzos et Mytilinaios) et deux autres avec les entreprises publiques de production et distribution d'électricité (DEI et ADMHE). Enfin, alors qu'il a déjà une filiale à Athènes, le géant du téléphone Huawei qui emploie 120 personnes et réalise 200 millions de bénéfice en 2018 va installer la 5G en Grèce en 2020. Le site pilote de la 5G est déjà en fonction à Kalamata[9]. Il s'agit-là d'une solide base de départ pour conquérir l'ensemble des Balkans.

Le reste des Balkans

Pour les autres pays des Balkans, la stratégie chinoise est quasiment la même. Le collier maritime de perles est moins important et ne concerne que le port de Durrës en Albanie et de Rijeka en Croatie. C'est surtout la route de la soie terrestre qui y prime : autoroutes et voies ferrées rapides. L'on retrouve aussi l'électricité, les mines, le tourisme, l'agriculture, le nucléaire, l'électroménager…

Si les réunions annuelles ont commencé dès 2006 avec la Grèce, avec les PECO (16+1) elles commencent à Budapest en décembre 2012 et Belgrade en décembre 2014…Tous les dirigeants des Balkans sont depuis toujours reçus à Pékin avec faste, sauf les Macédoniens. En effet, voyant leur indépendance non totalement reconnue à cause d'un veto de la Grèce sur une querelle de nom, ces derniers ont commis l'erreur de reconnaître Taïwan en 1998. Trois ans plus tard, ils ont fait machine arrière.

Les relations les plus anciennes ont été scellées avec la Serbie de Milosévić, relations qui n'étaient que les héritières des bonnes relations nouées entre Deng et Tito. À la fin du 20e siècle, Belgrade et Pékin collaboraient militairement. Rappelons à ce sujet un épisode sans doute indirectement significatif de cette collaboration. Alors que les bombardements de l'OTAN venaient de commencer sur le Kosovo et la Serbie, dans la nuit du 7 au 8 mai 1999, un ou deux avions furtifs américains larguèrent trois bombes sur l'ambassade de Chine. Le président Clinton s'excusa prétextant que ses pilotes n'avaient que des cartes anciennes de Belgrade et qu'ils visaient un bâtiment du ministère de la Défense serbe. Or l'ambassade de Chine est le seul bâtiment en forme de pagode dans la capitale serbe. De plus il a été construit sur un terrain vague où il n'y avait à l'époque pas d'autres maisons à plus de 200 mètres à la ronde. En fait, force est d'admettre que depuis quelque temps résidaient dans l'ambassade des officiers supérieurs de l'Armée populaire chinoise, en particulier des artilleurs spécialisés dans les missiles terre-air de dernière génération[10].

Ajoutons que cette guerre de 1999 avait pour but le retrait des troupes de Milosévić du Kosovo et donc à terme l'indépendance de ce petit territoire. Or Pékin n'avait jamais voulu reconnaître cette indépendance qui pouvait faire jurisprudence dans le cas de Taïwan et du Tibet et du droit des minorités à l'autodétermination. Depuis, il n'est guère étonnant que Pékin ait ouvert son institut Confucius à Belgrade dès 2006 et une succursale à Novi Sad en 2013. Dans la foulée en 2014, les Chinois ont construit un nouveau pont sur le Danube à Belgrade alors que les bombardements de l'OTAN l'avaient gravement endommagé. Xi Jiping est d'ailleurs reçu avec tous les honneurs dus à son rang à Belgrade le 14 juin 2016.

Les deux grands projets ferroviaires de la route de la soie balkanique sont les liaisons rapides Mer noire bulgare-Budapest et Budapest-Adriatique Rijeka. En 2017, Pékin a accordé à Belgrade un prêt d'un milliard de dollars pour construire la ligne rapide jusqu'à Budapest et en a profité à l'occasion pour acheter la gestion et l'agrandissement de l'aéroport de Tirana (octobre 2016).

Dans leur conquête de l'électroménager européen, les Chinois ont fait main basse sur la société slovène Gorenje. Cette dernière, fleuron de l'économie titiste, a été fondée en 1950 et était la seule société yougoslave à exporter en 1961. En 1997, elle s'est transformée en société par actions détenues majoritairement par le nouvel État slovène. Forte de ses filiales dans 33 pays, elle réalise un chiffre d'affaires 2017 de 1,3 milliard d'euros. Le numéro un chinois des téléviseurs et numéro trois mondial, Hisense, rafle 95 % du capital en juin 2018.

Inexistante il y a une dizaine d'années dans la région, la Chine est désormais le troisième partenaire commercial en Bosnie-Herzégovine et au Monténégro et le quatrième en Serbie. Chaque année elle y gagne des parts de marché. Elle bénéficie de la frilosité des investisseurs de l'UE, de la mauvaise image des institutions européennes et de ce qui est perçu par nombre de ces pays comme le lâchage, voire la trahison du grand frère slave-orthodoxe russe. Par exemple, quand les banques chypriotes et grecques ont appelé Moscou à la rescousse en 2013-2014, Poutine n'a pas bougé le petit doigt. Sofia, Belgrade, Podgorica, voire Skopje sont donc prêtes à ouvrir grand leurs bras à Pékin et peu importe la casse sociale, d'autant que les syndicats indépendants (Podkrepa, Nézavisnost...) nés dans l'euphorie de la chute des dictatures n'ont pu capitaliser le mécontentement des travailleurs désormais désabusés, résignés et fatalistes, préférant pour les plus jeunes et les plus dynamiques « voter avec leurs pieds » et quitter les Balkans comme ce fut déjà le cas dans l'entre-deux-guerres et les années 50.

Notes

1. La Troïka a imposé trois mémorandums à la Grèce valable jusqu'en août 2018 avec pour obligations : la baisse du nombre des fonctionnaires, la baisse des salaires et des pensions dans la fonction publique, la hausse de la TVA, les privatisations à tout va,

la fin des conventions collectives..., en échange de cela le pays pouvait recevoir des prêts pour rembourser sa dette.
2. Michel Bruneau *: L'Eurasie. Continent, empire, idéologie ou projet*, Paris, CNRS éditions, 2018, 352 p.
3. Pour fonder le PCA à l'automne 1941, Enver Hodja réunit les différents groupes marxistes du pays. Tous ces groupes ne sont pas staliniens. Les trotskystes et archéo-marxistes présents appartenant souvent à la minorité grecque sont tués le soir même. Dès juin 1949, il fait fusiller Koçi Xoxhe, numéro deux du régime et homme de Tito. En décembre 1981, il en fera de même avec Mehmet Shehu son bras droit historique.
4. *Images économiques du monde*, éditions de 2017, 2018, 2019, Armand Colin.
5. Les Archéo-marxistes ou « Archives du marxisme » du parti KOMLEA ont fait partie de l'Opposition de gauche internationale, et ont rejoint Trotsky puis s'en sont séparés au début des années 1930, dénonçant son sectarisme. Ils étaient plus puissants que le PC grec (KKE) jusqu'en 1934. Ils étaient bien implantés dans nombre de syndicats (dockers, marins, ouvriers boulangers et cordonniers). Les anarcho-syndicalistes ont toujours été faibles, implantés uniquement au Pirée et dans la région de Patras chez les viticulteurs.
6. Entretien avec l'auteur, 3 avril 2019.
7. Fotis Kouvélis est né le 3 septembre 1948 à Volos. Etudiant en droit et sciences politiques à Athènes, il était membre des Jeunesses Lambrakis dirigées par Mikis Théodorakis à la veille du coup d'État des colonels du 21 avril 1967. Membre fondateur du PC de l'intérieur en 1968 (scission du KKE), membre de son Comité central de 1975 à 1987. Quand le parti se transforme en Synaspismos, il en prend le secrétariat général de 1989 à 1992. Il est ministre de la justice de l'éphémère gouvernement de coalition conservateurs-communistes en 1989. Quand le Synaspismos se transforme en Syriza, il s'en va avec l'aile droite et fonde le DIMAR (Gauche démocratique) qui participera au dernier gouvernement de coalition (conservateurs de la Nouvelle Démocratie, socialistes du PASOK et communistes droitisés de la DIMAR). Décrédibilisée, la DIMAR rejoindra les débris du PASOK pour créer le KINAL (Mouvement du changement). Opportuniste, Kouvélis rentre au bercail et rejoint la Syriza. Il sera remercié en février 2018 en devenant secrétaire d'État à la défense, puis ministre de la Marine marchande.
8. Dans les manifestations contre la Troïka et les mesures d'austérité les banderoles croisaient les portraits de Merkel et d'Hitler et le slogan le plus repris était « non à la deuxième occupation », allusion à la terrible occupation allemande d'avril 1941 à octobre 1944 qui fit près de 300.000 morts. En % de la population, la Grèce est avec la Yougoslavie le pays le plus touché, devant même l'URSS et la Pologne. À noter que l'Allemagne doit toujours 80 milliards d'euros de réparations de guerre à la Grèce, somme qui aurait en partie épongé les dettes grecques.
9. Voir les bulletins quotidiens de l'*Athinaïko Praktorio*, paragraphes « ikonomia ».
10. Christophe Chiclet, Bernard Ravenel, *Kosovo : le piège*, Paris, L'Harmattan, 2000, 288 p.

Guy Burton

Visiting Fellow, Middle East Centre, London School of Economics
Adjunct Professor, Vesalius College, Brussels.

China and the Palestinian-Israeli Conflict

La Chine peut-elle faire la différence dans le conflit israélo-palestinien? Pour répondre à cela, l'article se réfère à deux formes principales de paix selon les travaux de Galtung : la paix négative (c'est-à-dire l'absence ou l'élimination de la violence) et la paix positive (c'est-à-dire la résolution des causes d'un conflit). Un certain nombre d'éléments nous permettent d'évaluer ce rôle : la présence croissante de la Chine dans la région, son souci de la stabilité et de l'ordre régionaux; ses intérêts commerciaux croissants et approfondis avec les parties au conflit, son engagement dans le processus d'Oslo, ses contributions au dialogue entre les deux parties, et son manque d'engagement avec la dynamique locale en cours dans les sociétés politiques et civiles israéliennes et palestiniennes. Au final, ces facteurs, conjugués aux évolutions récentes, laissent penser que la Chine envisage un scénario de paix négative et qu'il est donc peu probable qu'elle joue un rôle important dans la résolution du conflit.

Can China make a difference to the Palestinian-Israeli conflict? To address this, the article identifies two main forms of peace: negative (i.e. the absence/removal of violence) and positive (i.e. resolution of a conflict's causes). China's position in relation to these peace models and the Palestinian-Israeli conflict are then considered. Attention is drawn to: China's rising regional presence and concern with regional stability and order; its growing and deepening commercial interests with the conflict parties; its commitment to the Oslo process; its contributions towards dialogue between the two sides; and its lack of engagement with the local dynamics taking place in Israeli and Palestinian politics and civil societies. These factors alongside recent developments suggest that on balance point China envisages a negative peace scenario and so is therefore unlikely to be a significant player in resolving the conflict.

The past two decades have coincided with China's growing regional and global economic and political influence. Additionally, since 2013 the Xi Jinping government has promoted a massive infrastructure and development program – the Belt and Road Initiative – across Eurasia, Africa and Europe and using Chinese finance and firms. To support the BRI in the Middle East, President Xi announced $23bn towards development and humanitarian assistance during the China-Arab States Cooperation Forum in Beijing in July 2018, of which $15m would be allocated to the Palestinians.[1] Alongside, Beijing seeks to engage non-Arab partners like Israel - a high value and high-tech economy. Can China translate this economic influence into politics and help overcome and resolve the Palestinian-Israeli conflict?

To consider this, the article is structured in the following manner. The first section looks at what it means to make a difference in relation to a conflict and distinguishes between positive or negative peace. The second section then sets out China's past relations with Israel and the Palestinians. This provides context for the third and fourth sections, which consider the arguments for and against China making a difference. The concluding part states that China is unlikely to offer an alternative approach, owing to a lack of political will to leverage what influence it has over Israel, preparedness to concede to US President Trump's so-called *"Deal of the Century"* and the Palestinian failure (so far) to internationalize the conflict.

In essence, the main argument made here is that China is unlikely to take a more high-profile and proactive role, or to invest in the time, effort and resources necessary to deliver a positive peace. In part this may be a calculation that non-involvement is better than trying and failing and thereby damaging China's self-image and presentation of its growing global power to the rest of the international community. China's prioritization of economic concerns over political ones means that the separation between the two in relation to the conflict will widen. This will enhance Israel's position as the stronger party and discourage further any pressure from or on China to adjust its stance or accommodate Palestinian demands.

Making a difference in conflict: negative and positive peace

The causes of violent conflict range from individual to collective grievances and can be either direct (e.g. based on immediate needs) or indirect (e.g. structural economic factors that result in exploitation of one group over another).[2] Third parties can intervene in conflicts, whether out of altruism or self-interest. They can use diplomacy and mediation or more coercive actions like imposing sanctions or peacekeeping. These activities can lead to what the renowned critical peace studies scholar, John Galtung, distinguishes as either negative and positive peace.[3] The former involves curbing or containing violence already taking place. However, negative peace is limited: it does not remove the reasons why conflict started. For that, positive peace is needed. Positive peace seeks to resolve the root causes of conflict and realize reconciliation in society. Third parties may play a greater role and invest in security sector provision, development projects for marginalized and discriminated groups and support transitional justice measures.

For the Palestinian-Israeli conflict, the Oslo accords and their associated peace process has been the main framework since 1993. They sought to establish negative peace on which a more positive peacebuilding development would occur. Israel's Prime minister Yitzhak Rabin and the Palestinian Liberation Organization's (PLO) chairman Yasser Arafat signed the Declaration of Principles (DOP) which provided the basis for bilateral negotiations between the two sides. The US was to mediate the talks which would help build confidence and trust, eventually leading to a full and final settlement, including final borders and the status of refugees and Jerusalem.

On the surface Oslo portrayed Israel and the Palestinians as equals. But in reality it masked a power imbalance between a strong Israeli state and the non-state Palestinian nationalist movement. Moreover, the hoped-for positive peace did not follow on from the negative peace which had been established with the DOP. Some critics were prescient even at this early stage: the prominent Palestinian scholar, Edward Said, called it *"a Palestinian Versailles"* in which the Palestinian leadership made concessions and Israel made none. The Palestinian recognition of Israel's right to exist was not reciprocated; at most, Israel recognized the PLO as a legitimate movement representing and defending Palestinians' rights.[4] Khalil Shikaki at the Palestinian Center for Policy and Survey Research, also noted that the agreement did not prevent Israel from making changes on the ground during the transition process, thereby undermining the prospects for Palestinian self-rule.[5] Alongside, significant veto players, such as the Israeli religious and settler movements and the Islamist Hamas party, slowed down progress while the US failed to act as an honest broker, aligning with Israeli security concerns over the Palestinians.[6]

After Oslo's failure to deliver a settlement within the five-year time-frame and the Second Intifada in 2000-05, it is largely a shell, but one that the international community, including China, has continued to endorse. Rhetorically, Israel's government also maintains support for the process while showing little interest in substantive discussions. This reflects Israel's advantage with the status quo, even as the Palestinian leadership and people chafe against their situation. With Oslo's promise of a two-state solution diminishing, the PLO leadership has tried to internationalize the conflict, while in civil society a more grassroots, bottom-up approach emerged in the form of the Boycott, Divestment and Sanctions (BDS) movement. The BDS was formed after the Second Intifada in 2005 by 170 formal organisations and individuals. It defends Palestinian rights and demands and end to Israel's occupation in the West Bank and Gaza, an end to discrimination against Arab-Palestinian citizens of Israel and their equal treatment, and the right of Palestinian refugees to return. It works transnationally, seeking solidarity and cooperation from groups and movements abroad to put pressure on Israel to deliver these goals.

China's relationship with Israel and the Palestinians

Despite Oslo's effective redundancy, China continues to support the process. This contrasts with its previous relationships with Israel and the Palestinians. Broadly, China's interactions with the conflict parties can be summarized in three parts. The first lasted between the establishment of the People's Republic of China in 1949 and the change of leadership from Mao Zedong to Deng Xiaoping in the mid-1970s. The second took place during the 1980s and resulted in greater balance in relations between the two (at least in Chinese eyes). The third began with the Oslo process and has continued into the present. This last period is also important because it also overlaps with the change in China's global status, from a limited regional presence to a rising global power.

During the first period China was cool towards Israel and warm towards the Palestinians. China was interested in cultivating the Arab world, whose leaderships were strongly opposed to Israel's existence. Despite this, Israel tried to establish ties with China in 1950, but it was rebuffed, partly because of Chinese disinterest, but also because of its focus on the Korean war in 1950-53.[7]

From the mid-1950s China sought a greater leadership role in the global South. It participated in the non-aligned movement's Bandung Conference in 1955 and adopted its pro-Palestinian stance. It engaged emerging Arab nationalist and anti-colonial leaderships, including Gamal Nasser in Egypt, the Baathists in Iraq and Syria, and the National Liberation Front (FLN) in Algeria. The PLO fit in this framework, especially following Fatah's takeover of the movement in 1969. During these years China provided financial and military assistance to the PLO in its struggle.[8]

In the second period from the late 1970s to the late 1980s, China's relationship with Israel began to thaw and led to diplomatic relations in 1992 (which was motivated in part by China's interest in participating in the Arab-Israeli peace process after the first Gulf War in 1991). By contrast, the Sino-Palestinian relationship cooled.

Under Mao, China's foreign policy had been ideological and revolutionary. Following his death, Deng opted for a more pragmatic approach. He prioritized the country's economic development and put foreign policy at its service. This eventually led to trade with Israel for its solar power and agricultural technology. But that interaction began earlier in a clandestine arms trade from the late 1970s. China needed to upgrade its military equipment, much of which was Soviet-made. But its relations with Moscow at the time were poor. Israel served as a third-party supplier, as it had acquired Soviet-made equipment from the battlefield, following wars with its Egyptian and Syrian allies in 1967 and 1973.

Publicly, China and the PLO portrayed their relationship in a positive light. But underneath differences were emerging. On one side, China was moving away from its support for the Palestinian armed struggle and towards a negotiated settlement. It prioritized regional stability at the expense of resolving the Palestinians' plight, which was reflected in its support for the Camp David peace agreement between Israel and Egypt in 1978.[9] China welcomed the development as it weakened its Soviet rival, especially as Egypt moved from the Soviet orbit into the US one. On the other side, the Palestinians prioritized their ties with Moscow. Although good relations with China were welcome, they did not offer the same level of diplomatic and material assistance as that offered by the Soviets, themselves a super power at the time.[10]

In the third period, from the early 1990s until today, China has sought good relations with both sides. It has maintained support for a negotiated settlement, despite the fact that there is a significant power disparity between the two. China's position has also coincided with significant change both in the international environment and its own status within it. Compared to the earlier periods, China has become a rising power and the world's second largest economy since 2000. The Middle East is an important source of Chinese economic activity: in 2000, China exported $7.7bn to the Middle East and North Africa and imported $10.2bn. By 2017 these figures had increased to $124.5bn and $114.9bn respectively.[11] Much of the focus has been in the Gulf, which has also seen a diversification beyond energy cooperation and infrastructure development to include investment in each other's financial markets. Both Saudi Arabia's and Qatar's sovereign wealth funds have invested in China's property markets and health care sector, for example.[12]

The focus on economic matters has downgraded attention to political considerations. In Israel this has led to increased trade, from $383m in 2000 to $4.7bn in 2017, of which Chinese exports are now double those from Israel.[13] Israel has also offered China opportunities in the form of infrastructure projects (e.g. the "Red to Med" railway and contracts to develop the Ashdod and Haifa ports) and its hi-tech sector has begun to attract increasing Chinese interest and investment.[14]

For their part, Israel's political and economic leaders view China's growing commercial weight has been welcomed as a way of diversifying its partners and hedging against potential risks.[15] The last includes the possible future loss of North American and European markets, especially should they become more susceptible to BDS pressure to boycott, divest and sanction Israeli goods, services and firms which directly contribute towards and sustain the occupation.[16]

The case for China

Given China's growing economic interest in Israel, could this contribute to a resolution of the conflict between it and the Palestinians? Could China's disproportionate trade surplus with Israel enable it to press Israel back into negotiations with the Palestinians?

The answer to this is perhaps. Perhaps, if China's presentation of itself as a benign regional power is sustained. To that end, China's leaders have pointed out their country's *"peaceful"* and non-confrontational rise, suggesting they could act as honest brokers in any talks between Israelis and Palestinians. Regional examples of this included talks to enable a UN peacekeeping presence in the Darfur region of Sudan in 2006 and in reaching an agreement with Iran over its nuclear programme in 2015. In both instances, China positioned itself between the regimes and the Western powers to reach a compromise.[17]

China's honest broker status could be helped by its supposedly distinct model of mediation, according to observers.[18] Chaziza, for example, claims Chinese engagement emphasizes collective goals over (Western) individualism.[19] Sun and Zoubir, meanwhile, propose *"quasi-mediation,"* which is modest and risk-averse. Setting itself against *"traditional"* Western forms of mediation, it focuses on deescalating conflict and reducing tension by incremental measures and in which the mediator plays a collaborative rather than a leading role.[20] Where China has an economic presence, its leadership will become involved.

Additionally, regardless of whether one accepts these claims of a culturally specific form of Chinese-led mediation, the present state of the region may be conducive for Chinese action. Both the decline in the conflict's salience (especially when compared to other, more violent instances in Libya, Syria and Yemen, for example) and the fragmentation between Arab elites and masses over how to proceed could provide space for Chinese activity.

The case against China

An alternative view is that China will not make much difference in resolving the Palestinian-Israeli conflict. This is evident in its support of the Oslo Accords and its own public statements on the conflict, including its Four-Point Plan in May 2013 and its revised version in July 2017. The 2013 plan stressed Beijing's commitment to a two-state solution, negotiations as the means of achieving peace, and the principle of land for peace.[21] Four years later, the Four-Point Plan was modified to reflect regional changes and the rising importance of the BRI. This included a *"common, comprehensive, cooperative and sustainable security,"* a supportive role to be played by the international community and the integration of peace and development.[22]

However, in neither version of China's Four-Point Plan is there any engagement regarding the power asymmetry between Israel and the Palestinians. Indeed, China's idea of peacebuilding echoes that of Oslo, namely achieving peace through economic development. It therefore offers no response to the political causes of the conflict nor its economic consequences, including Israel's occupation and Palestinians' lack of independence (leading to a captive Palestinian market on Israel and dependence on foreign aid).

Despite the depoliticized and decontextualized nature of China's Four-Point Plan, it was soon sidelined by the then US Secretary of State, John Kerry, when he announced plans to pursue shuttle diplomacy in 2013-14. Beijing did not criticize the move, suggesting that they might not be able to do much better than the US. Indeed, Kerry's efforts ended in failure nine months later.

Perhaps recognizing the difficulty inherent in mediating the conflict, China's practical interventions have been low-risk and driven by failure-avoidance. In 2002 China appointed a special envoy to the region, but did not offer to mediate. Instead it organized meetings to examine the conflict in 2003 and 2006 and then again in December 2017, following the revised Four-Point Plan.

The expectations for the 2017 meeting were low. Israeli delegates who attended the talks said that China's intention was not to solve the conflict, but instead explore low-level forms of dialogue.[23] The PLO sent senior advisors while the Israeli delegation consisted of civil society activists and a lone Member of the Knesset, Hillel Bar. Yet despite even these modest goals, Chinese organizers struggled to achieve consensus and get the two sides to sign a non-binding resolution.

China's 2017 meeting revealed another problem: that peace cannot be achieved through "normalization." Critics of normalization point to the fact that Palestinian and Israeli leaders can and have been communicating with each other directly for the past 25 years and it is they—not civil society—that will be the principal decision makers in any future final agreement. Anti-normalization critics believe that any dialogue that is simply limited to ending violence and establishing co-existence will fail to deal with the reasons that drove the conflict in the first place. It will fail to deliver a just peace, fail to secure rights for victims or account for the past actions of aggressors.[24] This anti-normalization critique echoes the distinction previously noted between negative and positive peace, where the former is directed at deescalating conflict and the former at building peace between conflicting parties.

This highlights another limitation of Chinese policy, that its interactions do not reflect changing attitudes on the ground. Its 2017 meeting failed to acknowledge the declining support for the two-state solution across both societies. Between 2008 and 2018 Israeli support fell from 69% to 49% and among Palestinians from 68% to 43%. The changes demonstrate shifts within the two societies: in Israel a lack of pressure to seek an agreement alongside increasing rightwing sentiment and political representation by the religious and settler movements; in Palestinian society, because the creation and expansion of settlements is making the prospects for a Palestinian state unviable.[25]

China's unwillingness to grapple with these developments will make it hard to successfully apply quasi-mediation. Because quasi-mediation is predicated on not leading negotiations and instead following the conflict parties' interactions, this will arguably further entrench the power disparity between Israel and the Palestinians.

A further doubt is whether China can really be an honest broker. Historically, China was aligned towards the Palestinian cause, reflecting its Cold War support for national liberation movements. Today, China's interests in Israel outweigh those which it has with the Palestinians. Sino-Israeli trade is larger than that between China and the Palestinians, by nearly 70 times in 2017.[26] Additionally, Israel's hi-tech economy and site for Chinese investment offer greater returns than the Palestinians can offer. Indeed, the recently proposed Sino-Palestinian FTA is likely to be of more symbolic than actual value.[27]

Perhaps China's trade surplus with Israel means that it has leverage to press for a more meaningful dialogue with the Palestinians. But this needs to be set against the previous observation that Israel has sought to diversify its economic interactions, so as not to be reliant and therefore vulnerable to any one market. At the same time, applying leverage requires political will, which does not seem evident. Part of the reason for this is that Israel offers greater regional stability and order for China. Israel has sought to contain and control any challenges in its immediate neighborhood (e.g. against Hamas in Gaza, Hezbollah in Lebanon), putting it in the same position as status quo powers like Saudi Arabia and the UAE. These two Gulf Arab monarchies took the lead as the state actors most opposed to the protests resulting from the 2011 uprisings, a phenomenon which China watched with considerable concern. Beijing feared the demonstration effect it might have, especially among its Muslim minorities and in Tibet. It also worried about the implications they might have for its commercial interests in the region. At home it clamped down on any dissent or sympathy towards the protests.[28] In the Middle East, it expressed commitment to a strong Westphalian interpretation of respect for states' territoriality and non-interference in their internal affairs. This included opposition to intervention in Libya as well as vetoes of draft UN Security Council resolutions directed against the Assad regime in Syria. In addition, since 2011, Israel and Gulf Arab interests have converged, especially regarding their mutual suspicion of Iran and its support for proxies like Hamas and Hezbollah.[29] This growing rapprochement complements China's preference to avoid political involvement in the region.

At the same time though, it is important to note that China's current affinity with Israel is not absolute. Israel's primary ally is the US and it will prioritize American demands over Chinese ones.[30] Following US pressure in 2000, Israel pulled out of selling its Phalcon airborne early warning system to China. The decision was financially costly and led to a short-term deterioration in relations.[31] More recently, the US has complained that Israel's decision to allow Chinese contractors to upgrade its ports threatens the security of American warships docked there, as they may be spied on by China.[32]

Conclusion: Looking Ahead

This article posed the question of whether or not China can make a difference to the Palestinian-Israeli conflict. The arguments in favor and against Chinese capacity were presented, the former relying on

China's rising power and the expansion and extension of is commercial influence into a more political form. Against this is the fact that China has shown little inclination to depart from the Oslo model, despite the imbalance which exists between Israel and the Palestinians and alongside both domestic and regional changes and developments since 2011.

Throughout, the Oslo process has been maintained by the international community, including China, as the means to resolve the conflict. However, the process has been effectively redundant since the Second Intifada and little has been done to overcome the imbalance between a strong Israeli state that favors the status quo and a weaker Palestinian movement which seeks change. In absence of an active process, the Palestinian leadership has opted for an alternative internationalization strategy, to obtain membership of international organizations like UNESCO and the ICC as a way of obliging other states to act against Israel's occupation. However, it is not evident that it has delivered: 70% of states already have full diplomatic relations with the Palestinians and have largely failed to hold Israel to account. Additionally, the Palestinians have not found China to be especially receptive to its strategy: Beijing allegedly advised against the internationalization strategy, partly out of self-interest and its fear that it might encourage minorities such as the Uyghurs or Taiwan to do the same.[33]

More recently, the Palestinians have pressed for international support, especially in the wake of President Trump's unilateral measures. They include his decision to move the US embassy to Jerusalem and his own, alternative peace deal, which reflects much of the Israeli leadership's preferences. At the time of writing, Abbas has rejected the US plan and called for an international conference to restart talks with Israel.

To date, Abbas's efforts have gained limited traction and neither has China offered an alternative or followed up on the dialogue which it hosted in December 2017. At the same time, China's failure to follow up must be set in context. Earlier in 2017 France hosted an international conference to push the process on and which Israel refused to attend. More recently, in March 2019, Russia's President Vladimir Putin offered to host Abbas and Netanyahu in direct talks.[34] Although the Palestinians expressed interest, Israel's response has shown similarly little interest. Like the French, the Russians have not pushed on the matter, even though they have some leverage in the form of influence over the Syrian regime and its Hezbollah and Iranian allies.

In this light then, China's approach appears little different to that of other external powers. In part China's response to the conflict demonstrates the extent to which internal dynamics in the conflict have contributed to the current situation. Indeed, the objectives originally set out in the Oslo accords have largely deteriorated since 1993. Initially set up to provide negative peace, the aim of negotiations was to achieve a final settlement that would provide positive peace. But the capacity for positive peace has diminished as stop-start negotiations failed to build trust between the two sides and to tackle the causes of the conflict, thereby achieving a resolution that may be just and satisfactory to all. That situation has continued and may now be further out of reach, owing to changes in the underlying domestic and international dynamics since the 1990s.

Certainly, the deteriorating prospect for peace between Israel and the Palestinians cannot be laid entirely at China's door. However, it does seem that China's stance towards the conflict is one that is more associated with inertia than with activism. Assuming that current trends continue, it seems unlikely there will be any significant alteration, either in the conflict itself or in China's response to it. Finally, whether the decision (not) to act is deliberate, by offering only rhetorical support and failing to provide substance to those words, China may well be guilty of pursuing a policy of omission rather than commission and its claims to be an honest broker in the conflict and the region will ring hollow.

Notes

1. TOI Staff and agencies, "China pledges $15 million to Palestinians amid major push for Mideast influence," *Times of Israel*, 10 July, 2018, https://www.timesofisrael.com/china-pledges-15-million-to-palestinians-amid-major-push-for-mideast-influence/ [accessed 15 March 2019]; Laura Zhou, "China pledges US$23 billion in loans and aid to Arab states as it boosts ties in Middle East," *South China Morning Post*, 10 July, 2018, https://www.scmp.com/news/china/diplomacy-defence/article/2154642/china-pledges-us23-million-loans-and-aid-arab-states-it [accessed 15 March 2019].
2. Sean Byrne and Jessica Senehi, *Violence: Analysis, Intervention, and Prevention*, Athens, OH, Ohio University Press, 2012.
3. John Galtung, *Theories of Peace: A Synthetic Approach to Peace Thinking*, International Peace Research Institute, Oslo, 1967.
4. Edward Said, "The Morning After," *London Review of Books*, 15(20), 1993, 3-5.
5. *Palestine-Israel Journal*, "What's in it for the Palestinians?" 1(1), 1994, http://www.pij.org/articles/770 [accessed 17 May 2019].
6. John Mearsheimer, "The U.S. Should Act as an Honest Broker," *Palestine-Israel Journal*, 15(2), 2008, 147-152.

7. Chen Yiyi, "China's Relationship with Israel, Opportunities and Challenges: Perspectives from China," *Israel Studies*, 17(3), 2012, pp. 1-21.
8. Michael Dillon, "The Middle East and China," in *The Middle East's Relations with Asia and Russia*, Hannah Carter and Anoushiravam Ehteshami, eds., London: RoutledgeCurzon, 2004, pp. 42-60; Rafael Israeli, "The People's Republic of China and the PLO: From Honeymoon to Conjugal Routine," in *The International Relations of the Palestine Liberation Organization*, Augustus Richard Norton and Martin Greenberg, eds., Carbondale and Edwardsville: Southern Illinois University Press, 1989, pp. 138-165; Linda Craig Harris, "China's Relations with the PLO," *Journal of Palestine Studies*, 7(1), 1977, pp. 123-154.
9. Lillian Harris Craig, "Myth and Reality in China's Relations with the Middle East," in *Chinese Foreign Policy: Theory and Practice*, Thomas Robinson and David Shambaugh, eds., Oxford: Oxford University Press, 1994, pp. 322-347.
10. Israeli, "The People's Republic of China and the PLO."
11. World Integrated Trade Solution, China exports, imports and trade balance By Country and Region, not dated, https://wits.worldbank.org/CountryProfile/en/Country/CHN/Year/2017/TradeFlow/EXPIMP [accessed 15 March 2019].
12. Muhammad Zulfikar Rakhmat, "Belt and Road Brings Chinese Finance to the Gulf," *The Diplomat*, 17 May, 2019, https://thediplomat.com/2019/05/belt-and-road-brings-chinese-finance-to-the-gulf/ [accessed 17 May 2019]; Anas Iqtait, "China's rising interests in Qatar," *The Interpreter*, 18 June, 2018, https://www.lowyinstitute.org/the-interpreter/china-s-rising-interests-qatar [accessed 17 May 2019].
13. World Integrated Trade Solution, China exports, imports and trade balance By Country and Region, not dated.
14. Ramzy Baroud and Romana Rubeo, "Will China abandon the Palestinians?" *Al Jazeera*, 23 October, 2018, https://www.aljazeera.com/indepth/opinion/china-abandon-palestinians-181020114611052.html [accessed 27 February 2019]; Gwen Ackerman and Ivan Levingston, "Israel Is Stuck in the Middle of Trump's Conflict with China," *Bloomberg*, 28 January, 2019. https://www.bloomberg.com/news/articles/2019-01-28/trump-s-freeze-on-china-exposes-israeli-tech-firms-to-chill-wind [accessed 27 February 2019].
15. Dan Blumenthal, "Israel's Embrace of China is Sorely Misguided," *Mosaic*, 15 November, 2018, https://mosaicmagazine.com/response/2018/11/israels-embrace-of-china-is-misguided/ [accessed 27 February 2019].
16. Arthur Herman, "Israel and China Take a Leap Forward – but to Where?" *Mosaic*, 5 November, 2018, https://mosaicmagazine.com/essay/2018/11/israel-and-china-take-a-leap-forward/ [accessed 27 February 2019].
17. See Jian Junbo, "China in International Conflict Management: Darfur Issue as a Case," in *China and Africa: Building Peace and Security Cooperation on the Continent*, Chris Alden, Abiodun Alao, Zhang Chun and Laura Barber, eds. Basingstoke: Palgrave Macmillan, 2018, pp. 147-161; John Garver, "China and the Iran Nuclear Negotiations: Beijing's Mediation Effort," in *The Red Star and the Crescent: China and the Middle East,* James Reardon-Anderson, ed., London: Hurst & Co, 2018, pp. 123-48.
18. Liu Shengxiang and He Hui, "China's Solution to Security Governance in the Middle East: An Assessment," *Journal of Middle Eastern and Islamic Studies (in Asia)* 11(4), 2017, pp. 32-45.
19. Mordechai Chaziza, "China's Mediation Efforts in the Middle East and North Africa: Constructive Conflict Management," *Strategic Analysis* 42(1), 2018, pp. 29-41.
20. Sun Degang and Yahia Zoubir, "China's Participation in Conflict Resolution in the Middle East and North Africa: A Case of Quasi-Mediation Diplomacy?" *Journal of Contemporary China* 27, 2018, pp. 224-243.
21. Xinhua, "Chinese president makes four-point proposal for settlement of Palestinian question," Global Times, 6 May, 2013, http://www.globaltimes.cn/content/779577.shtml [accessed 15 March 2019].
22. Herb Keinon, "China pushing its four-point peace plan. Jerusalem Post," 2 August, 2017, https://www.jpost.com/Arab-Israeli-Conflict/China-pushing-their-four-point-peace-plan-501375 [accessed 15 March 2019].
23. Nimrod Goren, "Can China Contribute to Israeli-Palestinian Peacemaking?" Israeli Institute for Regional Foreign Policies, January, 2018, http://www.mitvim.

org.il/images/Nimrod_Goren_-_Can_China_Contribute_to_Israeli-Palestinian_Peacemaking-_January_2018.pdf [accessed 15 March 2019].
24. Palestinian Campaign for the Academic and Cultural Boycott, "What is normalisation?" *+972 Magazine*, 27 December, 2011, https://972mag.com/what-is-normalization/31368/ [accessed 15 March 2019].
25. Khalil Shikaki and Dahlia Scheindlin, *Role of Public Opinion in the Resilience/Resolution of the Palestinian-Israeli Conflict*, Ramallah, Palestinian Center for Policy and Survey Research, 2019, http://www.pcpsr.org/en/node/742 [accessed 15 March 2019].
26. World Integrated Trade Solution, China exports, imports and trade balance By Country and Region.
27. Laura Zhou, "China begins free-trade talks with Palestine as it expands its influence in the Middle East," *South China Morning Post*, 24 October, 2018, https://www.scmp.com/news/china/diplomacy/article/2170002/china-palestine-sign-agreement-begin-free-trade-talks [accessed 15 March 2019]; Deng Xiaoci, "China, Palestine to start FTA talks," *Global Times*, 24 October, 2018, http://www.globaltimes.cn/content/1124417.shtml [accessed 15 March 2019].
28. Jonathan Pollack, "China: Unease from Afar," in *The Arab Awakening: America and the Transformation of the Middle East*. Kenneth Pollack et al, eds., Washington DC: Brookings Institution Press, 2011, pp. 298-304.
29. Ian Black, "Why Israel is quietly cosying up to Gulf monarchies," *Guardian*, 19 March 2019, https://www.theguardian.com/news/2019/mar/19/why-israel-quietly-cosying-up-to-gulf-monarchies-saudi-arabia-uae [accessed 27 March 2019].
30. Mordechai, Chaziza, "Israeli-China Relations Enter a New Stage: Strategic Hedging," *Contemporary Review of the Middle East* 5(1), 2017, pp. 30-45; Baroud and Rubeo, "Will China abandon the Palestinians?"
31. P.R. Kumaraswamy, "Israel-China Relations and the Phalcon Controversy," *Middle East Policy* 12(2), 2005, pp. 93-103.
32. Elliot Abrams, "Israel Mustn't Let Its Economic Relationship with China Threaten Its Political Relationship with America," *Mosaic*, 12 November 2018, https://mosaicmagazine.com/response/2018/11/israel-mustnt-let-its-economic-relationship-with-china-threaten-its-political-relationship-with-america/ [accessed 15 March 2019]; Blumenthal, "Israel's Embrace of China is Sorely Misguided"; Mercy Kuo, "US-China-Israel Triangle: Assessing Chinese Media Coverage," *Diplomat*, 11 February, 2019 https://thediplomat.com/2019/02/us-china-israel-triangle-assessing-chinese-media-coverage/ [accessed 27 February 2019]. It is notable that there were few American protests or Israeli soul searching when the contracts were initially signed in 2015, suggesting that the complaints reflect current tensions between the US and China over their trade war. See Oded Eran, "Why China Phobia is Not a Strategy for Israel," *Jerusalem Post*, 8 February, 2019, https://www.jpost.com/Opinion/China-phobia-is-not-a-strategy-580075 [accessed 27 February 2019].
33. Guy Burton, "How do Palestinians perceive China's rise?" in *China's Presence in the Middle East: The Implications of the One Belt, One Road Initiative*, Anoushiravam Ehteshami and Niv Horesh, eds., London: Routledge, 2017.
34. Haaretz, "Putin Proposes to Host Netanyahu, Abbas, for Israeli-Palestinian Peace Summit, Lavrov Says," 4 March, 2019, https://www.haaretz.com/hblocked?returnTo=https%3A%2F%2Fwww.haaretz.com%2Fisrael-news%2Flavrov-putin-proposes-to-host-netanyahu-abbas-for-israeli-palestinian-peace-summit-1.6995379 [accessed 18 March 2019].

Variations

Mohammad-Reza Djalili

Professeur émérite à l'Institut de hautes études internationales et du développement de Genève.

Politique étrangère de l'Iran : entre religion, révolution et pragmatisme

Depuis 1979 l'Iran est une république islamique dirigée par le clergé chiite qui détient l'essentiel du pouvoir, ce qui est la définition même d'une théocratie. Parallèlement à la nature théocratique du régime, il existe aussi une dimension élective, faisant appel, de manière très sélective et étroitement contrôlée, aux votes des citoyens. Par ailleurs, la République islamique se veut aussi un État révolutionnaire qui conteste l'ordre international. Si pour un tel système politique, la référence à la religion et à la révolution dans l'élaboration de sa politique étrangère est fondamentale, la préservation du régime et le renforcement de sa sécurité sont aussi des objectifs qui nécessitent parfois pragmatisme et entorse aux considérations idéologiques. De fait, la politique étrangère de Téhéran oscille entre idéologie (religion et révolutionnarisme) et Realpolitik.

Since 1979, Iran is an Islamic Republic led by the Shi'a clergy which holds most of the power, thus corresponding to the very definition of a theocracy. At the same time, the regime has some elective dimension with a very selective and tightly controlled recourse to citizens' voting. The Islamic Republic also considers itself as a revolutionary state challenging the international order. While reference to religion and revolution is essential in the elaboration of foreign policy for such a system, maintaining the regime and strengthening its security may in some cases require some degree of pragmatism and bending of ideological views. Actually, Iran's foreign policy fluctuates between ideology (religion and revolutionarism) and Realpolitik.

Quatre décennies après sa fondation par l'ayatollah Khomeyni, la République islamique d'Iran reste encore aujourd'hui une construction politique sans pareille. Certes, un certain nombre d'États dans le monde musulman, utilisent aussi le label «république islamique», mais ces républiques, du point de vue des structures du pouvoir, de la nature du régime, de l'origine des élites dirigeantes et même de l'idéologie de l'État, n'ont presque aucune ressemblance avec le système politique iranien. En effet, ce système est un mode de gouvernement dans lequel l'autorité, censée émaner directement de Dieu, est exercée par le clergé, ce qui est la définition même d'une théocratie. Cette prééminence du clergé se fonde sur la théorie du *velayat-é faqih* (tutelle du juriste théologien), concept mis en avant par Khomeyni sur lequel repose tout l'édifice institutionnel.[1] En même temps, et c'est toute la complexité du modèle iranien, parallèlement à la nature théocratique du système, il existe aussi une dimension démocratique faisant appel, certes de manière sélective et contrôlée, à la souveraineté populaire. Par ailleurs, la République islamique se veut aussi un État révolutionnaire qui conteste la nature « injuste » de l'ordre international. Si pour un tel système politique, la référence à la religion et à la révolution dans l'élaboration de sa politique étrangère est fondamentale, la préservation du régime et le renforcement de sa sécurité sont aussi des objectifs prioritaires qui nécessitent parfois pragmatisme et entorse aux considérations idéologiques.

Politique étrangère et religion : le particularisme iranien

La politique étrangère de l'Iran comme celle des autres États est conditionnée par un certain nombre de facteurs autour de quelques objectifs comme la préservation de l'intérêt national, la défense et la sécurité du pays, la recherche de la prospérité économique de l'État et de la société. Ce qui différencie les politiques extérieures des pays les uns par rapport aux autres ce sont leurs dimensions, les moyens dont ils disposent, le contexte géopolitiques dans lequel ils évoluent, leurs parcours historiques, leur mode de fonctionnement, d'action et de prise de décision, la perception qu'ils ont de leur propre rôle ainsi que la manière dont ils se représentent le système international. Ces deux derniers critères, en ce qui concerne la République islamique d'Iran, sont d'une importance primordiale car ils distinguent nettement cet État de la plupart des autres.

Pour comprendre cette particularité iranienne, il faut se référer à la Constitution de ce pays, rédigée en 1979 et révisée en 1989. Ce texte contient un préambule long d'environ une douzaine de pages qui résume à la fois la vision que le pouvoir islamique a de la révolution et le mode de gouvernement islamique qu'il privilégie. À la fois plaidoyer pour sa cause et explication de sa philosophie, ce texte a aussi le mérite de poser les jalons autour desquels il va élaborer sa politique étrangère. Cependant, il faut avoir aussi à l'esprit que dans un système politique tel que celui de la République islamique où le Guide suprême peut exercer un pouvoir absolu dans certaines circonstances, le contournement de la lettre de la Constitution est aussi possible.

La constitution de la République islamique d'Iran, après avoir constaté dans son préambule qu'au « cours de son accomplissement révolutionnaire, notre nation s'est purifiée des poussières et des moisissures impies, elle s'est lavée des métissages idéologiques avec l'étranger. Elle est revenue à des positions doctrinales et à des conceptions du monde authentiquement islamiques »[2], développe, dans un long paragraphe, la conception de la politique étrangère du régime iranien. Ce paragraphe, qui résume à lui seul les divers aspects de cette politique mérite d'être cité dans son ensemble : « Dans l'esprit du contenu islamique de la révolution iranienne qui fut un mouvement vers la victoire de tous les opprimés sur les oppresseurs, la Constitution prépare les bases assurant la poursuite de la révolution dans le pays et à l'étranger. En particulier, dans le développement des relations internationales avec les autres mouvements islamiques et populaires, elle s'efforce d'aplanir la voie vers l'unité de la communauté islamique des croyants au plan mondial (*Cette communauté qui est la vôtre est une communauté unique. Je suis votre Seigneur, Adorez-moi donc* ! Coran XXI, 92) et d'appuyer la continuation de la lutte pour la libération des nations spoliées et opprimées dans le monde entier. »[3]

Un peu plus loin, dans un paragraphe consacré à la création d'une armée « conforme à la doctrine religieuse » il est question des objectifs qui ont une dimension internationale : « Lors de la création et la mise en place des forces de défense du pays, il sera porté attention à ce que la foi et la doctrine religieuse soient les critères de base. C'est pourquoi l'armée de la République islamique et le Corps des gardiens de la révolution seront formés en accord avec les objectifs ci-dessus. Ils ne seront pas seulement responsables de la garde et la protection des frontières, mais également chargés d'une mission doctrinale, c'est à dire de la guerre sainte sur la voie de Dieu et de la lutte pour la propagation de la souveraineté de la loi divine dans le monde ».[4]

De ces extraits de la Constitution se dégagent plusieurs idées importantes. D'abord pour accéder à « la conception du monde authentiquement islamique », il suffit de purifier la nation « des poussières et des moisissures impies » et de la laver « des métissages idéologiques avec l'étranger ». Il suffit donc de rejeter tous les apports externes et de retourner à « l'islam authentique du Prophète » (*eslâmé nabé mohammadi*). Autre constat, la révolution islamique tout en voulant s'exporter a une dimension de lutte de classe et prépare la voie vers l'unité de la communauté islamique. Enfin, il est intéressant de relever que d'après la Constitution, les forces armées de la République islamique, outre la défense du pays, ont aussi pour mission le jihad, la guerre sainte. La mise en perspective d'une telle disposition soulève de nombreuses questions dont celle concernant la nature même de la République islamique : une cause ou un État?

L'observation de la pratique de la politique étrangère du régime iranien porte à constater que tout en se fondant sur des considérations idéologiques puisées, selon le pouvoir, dans l'enseignement de l'islam, le régime poursuit une diplomatie qui prend des formes multiples, poursuit des objectifs parfois contradictoires et s'adapte aux évolutions du contexte régional et international. Pour mieux comprendre cette politique on passera en revue ses différents aspects dont la conjonction forme son mode de fonctionnement.

Le panislamisme

Comme son nom l'indique, le régime fondé en 1979 par l'ayatollah Khomeyni est une « république islamique ». Mais, même si, par la force des choses, il s'appuie, sur la prééminence du chiisme à l'intérieur de l'Iran - tout en établissant des rapports avec certains groupes chiites au Moyen-Orient -, il ne se présente pas, à l'extérieur, comme une république « chiite ». Dans cette perspective, dès 1979 la République islamique s'est manifestée à la fois comme le meilleur soutien à l'unité islamique (*vahdat-e eslam*) et comme le champion de la lutte des masses musulmanes contre « *l'arrogance mondiale* » et les régimes musulmans liés à l'Occident. Ainsi le pouvoir iranien a pris fait et cause pour les Palestiniens et la libération de Jérusalem occupé par Israël. Il a en même temps développé un discours idéologique se présentant comme le défenseur des « opprimés » face aux États-Unis, identifiés comme « le Grand Satan ». Cette politique a eu un effet très positif en termes d'image et d'influence pour l'Iran dans l'opinion publique musulmane en général et dans le monde arabe en particulier. Même le Hezbollah, lié à l'Iran et regroupant les chiites du Liban, a été perçu surtout comme une organisation islamique en lutte contre Israël, plutôt qu'un parti ayant aussi pour but la défense des intérêts de la communauté chiite. Il a ainsi atteint des sommets de popularité dans le monde arabe en 2006 à la suite de son combat contre les forces armée israéliennes.

Au-delà de ces exemples, le régime iranien n'a jamais ménagé ses efforts afin d'aider et de soutenir des pays ou des organisations politiques sunnites avec lesquels il partageait des objectifs communs. Il en a été ainsi, par exemple, des relations privilégiées qu'il a entretenues longtemps avec le Soudan jusqu'au début 2016 quand Khartoum a choisi le camp saoudien après la rupture des relations diplomatiques entre Riyad et Téhéran. Par ailleurs, l'Iran a toujours soutenu le Hamas même si à cause de la crise syrienne les relations avec cette organisation se sont quelque peu distendues.[5] Il en va de même en Palestine pour le Jihad islamique. L'Iran a aussi fait un pas en direction de l'Egypte au moment où le président Mohamed Morsi était au pouvoir. Il faut reconnaitre que malgré de vives oppositions théologiques et religieuses d'un point de vue idéologique il y a peu de différences entre le discours de la révolution islamique et celui des Frères musulmans. Entre islamistes iraniens et Frères musulmans d'Egypte il existe des relations de longue date[6]. Par ailleurs, l'ayatollah Khamenei est le traducteur en persan de certains ouvrages de Sayyid Qutb. Mis à part ces cas particuliers, de manière générale, la République islamique n'a jamais voulu se présenter comme un État en opposition au monde sunnite. Bien au contraire, elle a toujours fait en sorte de maintenir les meilleures relations possibles avec tous les États musulmans à majorité sunnite que se soit sur le plan bilatéral ou multilatéral comme au sein de l'Organisation de la conférence islamique. S'il y a eu parfois désaccord et mésentente avec certains pays sunnites les causes étaient plus souvent politiques que religieuses. La seule exception à cette règle concerne ses relations avec l'Arabie saoudite. En effet, si généralement le clergé chiite n'a pas de problème théologique majeur avec les sunnites, ce n'est pas le cas avec les wahhabites saoudiens, pour qui les chiites restent des hérétiques. Il en va de même pour les radicaux sunnites, salafistes ou djihadistes, qui partagent le même point de vue que les wahhabites. Dans le discours de la République islamique on fait peu de différence entre wahhabisme et salafisme-djihadiste. À leur propos, les Iraniens emploient du mot takfiri plutôt que le mot sunnite, le takfirisme consistant à excommunier d'autres musulmans au nom d'une prétendue pureté doctrinale. C'est dans cette perspective que l'Iran a proposé en 2014, avec une très faible possibilité de concrétisation, la formation d'une coalition anti-extrémisme regroupant chiites et sunnites pour mener la lutte contre l'État islamique.[7]

Le sectarisme chiite

Sans se démarquer du chiisme et des mondes chiites[8], la représentation que la République islamique se fait d'elle-même comme l'avant-garde des luttes du monde musulman dans son ensemble, bien au-dessus des clivages sectaires, a été, bon an mal an, maintenue jusqu'au déclenchement du « printemps arabe » que Téhéran a d'ailleurs tout de suite préféré nommer le « réveil islamique »[9]. Mais avec la crise syrienne et le soutien immédiat que Téhéran a apporté au gouvernement de Bachar al-Assad, son image dans l'opinion publique arabe s'est rapidement détériorée. L'appui inconditionnel accordé à un pouvoir particulièrement violent et l'arrivée en Syrie, avec l'aval de Téhéran, de miliciens du Hezbollah ainsi que d'autres volontaires chiites patronnés par l'Iran pour combattre les mouvements sunnites d'opposition, ainsi que l'implication directe des *Pasdaran* dans la guerre civile syrienne ont entrainé la République islamique dans un conflit qui a pris chaque jour davantage un caractère sectaire, écornant d'autant son image.[10] À l'été 2014, le passage de pans entiers du territoire irakien sous le contrôle de Daech, a contribué à renforcer le caractère sectaire et pan-chiite de la politique étrangère de la République islamique. L'implication militaire de l'Iran en Irak qui était restée relativement discrète voire secrète depuis 2003 se fait désormais au grand jour. Sans participer à la coalition que les Occidentaux et certains pays arabes ont établie face au Daech, l'Iran, en s'appuyant sur des milices chiites[11] et les forces armées Irakiennes, s'est lancé en mars 2015 dans la reconquête des territoires irakiens –essentiellement peuplés de sunnites- que Daech occupe. C'est le général Qassem Soleimani qui a supervisé en personne l'offensive visant à reprendre Tikrit[12], au risque que cette implication massive et visible de Téhéran ne contribue à exacerber encore davantage les tensions confessionnelles en Irak. Entretemps la « guerre froide » déjà ancienne avec l'Arabie saoudite suite au « printemps arabe » et à la révolte chiite à Bahreïn, a pris une coloration encore plus sectaire en raison de la prise du pouvoir au Yémen par les Houthis issus de la minorité chiite (zaydite) du pays. Ces derniers sont en effet perçus par Riyad comme des agents de Téhéran, ce dont ce dernier se défend[13]. La réaction du Royaume, menacé dans son arrière-cour, n'a pas tardé avec la mise en place d'une large coalition militaire sunnite pour contrer les Houthis. Même la Turquie, pourtant prudente dans ses rapports avec Téhéran, a sévèrement critiqué son action au Yémen et en Irak et ses ambitions régionales fin mars 2015[14]. Ainsi donc, la politique étrangère iranienne est tombée dans le piège du sectarisme qu'elle avait pourtant longtemps réussi à éviter avec un certain talent[15]. Cette situation d'alignement *de facto* sur les causes chiites partout au Moyen-Orient –même si Téhéran tente de s'en défendre- met en cause l'objectif premier d'un régime qui se voulait au départ le leader de la contestation islamique dans sa totalité, sans tenir compte des appartenances confessionnelles particulières. Cette évolution est très dangereuse pour les intérêts nationaux de l'Iran comme s'en émeuvent certains observateurs iraniens[16]. Il est évident qu'enfermé dans les limites strictes du chiisme, lui-même déjà très divisé, l'Iran ne fait pas le poids face à l'immensité des communautés sunnites.

Révolutionnarisme et tiers-mondisme

La République islamique se considère, dès sa fondation, comme un État révolutionnaire et jusqu'à présent elle s'efforce de garder ce statut. Comme pour d'autres États révolutionnaires, son objectif n'a pas consisté uniquement au changement de l'ordre intermède l'État mais aussi à la contestation de l'ordre international. Transformer en profondeur l'ordre régional et international, bien au-delà d'une simple modification de la configuration des rapports de force est un projet qui sous-tend toute sa diplomatie. Selon l'article 154 de la Constitution, pour lutter contre l'ordre international injuste, la République islamique « tout en s'abstenant absolument de la moindre intervention dans les affaires intérieures des autres nations, soutient la lutte des opprimés pour la conquête de leurs droits contre les oppresseurs dans tous les points du globe ». L'obligation religieuse de porter intérêt à la condition des faibles et des pauvres en leur accordant aide et soutien, est habilement transformée par la Constitution en une sorte de prolongement de la révolution au-delà des frontières nationales. Cette vocation politico-religieuse que se donne le régime repose sur une structure idéologique élaborée à partir du concept de *mostaz'af* (pluriel *mostaz'afin*), traduit généralement par faible, opprimé, déshérité, concept coranique, recouvrant des sens ésotérique, métaphysique moral mais aussi économique et social. Ce sont ces dernières significations qui sont habituellement prises en considération par le discours doctrinaire de la révolution islamique. À l'opposé de *mostaz'af*, il y a le *mostakbar* (pluriel *mostakbarin*), l'orgueilleux, le puissant, l'oppresseur. Ces puissants forment ce que les khomeynistes nomment l'*estekbar* synonyme de l'impérialisme ou de l'hégémonisme. La défense des *mostaz'afin* est le principe de base de l'idéologie tiers-mondiste de la République islamique.

Ce sont ces considérations idéologiques qui sont à l'origine de la mise en place d'une diplomatie active en Afrique sub-saharienne et en Amérique latine dès la fondation du nouveau régime mais qui prend vraiment de la consistance après la fin de la guerre Iran-Irak. Cette politique va connaître une amplification sans précédent durant la présidence d'Ahmadinejad (2005-2013). La nouvelle impulsion que l'on constate dans la politique tiers-mondiste de Téhéran est en partie liée à l'augmentation du prix du pétrole qui procure au gouvernement iranien des moyens financiers importants lui permettant d'aider et de soutenir des pays d'Afrique et d'Amérique latine. À cela s'ajoute la politique populiste que pratique plus volontiers le président iranien qui consiste à se rapprocher de plus en plus des pays qui contestent l'ordre international et rejettent la prééminence occidentale. C'est dans cet esprit que de nombreux échanges de visites ont lieu entre le président iranien et les chefs d'États sud américains comme Lula da Silva, Rafael Correa, Evo Morales, Daniel Ortega et surtout Hugo Chavez qui effectuera une dizaine de visites à Téhéran et deviendra le meilleur allié de la République islamique dans l'hémisphère occidental. Les flux commerciaux très faibles avec ce pays avant l'arrivée au pouvoir d'Ahmadinejad connaissent par exemple un triplement de 2007 à 2008. À partir de la tête de pont vénézuélienne la pénétration iranienne en Amérique Latine s'intensifie. En Bolivie, au Chili, en Colombie, au Nicaragua et en Uruguay l'Iran ouvre de nouvelles mission diplomatiques qui s'ajoutent à celles existant déjà dans des pays comme l'Argentine, le Brésil, le Mexique, le Venezuela, Cuba, etc. La politique iranienne en direction des États d'Amérique du sud poursuit aussi deux objectifs particuliers : s'immiscer dans l'arrière-cour américaine comme pour répondre à la présence militaire des États-Unis dans la zone du golfe Persique que Téhéran condamne et montrer ainsi sa capacité de tenir tête aux puissances occidentales, par ailleurs il s'agissait à l'époque d'Ahmadinejad de montrer que, contrairement aux discours occidentaux, la République islamique n'est pas un pays isolé sur la scène internationale. Depuis l'arrivée au pouvoir en 2013 du président Rohani, l'Iran n'a pas changé sa politique de rapprochement avec les États latino-américains. Mais vu, d'une part, la chute du prix du pétrole Téhéran n'a plus les moyens financiers pour continuer comme auparavant ses investissements dans la région et, d'autre part, après la signature de l'accord sur le nucléaire, il semble préférable pour Téhéran de tempérer au moins provisoirement ses ardeurs anti-impérialistes[17].

Les relations de l'Iran avec l'Afrique, comme ses relations avec l'Amérique latine, datent d'avant la révolution islamique de 1979. L'Iran du shah entretenait des relations politiques et économiques avec la plupart des États importants du continent africain. Le nouveau régime a essayé de maintenir ces relations tout en leur donnant, si possible, une nouvelle orientation idéologique par exemple en se rapprochant plus des régimes affiliés à des courants islamistes ou des pays menant une politique plus hostile à l'Occident ou n'entretenant pas des relations avec Israël. Un des pays africains où la République islamique s'est impliquée considérablement dès les années 1985 est le Soudan. Téhéran a ainsi développé ses relations avec Khartoum dans de multiples secteurs y compris dans le domaine militaire. Mais malgré de nombreuses années de soutien accordé par l'Iran au Soudan, les relations diplomatiques entre les deux pays, comme relevé plus haut, ne résisteront pas à la crise déclenchée entre l'Iran et l'Arabie saoudite début janvier 2016 suite à l'exécution du cheikh chiite saoudien Nim al-Nimr et le saccage de l'ambassade de l'Arabie saoudite à Téhéran et de son consulat à Machhad. L'exemple soudanais sera suivi par deux autres États africains : la Somalie et Djibouti. Quant à l'Erythrée, elle avait déjà rompue ses relations avec l'Iran en décembre 2015. En Afrique, comme ailleurs, la politique iranienne a aussi une dimension prosélyte importante. Ainsi, au Nigeria, l'aspect religieux de la politique de Téhéran a eu des effets. Les relations de l'Iran avec ce pays ont été en proie à de vives tensions en 2015 après l'arrestation du cheikh chiite Ibrahim Zakaky chef du Mouvement islamique du Nigeria, groupe religieux formé après la révolution de 1979, que les autorités nigérianes accusent d'être financé par l'Iran.[18] Mais cette question n'a eu des conséquences qu'un court laps de temps sur les relations entre les deux États. Dans l'opération de séduction lancée par l'Iran à l'été 2016 en direction de l'Afrique occidentale, après la rupture des relations des trois États de l'Afrique orientale avec Téhéran, le ministre des affaires étrangères de la République islamique n'a pas hésité à débuter sa tournée africaine par une visite au Nigeria avant de se rendre au Ghana, en Guinée et au Mali.[19]

Le pragmatisme

Concernant des questions de première importance comme la préservation du régime, la primauté de cet objectif est telle qu'elle autorise, en cas de besoin, le plus grand pragmatisme, et les changements les plus drastiques de politique. Il en fut ainsi lorsque en juillet 1988 Khomeyni accepta la résolution 598 du Conseil de sécurité imposant un cessez-le-feu dans la guerre Iran-Irak. Il en fut ainsi aussi en 2013 quand Téhéran accepta de négocier avec les cinq membres permanents du Conseil de sécurité plus l'Allemagne pour trouver une issue à la crise du nucléaire. À cette occasion, s'inspirant d'un acte attribué à Hassan, petit-fils du Prophète et deuxième Imam chiite, l'Iran justifia le retournement de situation en évoquant « la flexibilité héroïque ». Il s'agit en fait de faire preuve de souplesse tactique face à l'adversaire pour mieux emporter la compétition. Comme on le constate, la boîte à outils du chiisme est riche de nombreux engins.

Sur des questions moins vitales, il en a été de même. Ainsi, bien que fondant officiellement sa politique étrangère sur le slogan « Ni l'Est, ni l'Ouest », la République islamique ne s'est jamais tenu à équidistance entre Moscou et Washington. Il en fut ainsi à l'époque de la guerre froide et il en est encore plus aujourd'hui où il existe désormais un « partenariat stratégique » entre l'Iran et la Russie dans le cadre de la guerre en Syrie ayant officiellement comme but « la lutte contre le terrorisme ». L'engagement de l'Iran au côté de la Russie en Syrie est le plus important engagement militaire que ce pays a eu avec une puissance étrangère depuis 1979. En août 2016, les Russes ont annoncé que l'Iran avait mis à leur disposition la Base aérienne de Hamadan, située dans l'ouest du pays afin de mener des attaques en Syrie. À l'annonce de cette nouvelle plusieurs députés du Majlis ont dénoncé cette décision comme anticonstitutionnelle. En effet, l'article 146 de la constitution stipule que « toute installation de base militaire étrangère dans le pays est interdite, même avec un objectif d'utilisation pacifique ». Des représentants officiels du régime ont alors rétorqué que cette décision était constitutionnelle puisque l'utilisation de la base par les Russes était uniquement temporaire et que le commandement de la base était sous contrôle iranien. Après le départ des Russes, le ministre de la défense a déclaré que l'Iran n'avait pas l'intention de donner à nouveau accès à une des ses bases mais si les Russes en faisaient la demande il prendrait en considération cette demande.[20]

Un autre exemple de conduite pragmatique dans la diplomatie de Téhéran concerne ses relations avec Ankara. Malgré les difficultés et les tensions de tous ordres qui ont ponctué les rapports entre les deux États voisins depuis 1979, Iraniens et Turcs ont toujours essayé de maintenir leurs relations à un niveau mutuellement acceptable. À l'heure actuelle, bien que poursuivant chacun des objectifs politiques souvent opposés en Syrie et en partie en Irak, les deux pays ont poursuivi leur dialogue ainsi que leurs échanges économiques qui d'ailleurs au fil des années ont pris de plus en plus d'importance. Un objet de désaccord même important ne doit pas mettre en danger l'ensemble des relations bilatérales de deux vieux pays qui se connaissent bien. Tel semble être la règle admise par Ankara et Téhéran.

L'approche réaliste de la politique étrangère est parfois plus déterminante que les considérations de type religieux. Ainsi, par exemple, durant la première guerre de Tchétchénie (1994-99) ainsi que la seconde (1999-2009), les responsables politiques de la République islamique ont toujours pris soin de ne pas critiquer la politique russe même s'il s'agit d'une guerre particulièrement violente contre des populations de confession musulmane du nord Caucase. D'ailleurs, au-delà de cette région, toute la politique iranienne dans les républiques musulmanes de l'ex-URSS depuis leurs indépendances est caractérisée par des pratiques ne mettant jamais en cause les intérêts de Moscou.

Un autre contexte où les considérations religieuses n'ont qu'une importance marginale est celui des relations triangulaires Téhéran-Erevan-Bakou. En effet, l'Iran qui a des frontières communes avec à la fois l'Azerbaïdjan et l'Arménie a des rapports difficiles avec le premier tout en entretenant des relations d'amitié et de coopération avec le deuxième. Or, l'Arménie est un pays chrétien et l'Azerbaïdjan est un pays musulman dont environ 70 % de la population est de confession chiite duodécimain comme la majorité des Iraniens. Ce qui explique cette situation paradoxale c'est l'existence de divergences idéologiques entre les deux voisins l'un se considérant comme une république islamique et l'autre étant un État laïque influencé par 70 ans de sécularisation de type soviétique dont l'une des conséquences est un contrôle exercé sur toutes les activités religieuses par l'administration étatique. De plus, dès son indépendance le nouvel État s'est rapproché des États-Unis, de l'OTAN, d'Israël et de l'Europe en devenant membre du Conseil de l'Europe. Au niveau de sa politique régionale Bakou se considère comme très proche de la Turquie tout en soutenant à demi-mot le discours stalinien de « Grand Azerbaïdjan » qui met en cause l'intégrité territoriale de l'Iran. Si à cela on ajoute des divergences sur la délimitation des frontières maritimes en mer Caspienne, on comprend mieux les désaccords qui opposent les deux pays même si l'on constate depuis quelques temps une amélioration des relations grâce à l'entremise de la Russie.

Le cas du Pakistan est aussi intéressant pour comprendre le faible impact, et parfois à l'inverse l'effet négatif, du facteur religieux sur les relations bilatérales entre ces deux pays voisins. Alors qu'avec une population de confession chiite de l'ordre de 20 à 30 millions d'habitants, le Pakistan regroupe sur son territoire la plus grande communauté chiite du monde en dehors de l'Iran, il était intéressant de voir comment l'arrivé au pouvoir du clergé iranien serait perçu par les chiites de ce pays. Après la révolution, le nouveau régime iranien inaugure une politique de soutien aux communautés chiites du Pakistan. Mais cette politique engendra rapidement une réaction de la majorité sunnite qui, avec des soutiens internes et externes, à son tour mènera des actions très violentes contre les chiites et leurs lieux de cultes. Les chiites se rendirent compte que l'aide de l'Iran en fin de compte avait rendu leur situation plus vulnérable qu'auparavant. Par ailleurs, les intérêts mêmes de l'État iranien au Pakistan furent menacés, à la suite de l'amplification de la confrontation chiite-sunnite. Cette aggravation de la situation se traduisit par l'apparition d'un conflit indirect entre

Téhéran et Riyad sur le terrain pakistanais, conflit qui ne pouvait tourner à l'avantage de l'Iran à cause de la dimension de la communauté sunnite du pays ainsi que de l'aide importante que pouvait lui fournir l'Arabie saoudite. Inquiet de l'impact de cette évolution sur les régions frontalières de l'Est du pays, déjà très instable à cause de la situation dans la province du Sistan-Baloutchistan ainsi qu'en Afghanistan, il devint de plus en plus évident qu'une politique étrangère trop fondée sur le facteur religieux chiite au Pakistan ne permettait pas à Téhéran de maintenir des relations diplomatiques normales et de qualités avec son grand voisin du sous-continent.[21]

Ces dernières années, la Chine est devenue progressivement le partenaire économique le plus important de l'Iran (19,5 % du total du commerce extérieur en 2017). Outre l'économie, la coopération entre Téhéran et Pékin touche divers domaines y compris le secteur militaire. Le retrait américain de l'accord sur le nucléaire iranien et, plus généralement, la politique de pression exercée par l'administration Trump sur la République islamique et la République populaire, a contribué au renforcement des relations bilatérales entre les deux États asiatiques. Cela explique le mutisme quasi total qu'observent les autorités iraniennes depuis des années par rapport à la question Ouïgoure et à la situation de l'islam en Chine.

Conclusion

Depuis 1979, la référence à la religion est devenue une constante chez les décideurs politiques iraniens. Cette référence se traduit, en matière de politique internationale, par une volonté déclarée d'œuvrer à l'unité du monde islamique. Mais le panislamisme affiché ne pouvait ignorer l'existence de groupes chiites en dehors du territoire iranien dont certains avaient manifesté de la sympathie pour la révolution islamique en Iran. Cependant, avec les États où les chiites formaient la majorité de la population comme l'Irak et Bahreïn, Téhéran ne devait pas trop se référer au chiisme, le pouvoir étant dans ces pays aux mains des sunnites. Dans le cas de l'Azerbaïdjan, le régime sécularisé sur le modèle soviétique, exerçant un contrôle très strict sur tout ce qui était en rapport de près ou de loin avec la religion, limitait considérablement l'influence du clergé iranien. Ce n'est qu'en 2003, après le renversement de Saddam Hussein et l'arrivée au pouvoir pour la première fois des chiites duodécimains dans un pays arabe, que la donne politique régionale change, changement qui prendra une autre forme en 2011 avec le printemps arabe.

Mis à part le panislamisme et le chiisme, deux autres facteurs jouent aussi un rôle déterminant dans la formulation de la politique étrangère de la République islamique : la nature révolutionnaire du régime iranien et son attachement à la défense des intérêts des peuples et des pays du sud, ceux que l'on mettait, il y a encore quelques années, dans la catégorie des pays du Tiers monde. Ces deux facteurs ne sont pas nécessairement dissociés des considérations religieuses. En effet, certains courants de l'islamisme politique ont à la fois des dimensions révolutionnaires et contestataires de l'ordre social et international. Cependant, ici les appartenances religieuses ne rentrent pas en ligne de compte, et ce sont les considérations politiques, économiques et géopolitiques qui sont prises en considération. Dans cette perspective, une république islamique comme celle de l'Iran peut aussi bien s'entendre avec un régime comme celui de la Corée du nord, de Cuba ou du Venezuela.

La pratique de la politique étrangère oblige tous les États, y compris ceux qui sont fortement marqués par des considérations religieuses et idéologiques particulières, à tenir compte du contexte international dans lequel ils évoluent. Une des caractéristiques importantes de la politique extérieure, qui la distingue des autres politiques publiques, est d'avoir pour champ d'action un espace qui échappe en grande partie à son contrôle. Si les domaines où s'exercent les autres politiques publiques s'inscrivent dans le cadre de la souveraineté territoriale, le champ des relations internationales est celui d'un milieu en partie anarchique, avec des centres de pouvoir multiples et concurrentiels et d'affrontement de diverses souverainetés qu'aucune puissance n'a jamais pu entièrement contrôler.[22] La République islamique comme les autres États évoluant dans un tel milieu doit tenir compte de ces réalités. Certes, en tant que république se considérant comme essentiellement islamique et idéologiquement motivée, elle minimise son recours au pragmatisme et essaye de dissimuler son comportement en utilisant des justifications plus ou moins religieuses.

En fait, pour bien comprendre la politique étrangère de la République islamique il faut tenir compte des interactions continuelles entre idéologie (religion) et pratique. On verra ainsi comment, au gré des circonstances, l'idéologie prévaut parfois sur la *Realpolitik* ou, au contraire, l'action pratique se mène sans le moindre souci ni de l'idéologie ni, d'ailleurs, de la vérité révélée, sur laquelle la théocratie iranienne est sensée être fondée.

Note

1. Le système politique mis en place par Khomeyni et le clergé en Iran est non simplement unique et constitue une innovation dans l'histoire du chiisme ainsi que dans l'histoire du monde musulman dans son ensemble.Voir Zackery M. Heern,
2. *Constitution de la République islamique d'Iran 1979-1989,* traduction, introduction et notes par Michel Potocki, L'Harmattan, Paris, 2004, p.32-33.
3. *Ibid.* p. 33.
4. *Ibid.* p. 37.
5. Voir Fatima al-Smadi, « Analysis Hamas, Islamic Jihad, Redefining Relations with Iran », http://studies.aljazeera.net/mritems/Documents/2015/9/20/20159209628837734Hamas.pdf.
6. Mehdi Khalaji, «Egypt's Muslim Broterhood and Iran », Washington Institute for Near East Policy, 12 February, 2009, http://www.washingtoninstitute.org/policy-analysis/view/egypts-muslim-brotherhood-and-iran
7. Adam Weinstein, « Iran Pitches Anti-Extremist Cooperation, but Dim Prospects for Coalition »http://www.fletcherforum.org/2016/03/12/weinstein/
8. Sur la multiplicité du chiisme voir : Sabrina Mervin(sous-direction de), *Les mondes chiites et l'Iran,* Paris, Karthala, 2007.
9. Voir Mohammad-Reza Djalili, ThierryKellner, *L'Iran et la Turquie face au « printemps arabe* », op. cit..
10. AfshonOstovar, *Sectarian Dilemmas in Iranian Foreign Policy: When Strategy and Identity Politics Collide,* Carnegie Endowment for International Peace, November 2016,http://carnegieendowment.org/2016/11/30/sectarian-dilemmas-in-iranian-foreign-policy-when-strategy-and-identity-politics-collide-pub-66288.
11. Organisation Badr, Asaib al Haq (la Ligue des Justes), Kata'ib Hezbollah, Kata'ib Imam Ali, Kata'ib Saraya Khorasani, Kata'ib Saeed al Shuhada, Muqtada al Sadr's Promised Day Brigade, groupes qui tous sont soutenus par Téhéran et les Gardiens de la Révolution. Voir Caleb Weiss et Bill Roggio, « Iranian-backed Shiite militias lead Iraq's fight to retake Tikrit », *The Long War Journal,* March 4, 2015.
12. Caleb Weiss, « Iranian general at the forefront of the Tikrit offensive », *The Long War Journal,* March 5, 2015.
13. Voir Peter Salisbury, *Yemen and the Saudi–Iranian 'Cold War',* London, Chatham House, RIIA, Middle East and North Africa Programme, February 2015, 11p. et sur les liens ténus mais pas inexistants entre les Houthis et l'Iran, Mehdi Khalaji, « Yemen's Zaidis : A Window for Iranian Influence », *Policy Watch,* n° 2364, The Washington Institute for Near East Policy, February 2, 2015.
14. SemihIdiz, « Erdogan takes swipe at Iran », *Al-Monitor*, April 1, 2015.
15. Shahram Akbarzadeh, « Sectarianism and Iran's Foreign Policy », *OpenDemocracy*, 13 February 2015.
16. Taghi Rahmani, « The Slippery Ground and GhasemSoleymani », *Rooz,* April 4, 2015.
17. Vincent Lofaso, « The Iran Doctrine in Latin America: A Threat to Hemispheric Security? » http://www.coha.org/wp-content/uploads/2016/11/Iran-Doctrine.pdf
18. Joan Tibouine, « Au Nigeria, la crainte d'un nouveau BokoHaram version chiite »https://www.lemonde.fr/afrique/article/2018/11/05/au-nigeria-la-crainte-d-un-nouveau-boko-haram-version-chiite_5379090_3212.html 1/7
19. Sur l'influence iranienne en Afrique voir aussi Hassan Dai, « Tehran's Soft Power in Africa», *Middle East Quarterly,* Fall 2018, pp.1-9.
20. Mohsen Milani, « Iran and Russia's Uncomfortable Alliance : Their Cooperation in Syria in Context », https://www.foreignaffairs.com/articles/iran/2016-08-31/iran-and-russias-uncomfortable-alliance
21. *Sur les relations de l'Iran avec le Pakistan voir Clément Therme :« l'Iran et le Pakistan, 1947-2015 : de la guerre froide à l'accord sur le nucléaire », Diploweb, 21 octobre 2018.*
22. Voir : Philippe Braillard et Mohammad-Reza Djalili, *Les relations internationales,* 10e édition, Que-sais-je, Puf, Paris, 2016. pp.55-71.

Dominique Vidal

Journaliste et historien, dernier ouvrage paru :
Antisionisme = antisémitisme ? Réponse à Emmanuel Macron
(Libertalia, 2018).

Israël : la radicalisation s'accélère

Le 9 avril 2019, les Israéliens ont confirmé par leur vote la radicalisation de Benyamin Netanyahou et de ses alliés d'extrême droite depuis cinq ans : loi constitutionnelle d'apartheid, passage de la colonisation à l'annexion de la Cisjordanie, législations liberticides, alliances avec les populistes – même antisémites – en Europe et dans le monde. Le pire est à prévoir.

On April 9th, the Israelis confirmed by their vote the radicalization of Benyamin Netanyahou and it's extreme right allies since five years: new basic law aiming at apartheid, evolution from colonization to annexation of the West Bank, legislations restricting freedoms, alliance with populist - even antisemites - forces in Europe and in the world. The worth is to come.

Sans surprise, Benyamin Netanyahou a convaincu l'électorat israélien, le 9 avril dernier, de reconduire la coalition de droite et d'extrême droite au pouvoir. Faute de véritable alternative de gauche ou même centriste, une majorité a donné son feu vert à la poursuite de la radicalisation accéléréedepuis 2015.

Ce phénomène comporte quatre dimensions principales sur lesquelles nous nous proposons de revenir.

La première et la principale concerne le projet colonial en Palestine, qui a pris un tournant historique. Jusqu'ici les autorités israéliennes faisaient mine d'accepter la perspective dite *« des deux États »*. Certes, elles accéléraient la colonisation – le quotidien israélien *Haaretz*, l'a chiffrée en 2018 à plus de 700 000 colons juifs, 470 000 en Cisjordanie et 230 000 à Jérusalem-Est –, mais elles maintenaient un flou artistique autour du statut des territoires occupés.

De surenchère en surenchère, stimulés par la possible succession de Netanyahou, ses rivaux ont imposé un changement de cap. Avant d'échouer à faire élire les candidats de son nouveau parti, l'ex-chef du Foyer juif, Naftali Bennett répétait inlassablement : *« Nous devons donner nos vies pour l'annexion de la Cisjordanie*[1]*. »* Et il avait déjà joint les actes aux paroles, faisant voter une loi en ce sens par la Knesset, le 6 février 2017 : ce texte légalise rétroactivement une série d'« avant-postes » (jusque-là illégaux même aux yeux du droit israélien) en autorisant la saisie de terres privées palestiniennes et en ouvrant ainsi la voie à l'extension de la souveraineté israélienne à la zone C, qui représente plus de 62 % de la Cisjordanie[2], voire sur toute celle-ci. Cette loi dite de *« régularisation »*, appelée *« loi des voleurs »* par Benny Begin, le fils de l'ancien Premier ministre, reste pour l'instant gelée par la Cour suprême. Mais cette dernière constitue une cible des attaques du gouvernement, qui veut en modifier la composition et en réduire les prérogatives[3]. Bref, la loi pourrait être « dégelée ». D'autant que le Premier ministre, à la veille du scrutin, s'est engagé à annexer les colonies israéliennes – soit 10 % de la Cisjordanie si l'on ne compte que les constructions, mais 45 % en intégrant le territoire municipal...

Un autre projet de loi prévoit d'annexer cinq blocs de colonies situés à l'est de Jérusalem, empêchant la ville arabe de devenir la capitale d'un État palestinien. Mais il nécessitait encore, selon Netanyahou, une *« préparation diplomatique »*. En attendant, la Knesset a adopté début janvier 2018 un amendement à la loi de 1980 sur Jérusalem[4], qui élève de 61 députés à 80 (sur 120) la majorité nécessaire pour tout retour de parties de la ville sous souveraineté palestinienne. En outre il permet de retrancher des quartiers palestiniens situés à l'extérieur du Mur pour en faire des *« entités séparées »* dont les habitants ne seraient plus des résidents. *« S'il était mis en œuvre, le charcutage des limites de la municipalité y réduirait de près de 120 000 le nombre des Palestinienset ajouterait 140 000 colons israéliens à la population de la ville, réduisant la part des Palestiniens à 20 % (contre 37 % aujourd'hui) »*, estime le rapport secret annuel des consuls de l'Union européenne à Jérusalem[5].

Autrement dit, les bâtisseurs du Grand Israël ont décidé, violant ouvertement cinquante années de résolutions des Nations unies, d'enterrer la solution dite *« des deux États »* au profit d'un seul : un État d'apartheid, où les Palestiniens annexés ne jouiraient pas du droit de vote. Il est vrai que, selon les démographes, la Palestine historique compte désormais autant d'Arabes que de Juifs : environ 6,6 millions…

La nouvelle loi fondamentale adoptée le 19 juillet 2018 à la Knesset – deuxième composante de la radicalisation – coule cette volonté dans le marbre. Elle remplace la définition d'Israël comme *« État juif et démocratique »* par la formule*« État-nation du peuple juif »*. Son article 1 précise : *« Le droit à exercer l'autodétermination nationale appartient en Israël au seul peuple juif. »* L'article 4 abolit le statut officiel que l'arabe partageait avec l'hébreu. Enfin l'article 7 stipule que *« l'État considère le développement de la colonisation juive comme une valeur nationale et promeut son établissement et sa consolidation »*. Cette législation contredit donc ouvertement la Déclaration d'indépendance du 14 mai 1948, selon laquelle le nouvel État assurerait*« une complète égalité de droits sociaux et politiques à tous ses citoyens, sans distinction de croyance, de race ou de sexe »*.

Les leaders de l'extrême droite font aussi avancer leur cause par des provocations retentissantes. Ex-ministre de la Justice, Ayelet Shaked n'avait pas hésité, pendant la dernière guerre de Gaza, à poster sur sa page *Facebook* un texte qualifiant *« l'ensemble du peuple palestinien d'ennemi d'Israël* » et justifiant ainsi *« sa destruction, y compris ses vieillards, ses femmes, ses villes et ses villages*[6] *»*. De son côté, Naftali Bennett avait préconisé de tuer tous les *« terroristes »* arrêtés plutôt que de les mettre en prison. Et d'expliquer : *« J'ai tué beaucoup d'Arabes, aucun problème avec ça »*. Quant à Avigdor Liberman, il affirmait que *« les Israéliens arabes n'ont pas leur place ici. Ils peuvent prendre leurs baluchons et disparaître »*, ajoutant : *« Ceux qui sont contre nous méritent de se faire décapiter à la hache*[7] *»*.

Mais ces extrémistes le savent : leur fuite en avant pourrait susciter, à terme, des réactions négatives de l'opinion. Si, on l'a vérifié le 9 avril, l'absence d'alternative à gauche a indiscutablement « droitisé » les Israéliens, cette évolution comporte (encore ?) des limites : selon une enquête d'opinion, rendue publique en mars 2019, 28 % des Israéliens s'opposent à toute annexion, 11 % ne l'acceptent que si les Palestiniens jouissent des mêmes droits que les Juifs et 30 % n'expriment pas d'opinion. Seuls 31 % envisagent celle de la zone C ou même de la Cisjordanie sans droits pour les Palestiniens[8].

Voilà qui explique sans doute la troisième dimension de la radicalisation de la coalition sortante : l'arsenal liberticide qu'elle a fait voter par la Knesset depuis le début de la décennie. Au cas où… En voici quelques morceaux de choix :

– une loi interdit tout appel au *« boycott d'une personne en raison de ses liens avec Israël ou des régions sous le contrôle d'Israël »* (2011) ;

– une autre prive de subventions d'État les institutions qui commémorent la Nakba (2011) ;

– le même texte instaure des *« comités d'admission »* pour décider si une personne venant s'installer dans une localité est *« convenable »* (2011) ;

– une loi contraint les organisations non gouvernementales (ONG) à déclarer les subventions en provenance de gouvernements étrangers, si celles-ci représentent plus de la moitié de leur budget (2016) ;

– unique au monde, un texte permet à 90 députés (sur 120) d'en expulser d'autres du Parlement pour incitation, racisme ou soutien à la lutte armée (2016) ;

– une autre législation accorde des pouvoirs exceptionnels à l'État contre les *« organisations terroristes »*en Israël, y compris leurs *« membres passifs »* (2016) ;

– une loi permet l'emprisonnement à partir de 12 ans de mineurs accusés de plusieurs crimes violents (2016) ;

– une législation autorise Israël à refouler, à ses frontières, les personnes appelant au boycott (2017) ;

– une autre loi interdit à l'association d'anciens soldats israéliens, *Breaking the silence*, d'intervenir dans les établissements d'enseignement (2017) ;

– une loi autorise le ministre de l'Intérieur à révoquer le droit de résidence à Jérusalem de Palestiniens suspectés de *« déloyauté »* vis-à-vis de l'État (2018) ;

– quasiment totalitaire, la dernière loi en date permet au Premier ministre et au ministre de la Défense de déclarer la guerre seuls, sans consulter ni le cabinet de sécurité ni le gouvernement (2018).

Qui se ressemble s'assemble : Netanyahou recrute ses meilleurs amis - c'est la quatrième dimension de la radicalisation de sa coalition sortante - parmi les pires populistes européens.

Comme Viktor Orban, le Premier ministre hongrois. Le chef du Likoud n'a pas manifesté le moindre état d'âme en apprenant que son hôte, quelques jours avant leur rencontre de juillet 2017, s'était livré à une apologie du régent Horthy, le Pétain hongrois dont les successeurs aidèrent Adolf Eichmann à déporter et à assassiner 430 000 Juifs hongrois. Un an plus tard, il l'a invité à Jérusalem malgré la campagne législative aux relents antisémites menée à Budapest en ciblant George Soros.

Netanyahou flirte aussi avec Jaroslaw Kaczynski, pourtant inspirateur d'une loi interdisant d'évoquer les – très nombreux – collaborateurs polonais de l'Occupant. Ce texte négationniste provoqua un tel scandale que Varsovie dût reculer un peu. Cela suffit pour que Benyamin Netanyahou et son homologue Mateusz Morawiecki cosignent une déclaration, qualifiée par Yehuda Bauer, le principal historien israélien de la Shoah, de *« trahison stupide, ignorante et amorale de la vérité historique sur l'implication polonaise dans l'Holocauste*[9] *»*. Ce qui n'empêcha pas une crise entre Tel-Aviv et Varsovie, suite à une déclaration du nouveau ministre des Affaires étrangères israélien…

De même, lors de sa visite à Vilnius, Netanyahou n'a pas dit un mot sur la participation de la Lituanie, pays de son père, à la Shoah. Et pourtant le pourcentage de Juifs exterminés y a atteint le record d'Europe de 97 %, dont beaucoup massacrés par des collabos lituaniens.

Avant ce voyage, le Premier ministre israélien avait avoué le but de cette « drague » : *« Je souhaite parvenir à un équilibre dans les relations pas toujours amicales de l'Union européenne envers Israël. Je le fais par des contacts avec des blocs de pays de l'Union européenne, des pays d'Europe de l'Est et maintenant avec des pays baltes et d'autres pays bien sûr. »*

Tel-Aviv jette aussi ses filets à l'Ouest sur la quasi-totalité des formations néofascistes, et d'abord dans les États où elles sont au pouvoir. Ainsi Matteo Salvini, le vice-Premier ministre italien et chef de la Ligue, a-t-il été reçu à Jérusalem comme *« un grand ami d'Israël »* – selon Netanyahou. Qui avait tressé la même couronne au chancelier autrichien Sebastian Kurz, dont le gouvernement compte pourtant six ministres du Freiheitliche Partei Österreichs (FPÖ), le partinéo-nazi fondé par feu Jörg Haider. Mais l'extrême droite ouest-européenne intéresse aussi Tel-Aviv même lorsqu'elle se trouve encore dans l'opposition. Seule reste *non grata* en Israël la formation de Marine Le Pen, dont le compagnon, Louis Alliot, y a néanmoins séjourné.

Nul doute que Reuven Rivlin, le président d'Israël, avait en vue les liaisons dangereuses de son Premier ministre lorsqu'il a déclaré : *« Je rencontre des chefs d'État du monde entier (…) et ils me disent parfois qu'ils doivent travailler avec des mouvements comme ceux-là pour construire des coalitions et que même s'ils sont néofascistes, ce sont de grands admirateurs d'Israël. Et je leur réponds que c'est absolument impossible*[10]. *»*

Dans toute cette radicalisation, il y a quelque chose de l'*hubris* grec, mélange de vertige, d'orgueil et de démesure contre lequel les dieux exerçaient leur vengeance. Netanyahou et ses alliés/rivaux se croient tout permis parce qu'ils estiment détenir une sorte de carré d'as.

Premier as, Donald Trump, le président américain le plus pro-israélien de l'histoire. Le deuxième as, c'est Mohammed Ben Salman, le prince-héritier saoudien, qui a décidé de vendre ouvertement Jérusalem pour s'allier avec Washington et Tel-Aviv contre l'Iran. Le troisième as, ce sont les dirigeants palestiniens du Fatah et du Hamas incapables de surmonter leurs divisions, fournissant ainsi à Tel-Aviv un atout-maître. Enfin, quatrième as, les guerres de Syrie, d'Irak et du Yémen, qui marginalisent la question de Palestine, autrefois centrale.

Leur fuite en avant, Netanyahou et ses alliés-rivaux le savent, ne pourra qu'accentuer leur isolement international. Déjà, l'État de Palestine est entré à l'Unesco (2011), aux Nations unies (2012) et à la Cour pénale internationale (2015). Et quand l'Assemblée générale vote, fin 2018, en faveur du droit du peuple palestinien à l'autodétermination et à un État, c'est par 172 voix pour et 6 contre (Canada, États-Unis, Israël, mais aussi Îles Marshall, États fédérés de Micronésie et Nauru).

Voilà pourquoi Tel-Aviv s'efforce de faire taire les critiques de sa politique. D'où sa volonté de criminaliser la campagne Boycott-Désinvestissement-Sanctions (BDS), qualifiée par Netanyahou de *« menace stratégique majeure »* qu'il combat avec une organisation récemment dotée de 72 millions de dollars[11]. À cette première opération s'en ajoute une seconde, visant à interdire… l'antisionisme, assimilé à l'antisémitisme. S'appuyant sur une petite phrase d'Emmanuel Macron lors de la commémoration de la rafle du Vel d'Hiv le 16 juillet 2017, le président du Conseil représentatif des institutions juives de France (CRIF) exigeait une loi en ce sens, finalement écartée par le président de la République. Il n'aura obtenu que l'application par la France de la « définition » de l'antisémitisme par l'Alliance internationale pour la mémoire de l'Holocauste (IHRA), un texte indigent qui ne mentionne d'ailleurs pas l'antisionisme.

Tout cela pose, pour conclure, une question de vocabulaire. S'agissant de n'importe quel autre pays, une évolution comme celle-ci serait qualifiée de « fascisation ». Comparaison n'est certes pas raison. Mais comment oublier que, si le courant dont Benyamin Netanyahou est issu, le sionisme révisionniste de Vladimir Zeev Jabotinsky, ne se réclamait pas ouvertement du fascisme, Mussolini se réclamait de lui ?*« Pour que le sio-*

nisme réussisse, confia le Duce en 1935 à David Prato, futur grand-rabbin de Rome, *il vous faut un État juif, avec un drapeau juif et une langue juive. La personne qui comprend vraiment cela, c'est votre fasciste, Jabotinsky*[12]. » Hasard ou prémonition ? Ben-Zion Netanyahou, le père de Benyamin, servit un temps de secrétaire à Jabotinsky. Tel père, tel fils ?

Notes

1. Site i24news.tv.fr, 7 octobre 2016.
2. Placée sous le contrôle total d'Israël par les accords d'Oslo, la zone C comprend notamment la Vallée du Jourdain et l'ensemble des colonies.
3. Site du Times of Israel, 1er juillet 3018.
4. Site du *Monde*, 3 janvier 2018.
5. Mediapart, 9 février 2018.
6. La page Facebook archivée est disponible sur : https://archive.is/zWrrG
7. www.nouvelobs.com/galeries-photos/photo/20160530.OBS1515/en-images-israel-les-declarations-surrealistes-d-avigdor-lieberman.html
8. *Haaretz*, 19 mars 2019.
9. *Haaretz*, 5 juillet 2018.
10. Site du Times of Israel, 30 novembre 2018.
11. Site du Times of Israel, 31 décembre 2017.
12. Cité par Lenni Brenner, *Zionism in the Age of the Dictators*, CroomHelm, Londres et Canberra, 1983.

Devant la situation politique délétère de l'Italie, nous avons décidé d'ouvrir une chronique – *en italique* – pour suivre et analyser ce tournant improbable en même temps qu'inquiétant de son histoire. C'est à Serge Airoldi[1] dont nous avons déjà apprécié la plume dans nos colonnes et dans ses ouvrages que nous avons demandé de nous livrer son regard d'écrivain sur le présent et le futur d'un apparent « retour » du passé.

Serge Airoldi

Écrivain.

« La lumière du futur ne saurait cesser un seul instant de nous blesser »

« Les familles italiennes produisent trop de vieux »
Guido Ceronetti, *Insectes sans frontières*

Dimanche 2 juin 2019. Rome. Via dei Fori Imperiali. L'avenue relie le Colisée à la Piazza Venezia où trône l'invraisemblable Vittoriano, le monument qui rend hommage au roi Victor-Emmanuel II et que les Romains nomment par dérision « La Machine à Ecrire ».

Dans l'avenue qui longe le Forum, à l'ombre d'un des chapiteaux officiels, Matteo Salvini a tombé la veste, retroussé les manches de sa chemise, défait le premier bouton et enchaîne les selfies. C'est une de ses marques de fabrique. Après les meetings, les apparitions publiques, ses fans y ont droit. Jusqu'à plus soif. Ils se mettent en rang et attendent sagement leur tour. Quand il arrive, ils tendent leur téléphone portable au ministre de l'Intérieur qui, depuis bien longtemps, incarne bien davantage que cette fonction. Dans un ballet très bien réglé, Salvini salue les personnes, se saisit du téléphone, sourit comme le loup du Petit Chaperon Rouge, clic-clac, c'est dans la boîte et déjà, tend la main vers le prochain appareil. Et la ronde est interminable.

Ce jour-là, l'affaire a duré plus d'une heure. Une très longue heure même. Les partisans du Guide patientent en cherchant l'ombre. Une jeune femme passe à vélo, elle lance un très tonitruant : « Vergogna, Salvini, vergogna ». Honte à toi. Cela n'ébranle évidemment aucune certitude. Seules quelques caméras de télévision se retournent pour un plan qui mettra un brin de sel dans la chorégraphie de la propagande permanente de Salvini. « Propaganda, propaganda », c'est ce que rumine d'ailleurs un sexagénaire au milieu de la foule, avant de s'en extraire dans l'indifférence générale. Au soleil : des jeunes, des anciens parachutistes, c'est leur tee-shirt noir qui l'affirme, des quinquagénaires, des mères de famille, que des Blancs, que de l'*uomo qualunque, l'homme de la rue,* si cette référence à un courant politique italien de droite libérale de l'après-guerre ne renvoyait pas à autre chose qu'à "l'homme ordinaire". Tous semblent aimantés. Hypnotisés. Parfois, des vivats s'élèvent de cet attroupement et entraînent l'enthousiasme d'autres gosiers : « Matteo, Matteo, Matteo ». Un instant, Salvini s'extrait de sa besogne et esquisse un pas de danse qui accompagne le rythme des hourras. Puis il fait un signe de la main, sourit et reprend le long chemin des selfies avec une application consciencieuse. On pense à cette phrase qu'écrit Jules Verne dans *Les Enfants du capitaine Grant* : « Il se fit le guide et le cicerone de la petite troupe » ...

De l'autre côté de l'avenue, à l'écart, à l'ombre de somptueux pins parasols qui signent le paysage romain et qui dominent l'antique forum, trois Sénégalais observent la scène, perplexes, les yeux plissés pour essayer de lire et de comprendre cette scène où ils ne semblent deviner que d'omineux présages. Quelques jours auparavant, dialoguant avec un ami écrivain et alors que je lui demandais quelle était l'ambiance profonde, sourde, muette, dans le pays, il me répondit aussitôt : « Si tu es blanc et d'extrême-droite, alors tout va bien » ...

Ce 2 juin, les Italiens fêtent le soixante-treizième anniversaire du référendum institutionnel de 1946 qui conduisit à l'élection d'une assemblée constituante, qui abolit la monarchie en place au moment de l'Unité en 1861, qui balaya, par la même occasion, les ruines encore fumantes de la terrible et féroce farce fasciste et qui fit émerger un nouvel échiquier politique : un bloc de gauche dominé par le parti socialiste et le parti communiste, les partis de droite, libéraux, monarchistes et populistes, déjà, et, en position centrale, la démocratie chrétienne. Dans la nuit du 12 au 13 juin suivants, le Conseil des Ministres désigna le démocrate-chrétien Alcide de Gasperi comme chef du gouvernement provisoire. Le dernier roi d'Italie, Humbert II quitta le pays le 13 juin en foulant une dernière fois le tarmac de l'aéroport Ciampino. Son père Victor-Emmanuel III, *il piccolo re* – le petit roi ne mesurait qu'un mètre cinquante-trois - avait abdiqué en sa faveur à la sortie de la guerre. La transition se passa, relativement pacifique, malgré des violences locales et un climat très tendu.

Il est loin ce temps des pionniers de la République. Ils sonnent étrangement ces noms des dirigeants et leaders politiques de l'époque. Alcide de Gasperi, Palmiro Togliatti, Benedetto Croce, Pietro Nenni... En Italie comme ailleurs, comme chez nous aussi, bien sûr, la modernité est étrange fille. Elle est même vieille fille. Et pour autant que chacun laisse dériver loin de ses yeux tout ce qui nous a heureusement constitué, nous revenons sans cesse, comme des saumons au bercail, à ce qui nous a vu naître et surtout, pardon pour cette noirceur, à ce qui nous verra bientôt sombrer, mourir. Mourir d'ignorance. Mourir de bêtise, de renoncement à la vitalité, « à l'aigle de notre éternelle jeunesse » comme écrivait Augustin il y a seize siècles. Mourir du goût de la catabase programmée, mourir de notre propre obsolescence. Hélas.

Quel travail la mémoire peut-elle bien accomplir dans la tête en pagaille de ces gens qui célèbrent aujourd'hui un homme comme Salvini et ses « idées »? Qu'est-ce qui fascine dans le simplisme de son discours comme sont tragiquement simplistes la plupart des propositions politiques de notre temps orageux? Elles sont désormais partagées entre un illibéralisme ensauvagé, engrillagé, une rage identitaire, impitoyable, ce désir angoissé de s'emmurailler pour disqualifier l'étrange étranger, la moindre des solidarités. En contrepoint, en guise d'antidote bien illusoire, nos univers occidentaux n'offrent qu'une fascination globalisée pour l'algorithmie californienne, l'idiocratie plutôt que l'idiosyncrasie, la consommation effrénée du moindre des vistemboirs en toc, en plastique, en plastoc, ces appareils énigmatiques dont Jacques Perret écrivait déjà en 1955 qu'ils servaient à mesurer « la c.....ie » et la force merveilleuse du numérique que l'on rêve salvateur de tout...

La mémoire, quelle étrange lubie. Dans un entretien au journal *Le Monde*, (26 février 2019, à l'occasion de la sortie de *Santiago,Italia*, qui évoque, lors du coup d'État de 1973, le rôle de l'État italien et en particulier de son ambassade chilienne qui ouvrit ses portes aux victimes des putschistes du général Pinochet), le cinéaste Nanni Moretti affirmait que « la mémoire n'est pas le fort du peuple italien ». « Nous parlons d'un pays où les hommes politiques ne se souviennent pas de ce qu'ils ont dit le jour d'avant », ajoutait-il. Vrai ? Peut-être. Mais alors se souviennent-ils d'un temps plus lointain encore.

Depuis, l'intéressé s'est excusé le plus platement possible, et dans une tribune au *Monde* (6 mai 2019), il a clamé tout son attachement aux valeurs qui ont fondé l'Union Européenne. Mais le 13 mars dernier, le président du Parlement européen, l'Italien Antonio Tajani s'est cru autorisé, sur les ondes d'une radio de son pays, de défendre les aspects « positifs » du bilan de Benito Mussolini : « Mussolini ? Jusqu'à ce qu'il déclare la guerre au monde entier en suivant Hitler, jusqu'à ce qu'il fasse la promotion des lois raciales, il a fait des choses positives pour construire des infrastructures dans notre pays » (*Figaro*, 14 mars 2019). Pas les lois raciales donc, pas le crime du député de gauche Matteoti bien sûr, pas l'huile de ricin (l'humiliation infligée aux opposants) ni le manganello (le gourdin) des squadristi (forces paramilitaires qui ont précédé et accompagné le fascisme), pas le mauvais son, pas le mauvais sang. Mais les routes. L'asphalte donc.

Cette histoire, cela fait des décennies que je l'entends. Je l'ai même entendue, au début, dans la bouche de descendants d'immigrés italiens de mon entourage. L'été, ils retournaient au pays. Et quand ils en revenaient, c'était pour parler de la pizza, de la pastaciuttà et...de la qualité des routes. Trouvant même une différence notable entre nos autoroutes et les leurs. Pauvres sots.

Mémoire encore. Mussolini toujours. En 2017, le même Tajani, ancien conseiller de Berlusconi, a reçu au Parlement européen, - une photo le montre en train de lui serrer la main,- la parlementaire Alessandra Mussolini qui n'a jamais caché la fierté de porter le nom de son dictateur d'aïeul. Plus discret, en revanche, est son cousin, nommé, ce n'est pas une plaisanterie, Caio Giulio Cesare Mussolini – Caius Jules César. Il est le petit-fils de Vittorio Mussolini (1916-1997), le deuxième fils de Benito. Bien évidemment, l'entrée en politique de ce singulier Jules César a été mis en scène avec force postures par les Fratelli d'Italia, faut-il le préciser, un mouvement d'extrême-droite, faut-il encore le préciser, qui appartient à la galaxie des alliées de la Ligue de Salvini, lequel n'est jamais avare d'ambiguïtés avec feu le régime fasciste et ses coupables saillies.

Mémoire, mémoire. Arpentant le Ghetto romain, je tombe, Via Arenula sur trois *pietre d'inciampo*. Ces « pierres de la mémoire » - en italien, la traduction signifie, les « pierres d'obstacle », « pierres d'achoppement » donc, sont ce que l'on nomme en Allemagne, les *Stolpersteine*. Littéralement : « pierres sur lesquelles on peut trébucher ». Sur ces pavés couverts d'une plaque de laiton et encastrés dans le sol devant les maisons où ils habitaient, est gravé le nom des Juifs qui ont subi la barbarie nazie. Via Arenula, je découvre les noms de Samuele Leone Della Seta, Giulia Di Segni Della Seta et Cesira Calò, trois personnes arrêtées le 16 octobre 1943, déportées et assassinées à Auschwitz.

Della Seta. Je pense aussitôt à ce terrible livre de l'écrivaine romaine Rosetta Loy : *Madame Della Seta aussi est juive.* Je pense aux toutes premières lignes et à la moue de dédain de la nurse lorsqu'elle parle à la jeune enfant dont elle s'occupe, *de ceux d'en face.* Des Juifs. Nous sommes à Rome, en 1938. Cette année-là, à Trieste, le 18 septembre, Piazza Unità d'Italia, Mussolini annonce l'instauration des lois raciales.

À la faveur de la parution chez Gallimard de son livre *Le tour de l'oie*, l'écrivain italien Erri de Luca s'exprimait dans les colonnes du *Monde des Livres* le 15 février 2019. L'ancien militant révolutionnaire, prix Femina étranger pour *Montedidio* en 2002, Prix européen de littérature en 2013, disait : « Chaque génération efface la précédente. La mienne s'est penchée pour ramasser des mots tombés, des phrases commencées et pas finies. Celles après moi sont passées tout droit, sans se pencher. Elles veulent s'éloigner. Elles regardent avec méfiance les jeunesses agitées du passé... Nos descendants lointains verront notre époque comme celle de la grande extinction. Nous ne faisons qu'accélérer notre passage à l'archéologie ».

Comme il semble loin le temps où le Vénitien Gianni de Michelis, l'ancien ministre des Affaires étrangères, mort le 11 mai 2019, tenait le haut du pavé de la politique italienne. Comme il semble tellement *archéologique* ce temps – et ce n'est pas ici pour regretter cette séquence mais pour dire une compétence politique - où flamboyait le « Kennedy de la lagune », « le seigneur des nuits vénitiennes », pilote de la diplomatie italienne au moment de la chute du Mur de Berlin, du Traité de Maastricht, bras droit de Bettino Craxi et ministre inamovible de 1980 à 1992. Il est mort dans une sorte d'oubli, après cinq ans de maladie et après avoir été balayé par l'opération *Mains Propres* en 1992 qui a brisé net sa carrière politique. Dans la chapelle ardente de l'hôpital de Venise, il n'y a pas eu foule pour le saluer une dernière fois. Comme dans les poèmes de Ronsard, le temps s'en était allé depuis longtemps.

Dans la précédente chronique, j'évoquais une autre disparition, celle de Guido Ceronetti, cette incroyable figure de la culture italienne. Dans un recueil d'aphorismes et de pensées térébrantes, *Insectes sans frontières* (Les Editions du Cerf, 2019), il note ceci : « ...pour me faire une idée plus figurative, plus véridique et plus précise de la dégénérescence progressive de la démocratie italienne, je prends et relis le poème *Une charogne* de Baudelaire jusqu'au vers 36. Quand, au vers 17, se manifeste la puissance cruelle de l'image « Les mouches bourdonnaient sur ce ventre putride », je ne pense pas seulement aux immondices de Naples, pour la raison que ce VENTRE PUTRIDE est aujourd'hui partout ». Dans ce même recueil, d'autres mots, d'autres noirceurs tellement lumineuses et éclairantes sur notre temps : « ... nous suçons le néant, ramant dans une unique et colossale galère, enchaînés à la mort, nous faisons route sans boussole, guidés par des timoniers déments et un mégaphone imbécile qui nous répète sans fin que nous avons un but, une destination... » Cette année aussi a été traduit un autre de ses ouvrages. Il s'intitule : *Pour ne pas oublier la mémoire.*

Pendant ce temps, le présent fait des siennes, scandé par les fameux *timoniers déments* et les *mégaphones imbéciles.* Aux élections européennes, la Ligue de Salvini a fertilisé les urnes. Près de 35%. Son allié, le Mouvement 5 Etoiles de Luigi di Maio, lui, a fait très pâle figure avec ses bien maigres 17%. Comme cela était à prévoir, le « kangal » Salvini est en train de dévorer le petit lapin di Maio humilié par le résultat des élections. Ici et là, les politologues attendent le moment où cette alliance incongrue finira par exploser pour de bon. Ils cherchent aussi des signes, *per la selva oscura*, qui pourraient indiquer que la gauche redresse un peu la tête, - ces signes se manifestent, ils existent. Mais bien sûr, rien n'indique que la gauche y parviendra de sitôt.

Pendant ce temps, Salvini veille-t-il à l'état très inquiétant des finances de son pays ? Se soucie-t-il sérieusement de l'état de la dette et des relations qui ne cessent de s'envenimer avec l'Union européenne ? Songe-t-il aux conséquences qui ne manqueront pas de survenir en ouvrant les portes du pays et en particulier du port de Trieste, point de passage des « nouvelles routes de la soie », à la voracité chinoise ? Rien n'est moins sûr. En revanche, il met toute son énergie à démolir une certaine idée de l'Europe pour promouvoir celle dont rêvent ses amis populistes de l'UE. Pour lutter contre les migrants, aussi. C'est obsessionnel. Il veut notamment réécrire le droit maritime italien pour limiter le transit ou l'arrêt d'un navire croisant dans les eaux territoriales. Le Mouvement 5 Etoiles s'y oppose. Mais c'était avant les élections européennes... Désormais, Salvini a davantage les mains libres pour « peaufiner » ses décrets-sécurité et imposer ses vues sur tous les sujets. Par exemple, le tunnel entre la France et l'Italie. Là encore, un rapport de force existait entre les deux « alliés ». Et à tout moment, il menaçait de faire voler en éclat l'alliance. Salvini a finalement décidé de façon unilatérale de reprendre les travaux. Dans son terrier, le petit lapin s'est tu.

Qu'il semble *archéologique*, lui aussi, ce temps où commençait l'aventure politique inclassable du Mouvement 5 Etoiles. C'était en septembre 2007, avec le « Vaffa Day ». Littéralement : « Le jour du *va te faire foutre* », Vaffa étant l'abréviation du très grossier « Vaffanculo ». Au départ, ce mot d'ordre était lancé comme une boutade par le comique italien à Beppe Grillo. On connaît la suite. Le V de Vaffa, également chiffre romain, a donné le nombre d'étoiles au mouvement.

Pendant ce temps, Salvini peut s'endiabler dans toutes les mystifications les plus grossières. Qu'il était singulier de voir le leader de la Ligue agiter un rosaire et invoquer le cœur immaculé de la Vierge à la tribune installée à Milan, au pied du Duomo. Cela se passait le 18 mai en présence de populistes d'Europe dont Marine Le Pen. Qu'ont dû penser les anciens de la Ligue du Nord qui participaient jadis, derrière Umberto Bossi l'ex-patron, à des rites païens dans le Pô ? « Le monde n'est qu'abusion », résumait Villon, il y a déjà de nombreux siècles et Salvini n'est pas à une abusion près. En le voyant s'ébrouer de la sorte à Milan, en l'observant, tout accaparé une fois encore par ses selfies à la chaîne, je pensais à ce que Bertram Gross nommait déjà 1981 le *friendly fascism,* ce fascisme « à visage humain », distinct des fascismes d'antan, mais finalement bien compatible avec une forme de démocratie telle que nous acceptons de la vivre. C'est-à-dire: oublieux de nous-mêmes. Soucieux d'un certain confort, amoureux d'une consommation mais finalement peu regardant sur la servitude volontaire à laquelle nous consentons comme le petit lapin au doux pelage ne sait pas d'autre comportement que se soumettre aux mâchoires du grand kangal.

Alors, une fois encore, j'ai retrouvé Lautréamont dont les encouragements devraient encore nous motiver : « Il est temps de réagir enfin contre ce qui nous choque et nous courbe souverainement ». J'ai pensé à Gramsci et à ses fameux *Cahiers* écrits en prison où il étudie notamment la question de la subalternité.

En songeant à Gramsci, Pasolini est venu, lui aussi, encore une fois. Je les ai vus, réunis, sur une célèbre photographie de Paolo di Paolo. Dans son imperméable mastic, Pasolini se recueille sur la tombe de Gramsci. Cette image se trouvait en mai dernier au musée MAXXI de Rome qui consacrait une forte rétrospective au photographe. Di Paolo est une de ces grandes figures du journal romain *Il Mondo* auquel il collabora de 1953 à 1966. Il est aussi l'inventeur, avec d'autres, d'un genre d'art photographique très humaniste. Tellement juste de la vie et du pays exacts. Avec Pasolini, il a accompli le fameux voyage de 1959, de Vintimille à Trieste, en longeant les côtes italiennes. Ce qui a donné une série de reportage et un livre : *La longue route de sable*. Jamais je ne me lasserai des images de Paolo. Toujours je les prendrai pour d'incomparables témoignages d'un pays dont il voulait voir, avec enthousiasme, le futur tandis que Pasolini y cherchait, avec désespoir, ce qui s'en était enfui. Ce que la mémoire avait englouti. L'exposition se nommait *Mondo perduto*.

Au musée MAXXI, avec Pier et Paolo, dans cette singulière communion des noms et des prénoms, - Pier Paolo Pasolini, *PPP*, Paolo di Paolo, *PDP*, - j'ai songé à la célèbre métaphore de la disparition des lucioles, en 1975, de l'auteur des *Cendres de Gramsci*. Cette allégorie est celle d'une société qui a substitué le scintillement magique des lucioles aux gloires clignotantes de la télévision qui stéréotype les regards. Dès lors, il n'existe plus d'être humain doué d'une conscience. Dès lors, il n'existe d'ailleurs plus d'être humain du tout. Dès lors, « la lumière du futur ne saurait cesser un seul instant de nous blesser ». Et le poète de dire encore : « Je l'aimais, ce peuple italien (...). C'était un amour réel, enraciné dans mon caractère. J'ai donc vu avec « mes sens » le comportement imposé par le pouvoir de la consommation remodeler et déformer la conscience du peuple italien jusqu'à une irréversible dégradation ». Pasolini ajoutait aussi : « Le fascisme, je tiens à le répéter, n'a pas même, au fond, été capable d'égratigner l'âme du peuple italien, tandis que le nouveau fascisme, grâce aux nouveaux moyens de communication et d'information (surtout, justement, la télévision), l'a non seulement égratignée, mais encore lacérée, violée, souillée à jamais. » Pasolini est mort en 1975 à l'âge de 53 ans. Il pourrait être encore des nôtres et constater de nouveaux ravages. Toujours plus grands. Il pourrait voir le sourire carnassier de Salvini. Il pourrait voir les séances interminables de selfies. Et d'une certaine façon, *l'Italie qui finit*, comme dans les toutes dernières lignes de *La longue route de sable*, après Trieste. Quand le pays s'achève.

14 juin 2019.

Note

1. En 2017, il a notamment publié, *Rose Hanoï* (Arléa) Prix Henri de Régnier de l'Académie française et en 2019 Micmac Mécanic (L'Attente).

Notes de lecture

Jean-François Coustillière, *Périls imminents en Méditerranée*

Éditions de l'Aube, 2019

Méditerranée de tous les dangers : c'est un recensement attentif des urgences que ce livre offre, en l'accompagnant d'un appel aux acteurs, - et d'abord à l'acteur qu'aurait dû être l'Union européenne. Éteindre les incendies qui jalonnent un espace où tout inviterait potentiellement à la coopération, étouffer les brasiers qui couvent : la tâche est immense, et l'auteur, président de l'association Euromed-IHEDN et excellent connaisseur de la région, a choisi la forme « Entretien » pour affronter ce dossier.

Préfacé par Antoine Sfeir, le dialogue de Jean-François Coustillière avec José Lenzini décrit le foisonnement des conflits qui, si leur épicentre est en Méditerranée, débordent largement de la zone. Des causes enchevêtrées expliquent en partie l'impuissance collective. Parmi elles, la montée de l'islamisme politique devenu un acteur durable est plus que problématique. Les racines de la situation ne tiennent pas à la seule instrumentalisation de la religion, et l'islam n'est pas seula être concerné. En amont, il y a un conflit israélo-palestinien qui n'a pas été traité conformément au droit international, un conflit aux irradiations mortifères depuis trois-quarts de siècle. Avec leur pratique du *« chaos constructeur »*, les États-Unis demeurent plus que jamais un acteur déterminant face à une Europe divisée dont l'attitude est jugée suicidaire quand tant d'enjeux devraient la mobiliser. Ainsi par exemple du sort des « révoltes arabes », un maelström porteur à la fois d'espoirs démocratiques et de nouveaux défis (les espoirs ont pour beaucoup été déçus, et des restaurations autoritaires sont ici et là en marche). Au-delà du rappel de données bien établies, l'un des mérites du livre est de mettre l'accent sur le soubassement des conflits visibles : la démographie et la crise touchant à l'emploi des jeunes, la situation agricole et l'insécurité alimentaire, le manque dramatique des ressources en eau... Très utile également le rappel que les problèmes ne concernent pas que le Sud, et aussi que le poids relatif des acteurs se modifie rapidement avec les affirmations turque, russe, et maintenant chinoise, en Méditerranée. Sur une toile de fond aussi brouillée, la démarche française n'est pas exempte d'ambiguïtés et d'erreurs, ou encore de compromissions (par exemple, mais pas seulement, dans le domaine des ventes d'armes) : la critique qui en est faite est rigoureuse. Pour être complet, le dossier se devait d'évoquer la composante musulmane des sociétés européennes, et plus spécifiquement de la société française : l'occasion d'insister sur les principes constructifs qui devraient inspirer l'approche des problèmes. Pour conclure : si, sur tel ou tel point, l'on peut ne pas partager un raccourci dans la formulation des questions, les réponses, elles, sont toujours circonstanciées. Avec les documents et la bibliographie qui le complètent, ce livre de dialogue apporte un très utile éclairage sur un dossier particulièrement complexe.

Robert Bistolfi

CONFLUENCES Méditerranée

www.confluences-mediterranee.com

BON DE COMMANDE

Nom ____________ **Prénom** ____________
Adresse ____________
Code postal ____________ **Ville** ____________
E-mail ____________ **Pays** ____________

Cochez la case

- Achat d'un exemplaire : 21 € ☐ N° demandé :
- Abonnement annuel de 4 numéros (France) : 62 € ☐
- Abonnement annuel (Etranger) : 68 € ☐
- Abonnement de soutien : 91,50 € ☐

Je souhaite recevoir ☐ exemplaires du n° ☐

TOTAL

Bon de commande à adresser à :

Éditions L'Harmattan
5-7, rue de l'École Polytechnique
75005 Paris

ou

Revue CONFLUENCES Méditerranée
50 rue Descartes
75005 Paris

Date et signature :

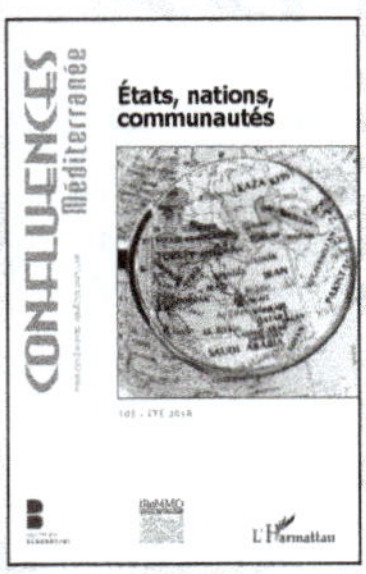

CONFLUENCES Méditerranée

Les numéros parus

Retrouvez l'intégralité des numéros sur le site www.confluences-mediterranee.com

www.ingramcontent.com/pod-product-compliance
Lightning Source LLC
LaVergne TN
LVHW010939061026
849535LV00007B/2471